キリストの遺言〈1〉

「トマスによる福音書」への道

小丘零二
Reiji Koka

たま出版

仏教でキリスト教を読めば、キリスト教が分かる。
キリスト教で仏教を読めば、仏教が分かる。
なぜなら、現在、双魚宮の時代は終わろうとしているが、
その双魚とは、ほかならぬシャカとイエスのことだったからだ。
もしそうであるならば、
双魚宮を知らずして、次の宝瓶宮は迎えられないことになる。

図版①

洗浄された「最後の晩餐《ばんさん》」
（http://www.pcs.ne.jp/~yu/ticket/supper/supper.htmlより転載）

図版②

「最後の晩餐」CGによる復元図
洗浄後の絵をもとに、NHKによって復元されたもの
ハイビジョンスペシャル「よみがえる最後の晩餐」（1999年放送）
写真提供：NHK

図版③

ナタナエル（バルトロマイ）
ヤコブ（大ヤコブ）
アンデレ
ユダ（イスカリオテのユダ）
ペテロ（シモン・ペテロ）
ヨハネ
イエス
トマス
ヤコブ（小ヤコブ）
ピリポ
マタイ
タダイ（ユダ）
シモン
腰にあてた右手
顔の表情
顔の表情
上に立てた人差し指

図版④

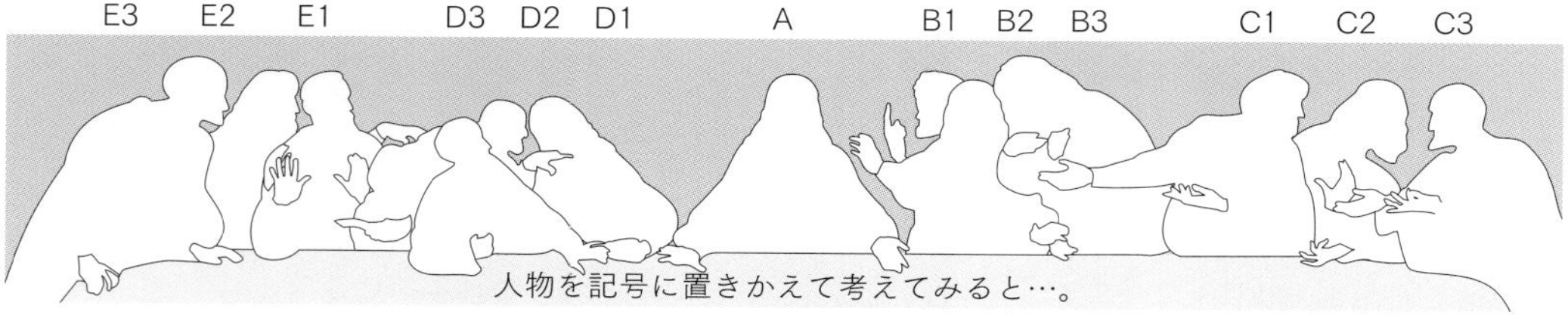

図版⑦

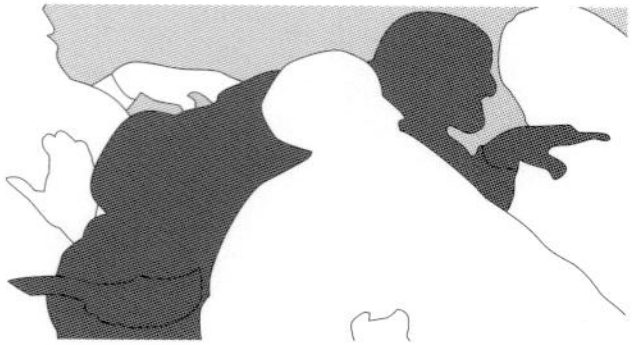

図版⑤

図版⑥

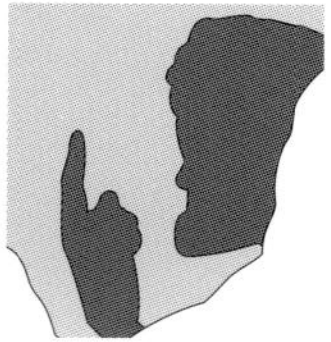

図版⑪

図版⑩

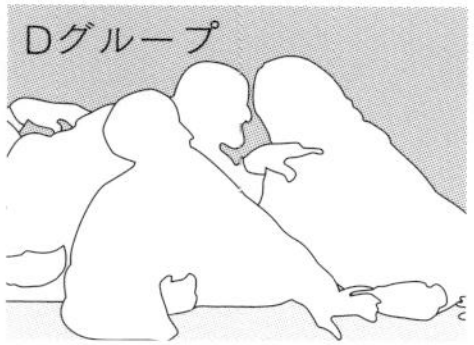

図版⑧

図版⑨

図版⑤

A：イエス

図版⑧

Bグループ

図版⑨

Cグループ

図版⑪

Eグループ

図版⑩

Dグループ

なって定着して、今日に至ったものである。（拙著『千年の箱国Ⅰ』）

その観点からすれば、このマグダラのマリアに関する云々も、単なる父系型陣営と母系型陣営との綱引きを再現せんとするにすぎないのか、はたまた、私見による本来的な基本形としての、ムスビ文化を示唆せんとするものなのか。

古代の真相にたどりついたからといって、それで本来の道理にもたどりつけたとは限らない。現代における対立が当時においてもあっただろうことは、容易に想像されるからだ。

小説と小説に関する賛否両論を読んだ限りにおいては、どうやらまたぞろ、同じ対立を再現せんとしているかにしか見えない。さらにはキリスト教における正統派と異端との対立というのも、とどのつまり、母系偏重と父系偏重との対立に端を発しているものか、とも思われるのである。

その意味において、ナグ・ハマディ文書が発見され、かつ公開されたにつけ、キリスト教グノーシスが注目されているとはいうものの、グノーシスが本来持っていたであろう意味合いは、きちんと把握されるに至っているのであろうか？

だが、それらの点については、おいおい、本文の中で述べるとする。

本書でメインとして扱う中心的な資料は、ナグ・ハマディ文書中の「トマスによる福音書」であるが、本書では、その「トマス」へと至った経緯を順序立てて述べ、次作（『キリストの遺言〈2〉』）では、「トマス」そのものの中身を述べる。

起の章では、名画「最後の晩餐」を中心にして、キリスト教観点と仏教観点との接点を掘り起こしてみる。これはあとで「グノーシス」なるものの本質を明確にするための布石となる。グノーシスという語を単に知識や認識あるいは覚知などの語に置き換えるだけではむろん不十分だが、さりとてグノーシス派の主張と紹介されるものに一貫性がなく、それらをいくら反すうしてみても断片的なものしか伝わってこないのであるのならば、何らかの形で視座を変えてみる必要があるのだろう。

第一章～第三章では、三つの段階を置き、各章ごとに中心となる文献を設け、これに焦点をあてていく。陸上競技の三段跳びではないが、三段に分けて重点的に述べることで、テーマとなすべき事柄の本質も、効率よく整理されるはずである。

もくじ

起《オコシ》の章　名画「最後の晩餐」は何を語る？

一　絵の構図と配置から

ＣＧにより再現された「最後の晩餐」

まずは「最後の晩餐」に関する資料を、読者と共有しておかねばならない。ただし、従来とは違ったアングルから論じる予定なので、後の展開に必要な範囲でのご紹介にとどめる。ここでは、

サイト／http://www.pcs.ne.jp/~yu/ticket/supper/supper.html

からデータを引用させていただく。絵そのものに関しても、かなり詳細な解説がされているので、できれば参照されたい。

サイトの説明によれば、十五世紀末に制作されたこの絵は傷みや汚れが激しく、二十世紀終わりになって修復された。

図版①（※図版はすべて口絵参照）は、今回洗浄しただけの状態のものであり、図版②は、洗浄された絵をもとにして、NHKの番組によって復元されたCG画像である。

図版③はその人物部分。従来、聖書の記述から十二使徒の人物名に当てはめて、型通りの解釈がなされているが、これだと数あるキリスト教絵画の中の単なる一つでしかない。

そもそもダ・ヴィンチの「最後の晩餐」は、従来からある同じモチーフのものと比べ、構図や技法からして異色なのであるが、それだけではなかったはずだ。（……もっとも、そこから人為的な暗号の謎解きに走るなら、小説と同じになってしまう。）

依頼のテーマが「最後の晩餐」であるなら、彼も一応そのようなタテマエにして作業を始めたことだろう。だが、ダ・ヴィンチにはダ・ヴィンチならではのオリジナルな精神世界があっただろうとすれば、タテマエはきっかけでこそあれ、あらゆる題材がそうした独自のイメージにそって表現されるのもまた、必然の成り行きであろう。それにこの当時、彼はキリスト教徒だったわけではない。（ただ、晩年に至ってカトリックの教えを知りたがり、聖体拝領も受けたそうである。この点については後で述べる。）

彼の精神世界を探るヒントは、その空間把握能力にあるのではないか。

空間把握能力といえば、一つ興味深い事例がある。

メキシコ・ユカタン半島のパレンケにある「碑銘の神殿」の地下で、一九五二年、アルベルト・ルースによってパカル王（七世紀）の石棺が発見された。約五トンもある蓋石は「パレンケの蓋《ふた》」と呼ばれ、それには複雑に組み合わされた絵柄の彫刻があった。『マヤの予言』（エイドリアン・ギルバート、モーリス・コットレル共著　凱風社）によれば、コピーをとり、絵柄の目印を適宜に重ね合わせれば、そこに幾通りもの神像が現れるという。（同書　p106〜）

「パレンケの蓋」の例に見られる空間把握能力と、ダ・ヴィンチの能力とが、全く同じものだとは言いきれない。だが彼もまた、それに類する把握の仕方を有していたのは間違いあるまい。そのことは「モナリザ」の円環構造を見ても容易に理解される。（円環構造＝背景の一方の端が他方の端につながっており、これを無限に繰り返していくことで帯状のサイクルが形成される、というサイト主宰者ｙｕ氏の見解。右記ウェブ・サイトの「モナリザ」の項参照）

また、彼が日常的に用いていたらしい鏡文字（左右を反転させて書かれている）にしても、たとえ他人に読まれにくくするなどの目的はあったにせよ、無理してまで、わざわざ面倒な書き方にしたものではなかっただろう。おそらく彼は、ごく自然に鏡文字を使っていたのだ。

そこで図版④である。図版③をイラストに直し人物名を除いて、かわりに人物記号を付したものだ。その下にある⑤〜⑪は各部分のイラスト図であり、その次の頁に、同じ図版⑤から⑪

までを拡大して示した。

それではこれらの部分拡大を用いて、ダ・ヴィンチの精神世界のいくらかでも、これから探ってみることとする。ただしここには、右の重ね合わせや円環構造のようなものは見当たらない。それでも、あたかも《寸劇》のような時間経過が描き込まれているようなのは見て取れるのである。あるいは「時間―空間」把握とでもいうべきかもしれない。……だがそのことを言う前に、いくつかポイントを挙げておきたい。

なお一般的には、「最後の晩餐」の場面は、（イエスが）裏切りの告知をした場面であるとされ、また後の聖体拝領の由来となるそれであるとされている。

イエスの顔

図版⑤（およびその原図）である。

イエスの顔は、まるで夢でも見ているかのような、どことなくはっきりとしない表情に描かれている。この顔の部分は未完成だとされているらしい。だが、未完成だから釈然としない顔立ちになっているとするのでは、あまり意味をなさない。

何らかの理由で、意図的にこのような表情で描こうとしたのだが、まだ満足のいくレベルには達していなかったという状況だったのではないだろうか。例えば現実のこの世界の制約から脱している心境だとか、より高位な次元世界を瞑想《めいそう》している状況だとかである。端的に言えば、真理そのものに直接入り込んでいるとでもいうような、そんな雰囲気さえただよっているのが感じ取れるのである。

だとすれば、そこからさかのぼって、そのようなニュアンスを絵として表すのになかなか満足のいく風情が出せなかったのもありえることだし、それで最後までそこの部分は未完成のまま残ってしまったとも推察される。

要するにこの場面での（ダ・ヴィンチの）イエスは、真理にもつながるような、何らかのかたちの、そんな教えを説いていたということではなかっただろうか。

なるほど確かにタイトルは「最後の晩餐」であり、表向きのプロットも「ユダの裏切り」や「聖体拝領」だとされただろうが、それは一般的な「最後の晩餐」であって、ダ・ヴィンチの「最後の晩餐」なのではない。彼がそんなおざなりの表現ですませてそれでよしとしたとは考えられない。

イエスの両手

よく見ると、イエスの左手は手の平を上にしているが、右手は下向きにして伏せられている。

ところで、仮にも聖者の説く教えであるならば、当然それは普遍性のあるものであろうし、だからこそ真理に適《かな》っているともいえるのである。だが現実的には、それが言葉を介しての具体的な表現である以上、一種類の表現で、すべての聞き手にそのまま通用するということはまずない。もしあるとすれば、あまりにも明白な犯罪行為に対しての、相応の判決について、大方が了承する時くらいのものではないだろうか。

そうした、いかにもありがちな状況をふまえた上で、もう一度イエスの両手を見てみよう。そうするとこの場で語られている教えは、右側半分の聞き手を主たる対象として説かれているもののように見えてくる。

さてそこで、この人間世界の一つの事実として、そこに繰り返されるたいていの論争は、煎じ詰めてみると、理想と現実との間のギャップに由来していることが多い。

そこに個々の具体的利害などがからんできたりはするものの、そうした利害は強弱や勝敗によって決着されるだけにすぎないものだ。たとえ、そうした事柄が教えの主題となることもまたあっただろうとしても、この場面でのテーマはそれではあるまい。

そうなるとここでは、人類が将来的に進むべきある種の理想について語られていたのかもしれないし、あるいはさらに何か、それへの大きな妨げとなっているテーマについて語られている場面なのかもしれない。

ともあれ、ここで語られた教えの内容については、上向きになっているイエスの左手側すなわち絵としての右側と、右手側すなわち絵の左側とでは、微妙に反応が違っているように見えている。

三人単位の四グループ

図版⑧⑨⑩⑪を見てみよう。

『ダ・ヴィンチ・コードの「真実」』（竹書房）の中には、さまざまな人物へのインタビューが掲載されているが、特に、「最後の晩餐」に関して、ジョージタウン大学で芸術文化を教えるダイアン・アポトロス・カッパドーナ教授へのものが興味をひく。それによると、十二人の弟子たちは、イエスを中心とした三人ずつの四グループとして描かれている。都合、五個の三角形がシンボライズされているわけでもあり、確かにこれは従来の「最後の晩餐」をモチーフとした作品には見られないユニークな構図である。

というよりも、従来の作品のほうが、いかにもといった聖書の記述どおりの場面であり、やはり「裏切りの告知」や「聖体拝領」が描かれたのだろう。このダ・ヴィンチの作品でも制作を依頼されたタテマエではそうだろうが、果たしてそれだけだったのだろうか。

裏切り告知の場面だという先入観で見れば、一部の例外を除いた弟子たちは、いずれも一様に動揺しており、ただ、それぞれに応じた仕草を取っているだけのようではある。だがそもそも絵というものは、そうした先入観を必要とするものではないだろう。ましてやダ・ヴィンチの作品なのだ。何らかの予備知識がなければ理解できない作品をもって、これを芸術的な名画とは呼べないのではないか。

だがこのダ・ヴィンチの「最後の晩餐」には、その独特の構図とともに、圧倒的なタッチで

迫ってくるものがあることは、誰もが認めるところだろう。

試みにここで、ＣグループとＥグループを見比べてみよう。図版⑪のＥグループの三人は、全く同じ方向に視線を向けている。Ｅ１の人物は両手を胸の前で上げているが、文字どおりのお手上げ状態にあるようだ。迷うでもなく自問するでもなく、ただひたすらその場の動向を見守っている。

同じく動揺があったとはいえ、これが図版⑨のＣグループでは、イエスが投げかけたテーマもしくは設問に対して、この三人の内部で彼らなりに、何らかの解釈・理解を求めようとしているかに見えている。先のグループとは対照的だ。

両目か片目か

各人物は、それぞれ右か左を向いているので、当然顔の半分が見えていて、したがって右目か左目かのどちらか片方しか描かれていない。その中で三人だけ例外がいる。

むろん一人はＡ（イエス）であり、ほぼ正面に顔を向けているのは当然のことだ。そうなると、もう一人正面に顔を向けている人物Ｄ１こそ、例外的扱いになっていることになる。あともう一人の例外はＤ３の人物であるが、彼の視線は右方向というよりはさらに奥を見ており、その必然的な結果として、こちらからは両目とも見えていない。（Ｄ３の視線の先はどうやら、先の例外であったＤ１らしいが、今それはさておく。）

西洋では、霊的な完全状態を両性具有として表現しがちだ。だから小説（『ダ・ヴィンチ・コード』以下同じ）では、人物Ｄ１が「実は女性だ」などという解釈も出てきたのだが、これを陰陽の融合（ムスビ）によるバランス状態だと置き換えて眺めてみよう。ダ・ヴィンチは、例外的に正面を向いているこの二人の組み合わせによって、霊格的な完全状を描き出していると解釈できる。

本来神仏は、それ自身完全状であるからこそ神仏とされるのであるが、それは神仏が、自らの仏国土もしくは天国にあってこその話であろう。そうだとすれば、そうした神仏的存在が、この地上世界に顕現するに当たって、いくらかの不完全状を伴ったとしてもむしろ理に適っているとさえ言えるのである。そうあらばこそ地上における「ムスビ」の意味もまたある、というのは筆者の持論であるが、詳しくは拙著『千年の箱国《はこくに》』シリーズを参照されたい。

たとえイエスといえども、この地上世界に一個の生命として顕現している限りにおいては、それがわずかな意味合いにおいてであろうとも、何らかの形で不完全なのだ。無条件かつ一方的に救ってくれるのが神仏、とりわけキリストだと考えたい人も多いようだから、受け入れがたく思われるかもしれないが、これは一つの事実である。

詳しくは順次述べていくこととするが、イエスとキリスト教との本質を理解する上でも、これはきわめて重要なポイントであり、ぜひとも記憶にとどめておいてほしい。とりわけ後半部分の展開では、一つのカギとなってくる要素である。

人物Aと人物D1

このAとD1の組み合わせの意味を、ダ・ヴィンチ的には、その着衣の配色によって特徴づけているものと考えられる。また人物Aと人物D1の表情を見比べてみたとき、両者が近似の心意（テンション）にあるらしいのが分かるが、それとも符合しているわけである。

何もD1を女性だと決めつけたり、イエスがマリアと結婚していたとかいうような、固定的にとらえた人物関係として解釈しなくとも、右のような記号に置き換えた人物関係によって、むしろ、ダ・ヴィンチの描こうとした状況は読み取れるのである。

そしてこのほうが、この世界的な名画を先入観なく鑑賞する上での、より正しいあり方であろうかとも思われる。

二　「マン・ツー・マン」という基本スタイル

対機説法

選挙運動での政治演説や多人数の生徒を前にした講義、といった身近な実例があるので、キリストやシャカのような聖人が教える場合にも、似たような形で行われたのだろうかと、われわれのほうでもついつい連想してしまいがちである。だが実際には、そうでもなかったらし

い。

ちなみに、シャカの説法の形式は、対機説法であったと言われる。

対機説法とは、相手の気根《きこん》や状況に応じて、理解がいくように説くことをいう。シャカの説法の場にも多くの聴衆はいたかもしれない。だが説法自体はたいてい、特定の相手に向けて、あるいは弟子の一人からの問いかけに答える、という形で展開されたものであった。だから多くの聴衆というも、いわば法廷における傍聴人のようにしてその質疑応答の一部始終を見守っていたわけである。

良かれ悪しかれ、政治的な演説は、それ自身の目的に沿ったものでこそあれ、物事の本質的核心をつくものである可能性は少ないだろう。そういうものと照らし合わせて考えれば、対機説法が意味するものもお分かりいただけよう。また哲学者プラトンの著作が主として対話形式で著されているのもまた、同じような趣意から出たものだったろう。

つまり教えの形の基本はマン・ツー・マンにあるということになるが、それすなわちコミュニケーションそのものの基本とも同じなのであって、説法というもまたその延長線上にあるものだということになってくる。

そしてこうした状況は、キリストの場合であっても何ら変わらないはずだ。

さて次に、この「最後の晩餐」の場面において、人物Aのイエスは、いったい誰を相手に選んで、教えを説いていたのだろうか？

中央で正面を向いている人物Aは、左の掌《てのひら》を上にし、心持ちその顔を右側に傾けている。絵から受ける直接の印象では、あたかも、画面右側にいる弟子たちに説法しているかに見えている。なるほど全体としても、一様に画面右方を向いているD・Eグループ（D1、D3は一応例外として）よりは、右側にいるB・Cグループのほうが、それぞれにバラエティーに富んだ反応をしているようだ。

だがこのシーンは、わずかに時間が経過しているようである。また右に述べた論理からしても、直接的には、説教は誰か一人になされただろう。

そこで気になってくるのが、人物D1の風情である。小説でも、実はマグダラのマリアだとされた話題の中心人物であるが、今そのことは忘れてほしい。

着衣の配色の組み合わせによって、作家は人物Aと人物D1との間に、ある何か特別のシチュエーションを想定して描いているのは確かであろう。また二人の表情を、心意的にもかなり一致して描くことによって、AとD1との間にコミュニケーションが成立していたであろうことを物語らせているように見える。

人物Aは、その精神の内面において、どこか高次元のステージに浮かんでいるかのような表情を見せている、少なくとも画家は、そのように描き出そうとしたようである。そしてその右方の位置に、離れるようにしてそこにいる人物D1もまた、それに準ずるような表情で描き出されている。小説ではこの両者に、性的な結合のみを想定した解釈を与えていたが、それだけでは解ききれない何かが、この場面にはある。

このような場面をふまえてみて、ふと想起されるのが「写瓶相承《しゃびょうそうじょう》」の四文字である。これもまた仏教に出てくる言葉なのであるが、より的確で妥当性のある理解を求めるのならば、あえてキリスト教と仏教とを分けて問う必要はないだろう。

広辞苑の説明には、——

【瀉瓶・写瓶】しゃびょう
(瓶の中の水を他の瓶に移し入れるにたとえる) 仏法の奥義を遺漏なく師から弟子に皆伝すること。写瓶相承（しゃびょうそうじょう）——とある。

空海が唐に渡った際、ただ一人だけ、師の恵果阿闍梨《けいかあじゃり》からすべての法を伝授された。恵果はそれを「写瓶のごとしであった」と語ったそうである。

そもそも人は、別々に生まれてくる存在である以上、意思の疎通において、なにがしかの行き違いがあるのが当然だろう。「分かり合える」ことを目指してコミュニケーションをはかるのはよいとしても、「分かり合えている」ことをもってそれが常態かと考えるのは錯覚である。「分かり合えなく」て当たり前だからこそ、「分かり合おう」とする方向性にも意味が出てくる。

だが、師と弟子の双方の関係において、それを満たすだけの準備がすでに整っているなら、右のような「写瓶」の故事もまたあり得るのであろう。

ダ・ヴィンチにとって、イエス（A）の顔の部分の描写は未完成だったというのなら、D1の顔もまた未完成なのかもしれないが、そのつもりで見れば、師からの教えを遺漏《いろう》なく写し取れたことへの満足感のようなものも感じられてくる。

そうなってくると、D1は、もともとこの位置に居たのだろうか？　あるいは、元の席はここではなかったのではあるまいか？

位置の移動

この点について、あるテレビ番組で、一つの興味深いシチュエーションが披露されていた。すなわち、D1のキャラをそのまま画面の右方へスライドさせて、Aの左側まで持ってくると、左方にかしげたような姿勢がそのまま、ちょうどAに寄り添っているかのような形になっているというものである。当然のごとく小説寄りの解釈だったろうし、AとD1との結婚を暗示するものとしてコメントされていたように記憶するが、その方向での解釈はさておこう。

結婚云々だと、地上的なヨコのつながりしか導き出せないが、より包括的には陰陽の関係なのであり、今これを陰陽のムスビととらえるならば、例えば師と弟子のようなタテの関係をも含んで成立し得ることになる。

さらにはこれが写瓶の関係なら、師と弟子というのも、きわめて近接した関係となるわけであって、むしろ一体感に近い。だがそれでも両者が互いに独立した別々の二者である限り、それは貴重なタテ糸なのであり、ひいては人類全体へとつらなるであろうはずの、最初のタテ糸となるものなのかもしれない。

ダ・ヴィンチは、人物D1をあえてあいまいに描くことで、女性と受け取られても構わないようにしておいたのだろう。すなわち、タテ・ヨコ二者の融《ゆ》い合わせ（筆者の概念では「女神の機織《はたお》り」に該当するもの）といったイメージを企図《きと》したのではないだろうか。ここでの陰陽の組み合わせは、キリスト性の地上における再構成にあたる。

さてそこで、次に注目したいのはD1の位置移動だ。

位置の移動は、とりもなおさず時間の経過をも意味していることになるわけだから、一見静止画のように見えているこの作品が、実はあたかも立体型絵本のような、また短い寸劇のような、二つのシーンを演出していたことになる。

三　「直前の場面」へさかのぼる

説教の前後

「最後の晩餐」の場面は、イエスによる自分への裏切りの予言であり告知であって、このあとにくる十字架刑の前提イベントでもある。

だがそれは依頼された題材に対するタテマエであり、芸術家としてのダ・ヴィンチにとっては、さほど関心のある事柄ではなかっただろう。晩年には自分も洗礼を受けたとも伝えられているものの、そのような故事をパターン通りに鵜呑みにするといったレベルのものではなかっただろうと思われる。

そうなると、ダ・ヴィンチ作品でのこの場面で、いったいイエスは何を語ったのだろうか？あるいはダ・ヴィンチはかねて疑問に思っていた事柄をここにぶつけたのかもしれないし、また、これこそイエスの教えの核心だろうと、彼自身が理解していた事柄といったような可能性も出てくる。

そうした中身の詮索は後回しにして、今われわれがしなければならないのは、目いっぱい想像力を働かせることであろう。そう、ほんの少し時間を巻き戻すのである。

絵に描かれている場面のほんの少し前、今まさに教えが説かれんとするシーンを頭の中で想像し、思い描いてみなければならない。

そうして絵の場面と、絵の直前の場面とを見比べてみることによって、この短い時間の間に、そこに生起したであろうドラマを感じ取らなければならないのである。

絵自体は、教えが説かれた直後の場面であろうから、その教えに対するそれぞれの人物の反応が、それぞれに表れていることになる。

ではその直前や、教えが説かれている間はどうだったかというと、左右のどちら側もイエスのほうを見ていたはずだから、右半分の聞き手は一様に顔の左側をこちらに向けていたはずであり、左半分の聞き手は顔の右側を向けていたはずである。（ただし、D3は一応別として）

そして説教の直接の相手はというと、マン・ツー・マンとしてのD1である。その想定のもとに思い至れば、前記したようにD1は最初、Aのすぐ左手にいたわけであり、直々の教えを受けたあと、D1は真理にふれ得て至福の時に浸っているというのが絵でのD1の表情だろう。それもただ教えを受けたのではなくて、仏教でいう写瓶相承にも似た、いわば理想的な師弟の関係を、ダ・ヴィンチはここに表現したようである。

だが他のすべての使徒たちが、皆一様にそうだったわけではない。それはその直後の場面、すなわち絵に描かれている状況をみていくことでそれとなく知れてくる。

B1の人差し指、D2の腰のナイフ

最も特徴的なのは、人差し指を立てて何かをアピールしているらしいB1の人物と、ナイフを握った右手を腰にあてがっているD2の人物だろう。だが解釈する者の意図する方向によっては、いかようにも読める。まして相手は物言わぬ絵だ。

ちなみに『ダ・ヴィンチ・コードの真実』は、この部分について、リン・ピクネットとクライブ・プリンスの解釈を紹介しているが、このような人為的暗号としての断片の寄せ集めでは、臆測以上の意味をなさない。

その女性〈この説では女性と断定しているが、本書では人物Ｄ１のこと〉が何者であれ、優雅に傾けた首には威嚇するように手〈ペテロの左手。本書のＤ２〉が突きつけられており、不吉な運命が予感される。贖《あがな》い主《ぬし》〈イエスのこと。本書のＡ〉の顔先にも、人差し指をまっすぐ上に伸ばした手〈トマスの右手。本書のＢ１〉が突き出されている。（同書、p96）（ただし〈　〉内は小丘注）

「人差し指をまっすぐ伸ばしたＢ１の手が、Ａの顔先に突き出されている」とあるが、Ａの心意を他とは別のステージ・レベルで描こうとしたらしい作者の心情からすれば、いわば異次元的で実体として存在性の希薄な状況にあるらしいＡに対して指を突き立てるというのは不自然であり、「のれんに腕押し」のようなものだ。また、Ｄ２は左手のみならず、その腰にあてがった右手のナイフが気になるところだ。

絵をトータル的に見れば、Ｂ１はＤ２に対して人差し指を立てたのであって、Ｄ２は、それに応戦する形で身構えていることになるだろう。したがってその左手も、Ｄ１を威嚇しているというよりは、間に割って入ったＤ１に対し「今それどころじゃない」と制止するためのものであったのだろう。といっても同じ弟子同士なのだ。ナイフで刺そうというのではあるまい。だからたまたまナイフを持っていた手を腰にあてがい、刃先を後ろに向けているのである。

だがこの作品に偶然はあるまいだろうから、作家は、場合によっては徹底的な対立をも辞さないＤ２の頑迷さをも、このナイフによって表したようだ。

Ｄ１はただ一人、Ａの真意を解しており、各人各様の理解の仕方で騒然となっているこの場の状況を見て、最も過激な反応をしたＤ２をなだめようとして、この位置に移動してきたものということになるわけである。つまりここには、その直前からの短い間に生起した一編のドラマが描かれていたのである。

ドラマの再現

ではこのシーンを、改めて整理してみよう。

説教のあとの反応が大きく二手に分かれたと仮定する。つまりＢグループとＣグループとは近い反応をし、ＤグループとＥグループも類似の反応をしたとするわけであるが、全体の構図から見たとしても、この解釈はそう外れていないと思う。

そして、やや強調して描かれているＢ１とＤ２とは、それぞれの陣営を代表しているかのようにみてとれる。

さらに、それぞれのグループはそれぞれでまた、一つのまとまりを成しているのである。だがそうなると、Ｄグループだけはいささか様子が違っているようだ。Ｄ２は、確かにＥグループとも方向性において近いようだが、Ｄ１はＡに近く、またＤ３はＤ３で、一人だけ顔をやや奥に向けているのである。だがそれも、このＤグループだけは例外的な組み合わせになっているということではないだろうか。それはそれだけ、何か重要な意味が含まれているということでもあろう。

順に見てみよう。（なお前記したように、これを裏切りの告知場面だとする従前からの既成概念は、ここでは採らない。）

Bグループでは、B1がまず挑発的に反応したのだとすれば、それをなだめているのがB2であろう。B3の心情はよく読み取れないが、手を胸に当てていることからすれば、Aの教えを受容できた、ということであろうし、同時にまた、彼に代表させることでこのグループの心情をも表しているのだろう。

Cグループは、前にもふれたが、この三人の内部で彼らなりに、何らかの解釈・理解を求めようとしているかに見えている。それはすなわちその前提として、イエスの投げかけた設問そのものを設問として受け入れ得たということを意味している。

Eグループの三人は、これも前にふれたが、全く同じ方向に視線を向けていて、Cの三人とは対照的だ。設問自体をどう受け止めればよいものか、とまどっているという状況のようである。それにE1の人物は両手を胸の前で上げているのが、文字どおりのお手上げ状態にあるように見えている。

さて、残るDグループであるが、グループとしてはこれが最も不可解だ。この形が示す意味への推理も含めて、次にこの短時間のドラマを再構成してみよう。

まずは、中央の人物Aが何か教えを説き始めた状況を想定してみる。説教の直接の相手はD1だ。そして他の弟子たちも、どんな説教が始まるのかと皆一様に聞き耳を立てている。くどいようだが、ここでは、これが「最後の晩餐」の場面であるというシチュエーションすら、考慮の外のこととしておく。

直接にはD1に向けて説くものでありながら、その内容は結果的にその場の全員に衝撃が走るような、そんなテーマを含んだ内容の説教であった。もっとも、イエスの説教はいつの場合も、大なり小なりそうした類のものだっただろう。

そしてそれが、彼らにとって決して余所事《よそごと》ではなかったとしよう。つまり、世間的な社会問題の類に対して、倫理的な道、あるいはあるべき答えを与えるとかいった種類のものではなくて、彼ら自身のアイデンティティーにも直接関わってくるような、そんなテーマのものだったとすれば、その場は一瞬にして、騒然となったことだろう。

中でもD1は、そのようなアイデンティティーに拘泥《こうでい》することなく、またなんの遺漏も遅滞もなしに、教えの核心を受容したのだろう。だが、中には思慮に余ってぼう然とする者（Eグループ）もいたろうし、にわかに受け入れがたくさえ感じる者（D2）もいただろう。

だが、ある者（Bグループ）は、D1ほどには「遺漏なく」ではなかったにしても、ともあれこの結論を受け入れるのにさしたる抵抗はなかったのであり、また、ある者（Cグループ）は、果敢にアイデンティティーの立て直しを図らんとて協議を始めた。

ここにおいて、あるいはD2は不服げでさえあったのかもしれない。すでに結論の出ているB1がそれを察知し、師の教えであるにもかかわらず受け入れる気配の見えないのに対して挑発的なポーズを取ったというのもあり得るだろう。

さてそこで、くだんのD1である。あるいは、師の教えを遺漏無く受容した証としても「タテマエは、あくまでも私への教えだったのですから、決して誤解などしないで下さい」といったような、そんな取りなし方で割って入ったのではなかったか。

右のプロットは、あくまで筆者の想像にすぎない。だが一つの試案として、またあり得るシチュエーションの候補として、さらには作者ダ・ヴィンチの胸中にあったであろうイメージへの推理として提示してみたものであるが、それでもこの名画に対して、少なくとも人為的暗号レベルの解釈よりは妥当だろうと思う。

そしてここまできたからには、この構成をふまえた上で、次にはその説教の中身なるものをも、ひとつ詮索してみる必要はあるだろう。

四　説教の中身について

シャカとイエス

基本的に、絵から説教の中身までは特定できない。ましてこれを一枚の絵としてみ観《み》る立場からはなおさらである。だがここで名画の場面に題材を借りて、もしこうした状況があれば語られたであろう説教の中身を、想像してみることは許されるだろう。

そしてそれを考えるヒントとして、他の材料（ここでは仏教）を参照してみることもまた、許されるだろう。なぜなら、そもそも宗教たるものが、たとえ枝葉の細部は違って見えていようとも、その本質たる根源にまで立ち戻ってみた時、なお異なるものであろうはずはない、からである。

なるほど数ある宗教の中には、たまに、まともではなさそうなものも含まれている。だがそれすらもよくよく見ていくと、枝葉のどこかで読み違えや心得違いをしているからにすぎなかったりするのである。また、本書では仏教とキリスト教との関連を中心にして進めていくが、もしこの代表的な二者の間で、密接な関係性が認められたならば、本書の主題である「元は一つ」を立証し得たことにもなるだろうし、ひいては他の宗教においても、そのことを基本に置いて考えるための、一つの目安ともなり得るだろう。

一般的な傾向として、広範囲な名声は、たいてい霊能力を使った難病の治癒や奇跡を具現する行為などを伴っていることが多い。インドの宗教の主流であるヒンドゥー教でも、行者によるそうした能力が背景にある。そしてその最たる実例がイエス・キリストだろう。イエスの場合は、始めからそうした能力を備えていたらしい。

だがたいてい、そうした能力は苦行の成就によって獲得されるものだとされる。ところがシャカの場合は、そうした苦行によって得られるであろうものが、彼の求めるものではなかった、と見定めてのち、悟りを開いたのだと言う。

むろん両者に優劣を付けようなどとするものではない。だが仮にも「元は一つ」であることを論証せんとするからには、この両者の間に顕著なスタンスの違いがあることを、今後の考察のワンポイントとして、銘記しておくべきだろう。

「大乗仏教」と「グノーシス派」との時期的な一致

ところがシャカ直伝の初期仏教（上座部仏教・阿含経典）とは別に、同じくシャカの名の下に結集されたものでありながら、明らかにシャカ滅後のずっと後に、初期経典とは異なる大きな流れが生じたのである。いわゆる大乗仏教がそれである。

シャカは紀元前六〜五世紀頃の人であるが、その滅後、紀元前四七七年に始まる数度にわたっての仏典結集《ぶってんけつじゅう》が、シャカの名の下に成された。中でも、アショーカ王による紀元前二四四年の第三回、カニシカ王による紀元後一五〇年の第四回仏典結集が有名である。大乗のうねりは、この第四回仏典結集の前後の時期に興った。

そしてそれはちょうど、本論で論じようとしているキリスト教グノーシス派が、最も熱心に活動していた時期とも、ピタリと一致しているのである。この不思議な一致を、文物資料的な材料に求めて証せんとしても、あまり成果は期待できまい。だが、そのそれぞれの主張するところを分析して、これを照らし合わせてみるならば、あるいは何か見つかるかもしれない。

面白いことにこの時期、大乗は従来の上座部仏教を小乗と呼んでけなし、一方のキリスト教はキリスト教で、いわゆる正統教会派が、このキリスト教グノーシス派と激しく対立し、ついにはこれを異端と決めつけて閉め出して、後に主流となったのである。つまり正統派にとって「グノーシス」の語は、さげすむべき呼称だったわけである。

この二つの状況を並べて、単純に比較するのは避けるべきだが、ともあれ、宗教上の大きな二つのうねりが期せずして並在したという事実は無視できない。

法華経のたとえ話

大乗仏教は、般若の思想すなわち「空観《くうかん》」に始まるとされる。その原点から発展して幾つもの大乗経典が著された。その代表的な経典の一つに「法華経」がある。

梵語の原題の意味は「白蓮のように勝れた教え」だそうだ。そして「勝れた教え」の部分を中国仏教では、竺法護《じくほうご》が「正法《しょうほう》」と訳し、鳩摩羅什《くまらじゅう》は「妙法《みょうほう》」と訳したのが、わが国では「妙法蓮華経」として一般的に知られたようである。いま、梵語からの訳になる『仏教聖典選〈第四巻〉大乗経典(1)』（岩本裕著、読売新聞社）を参照してみることとしよう。

「ここに説かれる譬喩《ひゆ》は、ある仮定の事実を引用してたとえるもので、仏教文学の類型としてはアウパムヤという」（同書p62）とあるように、仏典には譬《たと》え話《ばなし》がよく出てくる。中でも法華経のそれは特徴的で、単にたとえるだけならもっとうまい例がありそうだとつい思わせてしまうほど、唐突な感じがする場合さえある。

「如来の寿命の長さ」の章の前置き（同書p326）で著者はこう書いている。


『法華経』の第十五章である。前章において、マイトレーヤ（弥勒）は佛に疑問を投げかけた。本章では、佛がそれに答えるのである。佛は、まず「如来の真実の言葉を信頼せよ」と、三度にわたって念を押し、マイトレーヤたちも三度懇請する。いわゆる「三誡三請」の形式をとっているが、以下における佛の言葉が如何に重大な意義を持つものであるにせよ、いささか芝居気たっぷりである。そして、佛は自分が「さとり」に達して以来すでに幾千万億劫を経ていると宣言し、如来が『余はこのように久しい以前に「さとり」に到達した』と説くのも、『余は最近に「さとり」に到達した』と説くのも、すべて佛の方便であるという。また、如来が入滅したというのも、『如来がこの世に現れるのは容易なことではない』ことを覚らせるための方便であるという。そして、『法華経』七喩の第七とされる「良医の譬喩」が物語られる。これもアウパムヤであるが、そこに述べられる仮定の事実は実に下手である。

しかし、永遠に教えを説く佛の姿は「応身佛」として固定し、佛の寿命が無量であるという信仰はやがて「無量寿佛」という「報身佛」を生み出した。……以下略。

こうしたざっくばらんなコメントも、かえって、翻訳の精度を保証してくれそうな気がしてくるから妙なものだ。大乗経典の成立が、シャカ滅後数百年のことであるのは確かなようだから、仏典とはいうも、言ってみれば「後世の創作」ということになる。そのような前提もあるなら、右のようなコメントもまた出てくるだろう。

「如来の寿命の長さ」（漢訳で「如来寿量品」）というぐらいで、テーマはあくまで「如来が久しい以前からサトリに到達していた」ことを宣説するためのものであろうにもかかわらず、譬喩の内容はというと、「父親の医者が、毒に侵された子どもたちを治してやる」という話になっている。間接的には、分からぬでもない譬えではある。と、そうはいうものの、この章の核心は、一体いずれにあるのだろうか。岩本氏が「そこに述べられる仮定の事実は実に下手である」とするのも、もっともなことだ。

だが、この一見唐突に見える譬え話も、だからこそ「ここに何かを読み取れ」というサインなのかもしれないのである。文学でも名作となると、得てして、本当に言いたいことは言外に気付かせよう、とするものではある。

そしてこの譬喩の場合も譬喩に見えて、実は存外、なにがしかの歴史的経緯を反映しているのかもしれない、のである。

なお、引用文末尾の「応身佛」「報身佛」うんぬんも、後で本論に入ってから大いに関係してくるので、一応、記憶に留めておいて頂きたい。

良医と子供たち、の譬え

「如来の寿命の長さ」の章から、該当箇所を引用してみる。なお、長いので修飾語などを一部省略（……の部分）した。

例えば、……あらゆる病気の治療に勝れた……ひとりの医者があるとしよう。そしてこの人に……多くの息子がいるとしよう。そしてこの医者が外国へ行ったとき、彼の子どもたちがみな毒物にあてられ……毒物に焼かれて地上をのたうちまわったとしよう。こうし……たときに、彼らの父親の医者が外国から帰ってきたとしよう。子どもたちの幾人かは意識が転倒していたが、幾人かはそうでなかったとしよう。彼らはすべて苦しみながらも……喜んで……こう言うとしよう。

『お父さん、お帰りなさい。……わたしたちの……毒を消して……生命を助けてください』と。

そこで、かの医者は……のたうちまわっている息子たちを見て、色も香も味も勝れた、

素晴らしくよく効く薬を用意して、……飲ませるために、

『子どもたちよ、色も香りも味も勝れた、素晴らしくよく効く、このお薬を飲みなさい。……すぐ毒が消されて楽になり、病気が癒るよ』と、このように言ったとしよう。

その場合、かの医者の息子たちの中で意識の転倒していない者たちは、薬の色を見、香を嗅ぎ、味を味わって、直ちにその薬を服用しよう。そして……苦しみから解放されよう。

ところが、意識の転倒している息子たちは……『お父さん、お帰りなさい。……あなたはわたしたちのお医者です』と……言いながらも、彼らは用意されたその薬を飲まないであろう。それはなぜかと言えば、彼らは意識が転倒しているために、……色の点でも気に入らず、香りでも味でも気に入らないからである。

そこで、かの医者はこのように考えよう。『この子どもたちは毒のために意識が転倒している。……わたしの処方を悦ばない。わたしは巧妙な手段を用いて……この薬を飲ませよう』と。

そこで、かの医者は……このように言うとしよう。『わたしは年をとって……老衰して、死期も近づいた。だが……気落ちしてはならぬ。これは、わたしがおまえたちのために用意した、よく効く薬だ。飲みたいと思うなら、この薬を飲みなさい。』

彼は巧妙な手段を用いて、このように子どもらに指示を与えて、他国へ出かけた。そこへ行ったのち、病気の子どもたちに、彼が死んだと告げさせたとしよう。

そのとき、子どもたちは非常に嘆き悲しむであろう。

『われわれの父であり生みの親であり、また保護者で、われわれを慈しんでくれた、ただひとりの人だったのに、亡くなってしまった。……』

彼らは頼る人のいなくなった自身を省みて、また庇護者のいない自分の身の上を考えて、繰り返し嘆き悲しむであろう。そして、繰り返し嘆き悲しんでいるうちに、彼らの転倒していた意識がもとに返るであろう。

そして、色・香り・味を具えたその薬を、色も香りも味もあるものと気づくであろう。こうして、そのとき、彼らはその薬を服用しよう。そして、薬を服用した彼らは、その苦しみから完全に解放されよう。

そこで、かの医者は息子たちが苦しみから解放されたことを知って、自分の姿を現すであろう。（同書p333～335）

如来は、ここでは医者にたとえられている。

その如来が永劫の昔から悟りを開いていたことを言うためならば、もっとスケールの大きな話でもよかっただろう。そこから見ても、実はこの医者の子どもたちこそが、この譬え話の主役であると見るべきだろう。

それにつけても、色・香・味ともに勝れた薬とは、そも何なのだろう。

色・香・味は、飲む前から、あるいは飲んですぐ分かる要素であって、つまりは効き目を待たずとも識別される要素である。だが「良薬口に苦し」ということわざもあるくらいだ。いくら色・香・味がよくとも、薬は効かなければ意味がない。むろん、色・香・味がよくて、さらに効き目が確かなら言うことはないのであるが、なぜだか色・香・味にこだわっているようだ。そしてどうやらここら辺に、何か言いたいことがありそうだ。

毒に焼かれてのたうちまわる、というあたりまでは分かるが、また毒で意識を無くしているというのなら分かるが、ここで言うのは、毒で意識が転倒している状況なのだ。苦しさのあまり気が違っている、という意味なら分からなくもないが、それならそれでそう書けば済む。やはり何かあるのだろう。

またさらに、これはそもそも譬喩である。そうだとすれば、ここでの毒とは何だろう。意識を転倒せしめるような毒とは、一体何の譬えなのだろうか？

転倒せる者

ＳＦ作家の小松左京氏が、かつて「世界の宗教を見ると、たいてい精神を鼓舞する方向に作用しているが、ひとり仏教だけは鎮静する方向に作用している」というような一文を何かに書いていたのが、妙に記憶に残っている。

あるいはダ・ヴィンチにしても、西洋世界にあって、キリスト教の社会に接し、何かそれに通ずるような感想を抱いたのではないだろうか。それで絵画を通して、彼自身内部の問いかけを、あのような形に表現したのではなかっただろうか。ダ・ヴィンチの絵のシチュエーションを見ていると、結果的にではあるが、とりわけ法華経をはじめとする大乗経典とも、どこかで通じているかのように思えてくる。

「最後の晩餐」に話を戻そう。

描かれている人物のどれが使徒の誰で、といった個人の特定はしないで、やはり記号に置き換えて考えていく。

前項の譬えでは、毒のために転倒せる者と、転倒しなかった者とに分けられていたのであるが、絵の設定でもD1を例外とすれば、使徒たちは、イエスの右側と左側とに大別されているわけである。イエスの言葉を受け入れたが故に、いわば「親方日の丸」のような感覚で、B1が強気に人差し指を立ててアピールし、向こう側を挑発しているのだとすれば、他方の側であろうD・Eグループのリーダー格であるD2は、さすがに中央のAにたてつくまではしないだろうとしても、受け入れ得ないでいる（薬の色も香も味も気に入らないから……転倒していて？）のを指さされては、気色ばむのも無理からぬところだといえるかもしれない。

蓮華座、また獅子や象に座した尊像のあることからも分かるように、仏教ではしばしば乗り物に例えて教えを説く。そして法華経は繰り返し「三乗」について語る。

前記の本の中の「巧妙な手段」の章から、いくつか拾ってみよう。

余は唯ひとつの乗物について、それが佛の乗物であると教えを示すのだ。しかも、第二あるいは第三の乗物は、全くないのである。(p40)

また、すべての尊き佛たちは、唯ひとつの乗物について人々に教えを説いたのであるが、それは一切を知る佛の乗物であった。(p41)

この世の人々はまた余の教えを聴いて、彼らはすべて、この上なく完全な『さとり』を得るであろう。このようにして、この世間の十方において、第二の乗物の名はどこにもないことを、まして第三の名などあり得ないことを知るべきである。(p43)

まこと、如来たちは虚言を言うことはない。唯ひとつの乗物、それは仏の乗物である。(p44)

「たとえ」の章の譬喩《ひゆ》でも、火宅の中の子どもたちをおもちゃで外へ誘い出すのに、それぞれの好みに合わせ牛の車・山羊の車・鹿の車をもってするのであるが、無事に出てくると、みなにひとしく、最もすてきな牛の車を与えたとなっている。

ここで先の「良医の譬喩」とこの「火宅の譬喩」とをつなげ、件《くだん》のダ・ヴィンチの絵を、これに重ね合わせてみたとしよう。

人物Aと人物D1との心意的な一致が、「最もすてきな牛の車」すなわち「唯一つの佛の乗物」に該当すると仮定してみれば、絵の向かって右側のグループと、D1を除く絵の左側のグループとは、「山羊の車」ないし「鹿の車」に該当してくるわけであり、さらには「良医の譬喩」での、毒に焼かれた子どもたちの話では、ともあれ素直に薬を飲んだグループと、意識が転倒していてその薬が気に入らず、飲もうとしなかったグループとに当てはまってくるわけである。

ところでこの三乗について、大乗仏教では従来、菩薩乗・縁覚乗・声聞乗のことだと解されているのであるが、原文を見る限りでは、そこまで限定して書かれていない。

すべての大乗経典を隅々まで吟味したわけでもなく、断定的なことは言えない。だが「巧妙な手段」の章の後半で、菩薩に言及しているから、三乗を菩薩・縁覚・声聞に当てはめたのも、おそらくは、このくだりに依拠してのことだったようだ。

といって三乗を菩薩・縁覚・声聞のことだとするのが誤りとまで言えないが、一方で微妙なニュアンスの違いを感じるのも、あながち気のせいではないと思う。

仏尊は本来、唯ひとつの佛の乗物である「仏乗」を説いているのであった。だが「三乗」＝「菩薩乗・縁覚乗・声聞乗」だとするならば、第二、第三はないともあったから、実は菩薩乗を説いていることになってくる。仏乗と菩薩乗なら、どちらでも似たようなものじゃないかと思われるかもしれないが、これが後では、結構重要になってくるのである。

だがこの点については、後半の第三章で、改めて詳しく論じることとしたい。

ともあれ法華経には、三者三様もしくは二者二様というパターンが、繰り返し示されているのであって、それとほぼ一致するようなパターンが、かのダ・ヴィンチの絵の中にも現れている、ということである。

だがそうかといって、ダ・ヴィンチが仏教（大乗仏教）を知っていたのか、などと考える必要はないだろう。

仏典というからには、その教説は真理に沿ったものである。否、たとえその表現上の細部はどうあれ、本書の「元は一つ」というコンセプトに照らせば、仏教徒であろうがなかろうが、またキリスト教徒であろうがなかろうが、その源にあるであろうものは、仏典を読んでいたかどうかに関係しない。仏典といえど、また聖書といえど、それらはみな、地上における一つの顕《あらわ》れにすぎないものだ。そしてそれが顕れであるからには、細部に異同のあるのもまた、避けられないことであろう。

そうして、そこからひるがえって考えてみれば、それら今に伝えられてきた聖典の類を手がかりとして、本来それらの背後にあったであろう根源なる「元」をこそ、われわれは探らねばならないのである。

イエスの教説とシャカの説法とが、妙に符合している箇所はまだほかにもある。それはそのままの一致というよりはむしろ、合わせ鏡のような符合の仕方で、である。

もっとも、それもナグ・ハマディ文書が世に出て、とりわけ「トマスによる福音書」の内容が明らかなものとなり、当時のキリスト教グノーシス派の様相、ひいては後の正統派との対立の様相が明らかになりつつあるからこその話だ。

ただここで一つ申し添えておかねばならない。キリスト教グノーシスに関しては、学問的にもまだ研究途上ではある。とはいえ、一方で、それらのすべてを無条件に至高のものととらえたり、その一方で、世の中からはみ出た過激な思想と断じるだけでは、この先も、その当時に生起したであろう大きなうねりを正しく把握することはできないだろうということである。

そのうねりとは、仏教とキリスト教とが、あざなえる縄の如くにからみ合い、呼応し合って生じたものだ。それは宗教のみならず、人類全体にとってもきわめて一大事な出来事であっただろうし、本書の最終目的もまた、そうしたものの解明にある。

五　壺の中のクルミ

ビンの中のアメ

ここまで話を進めてみると、ダ・ヴィンチの絵の中での話とはいえ、ではこの場面でのイエスの説教の中身は何であったか、言い換えればダ・ヴィンチが実際に想定したテーマは具体的に何だったかが、なおさら気になってくる。

むろん、裏切りの予言というテーマは、あくまでも、従前からあった形式的なタテマエでしかなかったという前提での話である。

幼児がビンの中のアメを取ろうとして、手が抜けなくなってしまい泣きじゃくっている、という設定の寓話を聞いたことはおありだろう。母親が来て「あらあら、そのアメを放したら手は抜けますよ。アメなら、あとでビンから出してあげますからね」というオチになっている。前節での、(毒に当てられて)意識が転倒している、という譬《たと》えがいまいちピンとこなかったのであるが、ここで毒の例題のことは忘れて、右の寓話に重ねてみよう。

きっかけはたとえアメであっても、幼児が泣いているのは、手が抜けなくなったからである。だが幼児は混乱してしまっていて、その原因がアメにあったということには考えが及ばなくなっている。もし、空っぽのビンに手を入れ、たわむれに握りこぶしをつくって抜けなくなったとしても、その握りこぶしを解くことで、幼児は容易にビンから手を抜き出しただろう。「アメが欲しい」という目的と「手が抜けない」という命題とが同時に起こってしまって、幼児は気が転倒してしまったのであり、その場における、物事の優先順位にまで考えが及ばなくなってしまったという状況である。


大人はこんなバカな混乱はしないだろうが、もしこれがビンの中のアメの話でなく、何かほかの、その人にとって重大な事柄の話だったらどうだろうか。

そう考えてみると、前記の譬喩にあった「意識の転倒」のことも、がぜん、身近なものに感じられてくるから妙なものだ。

シリアの笑い話

そういうわけで、この「ビンの中のアメの話」の出所《でどころ》も、一応知っておきたいと思った。たぶん、イソップかアンデルセンかの童話の中にあるだろう……。ところがそういうアタリをつけて図書館で調べてみたものの、一向に出てこない。誰でも知っている話だというのに、である。こうなるともう端から順に、しらみつぶしに当たるほかない。どのみち寓話の類ではあろう。

『世界のわらい話　三年生』（偕成社）という絵本の中にそれはあった。意外だったのは、それが「小さなつぼから大さわぎ」と題されたシリアの民話だったことである。

ここから現代風にアレンジしたのが、ビンの中のアメの話だったのだろう。

原話では、ある国の王子が壺の中のクルミを取ろうとして手が抜けなくなり、それで国をあげての大騒ぎとなった話になっている。あろうことか、「こうなったらもう、わかさまのお手をきるほかはないとか、つぼをわったら、などというものもありますが、だいじなお手をきることは、できません。それに、つぼはとてもかたくて、もし、なにかでたたきわったら、きっと、わかさまのお手もつぶれてしまいます。それでみんなが、どうすることもできなくて、わかさまといっしょに、ないているのですよ」というところまで、物騒な話に展開している。結局は、たまたま通りかかった旅人のアドバイスによって、めでたしめでたしとなるわけである。

国中の者が誰一人気付かなくて、たまたま通りかかった旅人があっさり解決してしまうというシチュエーションが、笑い話たるゆえんだろう。だが例えば、諸外国が日本を見る目と、国内の日本人の思惑とが全く正反対だった、などというケースを想定してみれば、それも決してない話ではなく、笑い話では済まなくなる。そう考えれば、原話は原話で、意味深なものにも見えてくる。

さて、ここで注目したいのは、これがシリアの民話だったことである。あとで出てくるが、荒井献氏の解説（『トマスによる福音書』）を参考にした印象では、シリアはキリスト教グノーシス派の一つの拠点があった地らしい。さらに言えば、キリスト教グノーシス派の発祥の地だった可能性すら感じられるのである。だがそのことは、そのときにまたふれよう。

ユダヤ教からキリスト教へ

ここまできたなら、ここはひとつ、この話におけるクルミが具体的な何かを暗示していた可能性についてを、是非とも考察しておくべきであろう。

イエス自身がユダヤ人であり、ヘブライ王国ダビデ王直系の子孫だと聖書にも記されている。（なお、ダビデもソロモンもイエスも正確にはユダヤ人でなく、原ヘブライ種だったといる。）

うドリール博士の説もあるが、ここでは、そこまでこだわって論じることはしないものとす

またイエスの弟子たちも、特に記載のある場合を除いて、基本的にはユダヤ人と考えてよいようだ。そして、イエスはそもそもユダヤ人の王として迎えられたようである。だから、イエスの後にキリスト教が生まれたのではあっても、イエスはユダヤ教との関わりにおいて歴史に登場したのには違いあるまい。

だが結果としては、ユダヤ教の長老たちの懇請《こんせい》によって、イエスは十字架に架けられることとなったのである。それが歴史の事実だとすれば、イエスの主張したものは、ユダヤ教の長老たちにとって、決して受け入れがたいものだったわけである。

この点に関しては、長老たちがイエスをユダヤの王と認めなかったからだと言われている。だが理由がそれだけのものだったのなら、彼らがイエスを「殺したい」とまで考えた動機としては不十分だろう。何が長老たちを殺意にまで追い込んだのだろうか？

クルミの話では、家来たちは王子の手を切り落とすことまで想定したとあったが、ここでの長老たちは、ついに十字架に架けてしまうところまでいってしまったのである。

そしてイエスが十字架に架けられた後に、ややあって今度は、そのイエスを「主」とするキリスト教が生まれた。

「旧約」から「新約」へ

さて、ユダヤ教とキリスト教とでは、いったい何が変わったのか？　言葉をかえれば、ユダヤ教になくてキリスト教にあるものは何だろうか？

それはやはり、人種的な普遍性にあるのではないか。

その布教の歴史においては、南米のインカに対してあったような、必ずしも適切だとは言えないケースもあった。それは確かに、身勝手で強引なやり方でありはしたものの、その背景に人種的普遍性あらばこそ、そうした接触の仕方もまた生じたのである。

ではその逆に、キリスト教になくてユダヤ教にあるものとは何だろう？

それは人種的普遍性とは逆のもの、つまりは選民思想だということになるのではあるまいか。そしてこの選民思想は、他のどの宗教にもない概念である。というより、選民という見方自体が、宗教本来の概念に含まれようのないものである。それは、単なる民族の誇りといったベースの概念からも逸脱している。

そうなってくると、なぜユダヤ人の間にだけ、そのような偏狭な価値観が生じたのであろうかという疑問もまた出てくるのであるが、部外者であるわれわれにとって、現段階では手に余ることだ。よって一応、ここまでで止めておきたい。

要するに、ユダヤ教における神との契約すなわち「旧約」とは、世の終末においてユダヤ人のみが救われるという選民思想にあり、キリスト教における神との契約すなわち「新約」とは、主イエスの下で、単一の民族に限定せず、すべての民族が救われるという大前提にある、と言って差し支えないだろう。

ただし右は筆者の見解であり、他の参考書を見てみても、旧約とはモーゼが神から授かった十戒のことだと解説されている。だが、そういうタテマエばかりを並べて見比べたとしても、両者の決定的な違いは見えてこない。だから筆者としては、右の観点を一つの前提条件として話を進めていくこととする。

ユダヤ人の弟子たち

今日のキリスト教も、当初はユダヤ教の一派という立場を守っていた。だからエルサレム原始教会の最高指導者（ヤコブ、ペテロ、ヨハネ）も、異邦人にキリストの教えを授けるときには、まず割礼《かつれい》をさせてユダヤ教徒にすることを原則としていた。（『図説　地図とあらすじで読む聖書』p98　青春出版社）

新約聖書学者ディアドリ・グッドによれば、「新約聖書に登場する人物は、そうでないという根拠が特に見いだせなければ、みなユダヤ人だと考えねばならない」のだそうである。（『ダ・ヴィンチ・コードの真実』p174　竹書房）

つまりイエスがユダヤ人なら、弟子たちもまたユダヤ人であった。

弟子たちが基本的にはユダヤ人だったという前提で考えるならば、イエスに心酔してその弟子になったとはいえ彼らはまた、選民思想の伝統の中で育ってきた者たちでもあったはずだ。そしてイエスは、より普遍性のある教えを説いた。

そうするとここに、イエスには師事したいが、さりとてにわかに選民思想は捨てがたいという状況が生じており、それはまた壺から手を抜きたいのだけれども、やっぱりクルミも欲しいという状況とも、何ら変わりはなかったのである。

こうした前提状況をふまえた上で、再び名画「最後の晩餐」を見直してみる。

良医の薬を素直に飲んだ子どもと、色・香・味が気に入らなくて飲まなかった子どもがいたように、旧来からの思想をきっぱり捨てられた者と、それへのこだわりをにわかには捨てられず、いくらかでも引きずる者とがいたとしても、ごくごくあり得る事態ではあっただろう。また、このように眺めたとき初めてダ・ヴィンチの企図したであろうテーマも、そこに浮かび上がってくるのではあるまいか。

すなわち、Bは速やかに旧習を捨て得たグループであり、Cは捨てることを前提とした上で心の整理をつけようと協議するグループであり、またEは主の存在と旧習とがまだ同等の重さにあって、とてもに判断が付きかねているグループであり、さらにD２は少なくともこの段階では、なお旧習との折れ合いには抵抗を感じている急先鋒だったように見えている。

だがそれら左右の双方とも、そもそもは毒に当たって苦しんでいた者たちである。ただ一人、Ｄ１のみが例外であり、法華経の譬喩が言うところの仏乗に最も近く、菩薩の位置にいたわけである。（ただしＤ３のみは、現時点でまだよく分からない。）

つまりは選民という出発点があるからこそ、そこから派生して生じるさまざまな災いがまた自らにも還ってくるとすれば、そういう意味合いにおいて、それこそまさに、前出の毒に該当するものといえるだろう。選民は自からを他と差別する始まりだからだ。

六　晩年のダ・ヴィンチ

まとめ

この序章は、まだ導入部分であり、ダ・ヴィンチの絵に題材を求めたウォーミング・アップである。仏教とキリスト教とのつながりをある程度つかんでいただけたなら、それで目的は達せられるので、ここでいったんリセットしてもらいたい。

このあとに続く本論で順を追って進めていくが、後半ではアッと驚くような展開が待っている。むろん、これまで一切語られることのなかったものだ。余分な先入観は持たずに、柔軟な状態でいるほうが、かえって把握しやすいだろうと思う。

最終的には「元は一つ」を提唱したい考えであるが、具体的にはキリスト教の初期の流れを仏教の動きと照合することで、両者の接点を探っていく。それによってこの二大宗教が、同じ根っ子から生じていることを明らかにしたい。
それは単なる状況解釈にとどまらないもので、明白で具体的な物証としても残されていたのであるから、筆者自身がまずもって驚かされた。そして、そうした事実関係を確認し得たことが、本書執筆のいつわらざる動機である。

さて、本論へ入る前に「最後の晩餐」の作者ダ・ヴィンチ本人について、あといくらかを付記しておきたい。

臨終の枕元での告解と聖体拝領

ダ・ヴィンチの伝記というのがあるそうだ。
『反ダ・ヴィンチ・コード』（ホセ・アントニオ・ウリャテ・ファボ著　早川書房）がそれに関係したコメントをしているので、その一部を引用する。

伝記作者のヴァザーリは、ダ・ヴィンチの死から三〇年後に書いたはじめての伝記で、ダ・ヴィンチについてこう述べている。「よって、彼は変わった考えを持っており、どの宗教にも近づかなかった。自分のことをキリスト教徒というよりは哲学者だと考えていたのである」

だがルネッサンスの偉大な頭脳であり、合理主義者だったダ・ヴィンチも、晩年、死が間近に迫っていることを悟ると、「カトリックの教えや良き道、神聖なるキリスト教について、熱心に知りたがった。それから、涙を流して告解し、罪を悔いた。ベッドから出ると、自分で立つこともできなかったので、友人や使用人の腕に抱きかかえられ、うやうやしく聖体拝領を受けた」そうヴァザーリは述べている。この言葉は、ダ・ヴィンチが七人の証人の前で口述し、証人それぞれが承認のしるしに名前の頭文字を記した遺言書の内容とも一致する。このダ・ヴィンチの遺言書はあまり有名ではないが、宗教的なものではない公的文書ということで、特別な価値がある。(p60〜61)

ダ・ヴィンチは、一般的な思想では推し量ることのできない人物だった。聖職者を批判したため、おびただしい数の問題に立ち向かわなければならなかった。だが死期が迫ると、敬虔《けいけん》なカトリック信者としての遺言書を残した。神の審判を受けなければならないことを悟り、それまでの人生を精算することを望んだ。(p61〜62)

「どの宗教にも近づかず」「キリスト教徒というよりは哲学者を自認し」「聖職者を批判し」ていたであろうダ・ヴィンチが、その臨終の枕元で敬虔《けいけん》なキリスト教徒に変貌していたというのは意外だったが、前後の経緯からみて、これが事実なのは確かだろう。

ただ問題なのは、やはりその中身だろう。変貌したことそのものは事実だとしても、ホセ氏が言うように、「死期が迫ると、……神の審判を受けなければならないことを悟り、それまでの人生を精算することを望んだ」のかどうかは、甚だ疑問だ。

「三つ子の魂百までも」という言葉もあるように、私はやはり、その臨終に至るまで、ダ・ヴィンチはあくまでもダ・ヴィンチであっただろうと思う。

ダ・ヴィンチの本心

ホセ氏の言わんとするのは、要するに、「それまでの罪を悔い改めた」ということらしいが、むしろダ・ヴィンチはそれまでの人生の総決算として、言い換えれば、それまでの思考や疑問の果てに、あくまでもその延長線上で、キリスト教の本質もしくはイエスの本意のようなものを感受したのではなかっただろうか。そしてそれは、それまでの彼自身の考え方の、その先にあった、あるいはそこに待ってくれていたということではなかっただろうか。

お仕着せのように型にはまった教義だけで、彼のタマシイまでもが癒されたとは、考えられない。彼は、彼自身の理解の仕方と、精神のレベルにおいて、イエスの教えを再発見したのだろうと私は思う。

同じ言葉や文章であっても、それに対峙《たいじ》する際の心情や見識によっては、そこから受ける印象は大きく変わるし、また時として、同じものが全く正反対に受け取れてしまうことすら決して珍しくはない。結局ダ・ヴィンチは、一周回ってそれまでの彼のすべての思考経路を含んだ上で、改めてイエスの教えと対峙したのだ。そして、イエスの真意を悟ったのだろうと思う。

なぜそこまでいえるのかというと、私自身が今回の研究と考察とによって、キリスト教というものに対する認識が大きく変わったからである。キリスト教徒でもなければ、それまでキリスト教や聖書に詳しかったわけでもない私が、こんなふうに言うのはおかしいかもしれない。だが私にとって、そのキリスト教が本来持っていたであろう奥深さが、仏教の教えとセットにして考えることで今回初めて気付くことができたのであるなら、私などよりはるかに偉大であるダ・ヴィンチもまた、あるいは別のアングルからすでに同様の奥深さについて気付いていたのかもしれないのである。

さて、では筆者がこれから述べようとしている事柄が、果たしてそれほどに意義のある内容なのかどうか、はたまた筆者が拡げた風呂敷の広さにも十分耐えうるものかどうか、それは読者ご自身で、じっくり確認していただきたい。

一つだけお願いしておきたいのは、決して結論を急がないことである。

第一章だけでも、また第二章、第三章だけでも、満足するに足る展望は導き出せない。それは第一章から第三章に至る過程を、もらさず順にたどっていくことで、初めて手にすることが可能となるだろうものだからである。

第一章　キリスト教グノーシス派

一　イエスの死から新約聖書成立までのドラマ

四十年前後の空白

前出『ダ・ヴィンチ・コードの真実』は、簡潔にこう述べる。

以前から研究者たちのあいだでは、イエスの死から最初の福音書が書かれるまでに、およそ四十年の（それ以内かもしれないが、もしかするとずっと長い）空白のあることが知られていた。

その期間にイエスの信奉者たちは口伝の教義を整理し、イエスとは何者か、その生涯と死は何を意味するのかを定義した。福音記者は、それぞれの状況や読み手に合わせて、ちがう視点から福音書を著した。

最終的に四つの福音書と二十三の文書が正典とされ（聖なる書であると宣言され）、聖書が出来上がる。もっとも、完成は四世紀のことである。（p174）

われわれが今から考察しようとしているのは、一言でいえばこの、イエス死後の四十年とそれに続く四世紀までの間に生起したであろうドラマについてである。

そのドラマはこれまで、残された資料をもとに、今日ある教会の権威にそう方向で解釈・特定されてきたわけであり、資料が限られていた以上、さしたる反論が出てこようはずもまたなかったわけだ。それが、一九四五年に発見された「ナグ・ハマディ文書」の出現（もっとも、一般に流布されるまで、これまた四十年近くかかっているが）により、キリスト教成立のドラマを考察する上で、これまで間接的にしか知られていなかったキリスト教グノーシス派の活動が、実は当時の、きわめて重要な側面であったらしいことが分かりはじめてきたのである。

こうした大発見があると、あたかも振り子が振れるがごとき反動も生じて、それまでの価値観もついつい逆転してしまいがちとなる。曰く、今日ある教会の権威が、当時対立していた相手を力ずくで封じ込めて成立したものであるなら、これまで知られてきた教会の成立史も、とうぜん勝者寄りのものであろう。となれば、敗れて歴史から排除された者たちこそが、イエスの真の教えを受け継ぐ者であっただろう、と。

そういう一面も、確かにあっただろうとは思われる。

だが、ここで結論を急いではいけない。それでは単なるシーソーゲームに終わってしまうかも知れず、またそのようなシーソーゲームは、同じ人間のやることだから、当時にもまたあっただろう。そうだとすれば、われわれがまた、当時にあったであろうシーソーゲームを、またぞろ再現するにすぎないのであっては、何にもならない。

混乱のさなかのユダヤ人社会

『ダ・ヴィンチ・コードの真実』はまた、右の記事に続けて、当時の社会背景を含めたアウトラインとしても解説してくれている。状況を共有する上で有効な部分もあるので、少し長いが、同書（p174〜176）から拾い出し、箇条書きにしてみよう。（文責筆者）

① 新約聖書学者ディアドリ・グッドは「新約聖書に登場する人物は、そうでないという根拠が特に見いだせなければ、みなユダヤ人だと考えねばならない」と指摘している。またほとんどの研究者も、イエスはユダヤ人だったとしている。

② 新約聖書には、イエスがユダヤ教の神殿に深い関心を持っていたのを示す逸話がたびたび登場する。少年期には早熟ながら神殿という場の役割を理解し、成人してのちは神殿から商

人を追い出す。いずれも伝統的なユダヤ教の神殿が舞台であり、イエスは自分の信念に従って現状を変えようとする。

③　確かに当時のユダヤ教は混乱をきわめ、宗派、党派、氏族、民族、預言者、偽預言者、ラビ、教師、ギリシャやローマの影響を受けた者などが入り乱れていた。そのためイエスが活動を始めたときも、それほど目立ちはしなかったかもしれない。

④　ユダヤ人社会はエジプト、トルコ、ギリシャ、シリア、イラクなどあらゆる地域に存在し、それぞれに形を変えた独自の信仰を持ち、周辺文化の影響を受けていた。そのころのユダヤ教は大きな天幕だった——みなその下に入ってはいたが、何もかもがどうしようもなく分裂していた。

活動中から目立たなかった（③）のなら、当然、イエス死後の数十年はキリスト教というものの存在すら、明瞭なものではなかったわけだ。またイエスを含め、直弟子たちの大方がユダヤ人だった（①）なら、前にもふれたが、ユダヤ教とも無関係であったはずはあるまい。だが、ナグ・ハマディ文書の出現によって、当時のイエスの教えそのものが、ユダヤ教の教義とは似ても似つかぬものであった（次節以降でふれる）可能性が明白となりつつある現在、そもそものイエスの教えの出発点はユダヤ教とは無関係なものであったと考える方がより自然に思える。

②では、「少年期から神殿の役割を理解し、成人して神殿から商人を追い出した」とあるの

が、いかにもユダヤ教を改革すべく登場したかのイメージを与えるが、おそらくそのイメージは④の「ユダヤ教は大きな天幕だった――みなその下に入ってはいたが、何もかもがどうしようもなく分裂していた」という、当時のユダヤ人社会内部の様相から逆算して類推されたものだろう。

ここで「どうしようもなく分裂」して乱れていたユダヤ人社会を、神殿を軸として再び一つにまとめようとしたと解釈する場合には、改革ではなく回帰を目指したことになる。だが、それならなぜ、のちに成立するキリスト教が、かくもユダヤ教とは違ったものになっているのだろうか。全体としての流れを読もうとする上からも、またナグ・ハマディ文書に記されるグノーシス派との関係を理解しようとする上からも、やはり、そもそものイエスの教えは、それまでなかった全く新しいものだったからだろう。

また「神殿から商人を追い出す」という一種の過激な行動について。

これは正典に加えられている「ヨハネ福音書」にも書かれている記事であり、これはこれとして事実であるだろうとしても、イエスの教義とユダヤ教との関わりとは、一応分けて考えるべきだと思う。そしてそれは、本書の最終テーマである「トマスによる福音書」をどう読み解くかということとも大いに関わってくる事柄である。

なお「ヨハネ福音書」については、あとでもふれる。

⑤　イエスの死後しばらくは、その信奉者たちがユダヤ教とは全く異なる宗教の信者だとは見

なされなかったようだ。ユダヤ人からはナザレ人《びと》と呼ばれたり、異邦人（非ユダヤ人）からはキリスト教徒と呼ばれたりした。

⑥　中には、イエスは神の子であり救済への唯一の道であるといって、正統派のユダヤ教徒とは相容れない教義を唱えつつも、男性には割礼を受けさせ、ユダヤ教の儀式や食物規定に従うよう求める派もあった。

⑦　「ユダヤ教の殻《から》からいまだに抜け出せないキリスト教徒」と言われたエビオン派は、自分たちの活動に加わるのはユダヤ人でなくてはならないと主張した。しかし古代キリスト教の専門家であるバート・アーマンによると、エビオン派はイエスを深く信じていたものの、イエスを「ユダヤ教の預言を実現するために、ユダヤの神が、ユダヤの人々に送り出した、ユダヤ人のメシアである」と見なしていた。

⑤⑥⑦は、イエスが登場した当時そのままの、彼と弟子たちの状況を活写している。⑦に「イエスを深く信じていたものの」とあるが、彼らは一体、何を根拠に「深く信じて」いたのだろうか？　もしイエスが、ユダヤ教の改革者として歴史に登場したのであったなら、エビオン派などのユダヤ教の殻に固執する者たちは、一体イエスの何を信じていたというのだろうか？　それがもし、イエスの人となりや人間の本質に則《のっと》った教えだったからだというのなら、なおさら旧習との同居には矛盾がある。まして「ユダヤ人のメシア」とみなしていたというなら、ユダヤ教とは無関係に説かれていた教えを、なんとかユダヤ教に、さらにはユダヤ教

だけに特定して結びつけんと、もがいていたと理解するのが妥当ではないだろうか。

そして、このエビオン派の姿勢はそのまま、後にキリスト教の正統派として確立される、教会教父たちの方向性とも、さほど違和感なくつながってくる。おそらくエビオン派は、ペテロ直系の信奉者たちであり、そのペテロはカトリック普遍的教会の初代司教として仰がれている使徒中の長老である。(ちなみにペテロは、ダ・ヴィンチの「最後の晩餐」でいえば、絵の左側の、D2にあたる人物であった。口絵頁図版参照)

つまり、今日のキリスト教正統派とは、ユダヤ教が、キリスト教として脱皮するために必要な、可能な限りの贅肉をそぎ落としたものと言いうるだろう。後の正統派は、強力なる敵中の敵であったグノーシス派に対抗していく過程において、キリスト教徒として存続するために落とせるだけのユダヤ的要素を、そぎ落としたということになる。結果としてそれは、もうどこから見ても、名実とものキリスト教となったのである。

ユダヤ教とキリスト教正統派とを見比べた場合、結局のところは、どちらも一神教である、という点でだけ、かろうじて共通している。だがその共通要素すらも、当初のイエスの教えとは、相容れないものだった可能性が出てきたわけだ。グノーシス派がその根拠としたらしい、正統派の正典には入れられなかった諸福音書では、むしろ多神教的要素のほうが多かったのである。

ただし、宗教を一神教ないし多神教という言葉で括ってしまうことには問題がある。密教の大日如来は根源の仏であるから唯一でもあるが、その根源から派生する数多のマンダラ仏尊が存在する。だから本来的には「一即多」であり「多即一」なのであって、一神と多神との間にも、矛盾や対立は存在しないはずなのだ。むしろわれわれはその事を理解すべく学ばねばならないのであるが、ユダヤ教のみが、なぜだか唯一神と選民思想とに固執している。そしてキリスト教はその成立の過程において、ユダヤ民族だけの唯一神から、異邦人も含めた一神教に拡大し得たことで、少なくとも結果的に、くだんの選民思想からは離れることができた……というのが、筆者のおおよその展望としてある。

だが右のように言ったからといって、彼ら正統派のそれが、実は偽りのキリスト教だった、とまで言ってしまうなら、これまた釈然としないものが残ってしまう……思い出してほしい、シャカだって「三乗＝何通りかの説法」をしようと言っているのだ。

そうなってくるとなおさら、彼らは、イエスの基本的な教え以外の、一体何を「深く信じて」いたのかが気になってくる。だがそれは、あとの章で明らかになる。

ともあれ、イエスの説いたものをより正確に理解し、かつ把握するための前提条件として、少なくともその教えの中心部分は、やはり、ユダヤ教とは無関係に説かれたものであったと考えるのがより妥当かと考えられる。

だがその一方で、いわゆるキリスト教グノーシス派の主張するところとされるものが、果たしてそのまま、イエスの教えの中心部分に一致すると考えてよいのかどうかということになると、これにもまたいくばくかの問題があるようである。――だが順路のほうを優先させたいので、今はさておく。

⑧ ギリシャ語を話すユダヤ人のサウロは、ナザレ人を敵視していたが、ダマスカスへ向かう途中にイエスの声を聞いて、以後は異邦人への福音を広める決心をする。サウロはパウロと名を変えた。

⑨ 彼の信仰は、ユダヤ教の伝統の中から現れたほかの集団とは大きく異なった。パウロは改宗者が割礼《かつれい》を受けたりユダヤ法に従ったりする必要はないと考え、これがキリスト教最初の論争のひとつとなる。ほかの者はユダヤ人社会の中で改宗者を増やそうとしたが、パウロは異邦人を改宗させることにつとめた。各地に旅し、地中海東部沿岸地方に教会を建てていった。

⑩ そのパウロの弟子たちよりもさらに熱心だったのがマルキオン派である。彼らはユダヤ教の伝統をすべて捨てようとし、ユダヤ人の神は不完全な神であるとまで言い切った。

⑪ 使徒と、それにつづく弟子たちは「よい知らせ」（福音）を世に伝えていった。

⑫ キリスト教の拡大は長く複雑な経過をたどったため、当時の政治的背景を抜きにして理解することはできない。そのころはローマ帝国の時代だった。ローマ帝国が領土を拡げるに従って人口も増えていったが、人々の信仰はおもにギリシャやエジプトの神話と結びついた異教や自然崇拝だった。彼らは共存しており、国がどちらかに肩入れすることはなかった。

⑬ キリスト教が起こったのは、この宗教の坩堝《るつぼ》の中からだった。多神教が主流だったのに対

し、キリスト教とユダヤ教は一神教であり、人と神（人と神々ではなく）との関係や救済への道は、その他の宗教とは全く異なっていた。

⑭　やがてキリスト教は多様化していく。その地方の異教の伝統を取り入れたものも、核となる教義に新たな解釈を付け加えただけのものもあった。

初期の布教活動について、著者はパウロにしかふれていないので、前掲書『地図とあらすじで読む聖書』（p98）を参考に、少し補足しておく。（文責筆者）

・キリスト教徒を迫害しようとしたパウロは、突如光に打たれ、目の前にイエスが現れた。これを機に、パウロは瞬時にイエスの信仰者となった。

・アンティオキア教会に属したパウロは、キプロス島やトルコ中部に伝道を始めた。

・エルサレム原始教会ではユダヤ教の一派という立場を崩さず、ヤコブ（イエスの弟）や十二使徒のペテロ、ヨハネといった最高指導者は、異邦人にはまず割礼をさせてユダヤ教徒にすることを義務づけた。

・しかしパウロをはじめとするアンティオキオ教会はこれを無視し、割礼を強要しなかった。そして異邦人にも、キリストの教えが広く伝えられた。こうした伝道の方法は、もはやユダヤ教の一派としての域を脱していた。

・そこで原始教会とアンティオキオ教会とは協議を行い、いったんパウロたちの行動や考えは承認される。そしてペテロたちはユダヤ人に、パウロたちは異邦人に伝道するという伝道圏の二分割によって事態は円満解決した。

・だが、ほどなくして原始教会が巻き返しを図り、アンティオキオ教会がこれに屈する。

さて、パウロらの方向とペテロらの方向をこのように並べてみるとき、いずれがより本来の教えに沿った方向性を有していたのだろうか。いったん和解したあと、ほどなく原始教会が巻き返しを図ったというも、要はユダヤ人だけのイエスにしておきたかったということになるのではないか。つまりそれは、「選民としてのユダヤ」ということへのこだわりを完全には捨てきれなかったということではなかっただろうか。

この点だけを言うなら、現在のカトリック教会はむしろ異邦人（ユダヤ人に限らないという意味で）のためにある教会だから、パウロの路線に沿っていることになる。

だが後述するように、後に正統派となるエイレナイオスらの勢力は、ペテロを初代の司教と仰ぎ、教義はパウロ寄りでも、心情的にはペテロ寄りだったようだ。彼らの最大の難敵だったグノーシス派とパウロの姿勢とには、何か共通要素があったのだろう。おそらくそれは、パウロが生前のイエスの直弟子ではなく、異次元的にイエスの光を受けて、もしくは声を聞いて、たちまちイエスの信奉者となったことと関係している。直弟子かどうかそれ自体は大して問題ではなかっただろうが、霊的に、イエスがパウロの前に顕れたのは、大いに問題だったのだろう。このことは、あとでも重要な要素になってくるので、一応記憶に留めておいてほしい。

⑪に「弟子たちは「よい知らせ」（福音）を世に伝えて」とある。
新約聖書には、四つの福音書のみが正典として採用されたが、この福音書なるものの存在は、旧約（ユダヤ教）にはない、新約すなわちキリスト教の大きな特徴であるといえる。

ではその福音書とはそもそも何か？　そして次節以降で紹介するように、グノーシス系の文書には四つどころか、相当な数の福音書がある。パウロは「イエスの声を聞いた」ようだが、そもそも福音書はなぜ福音書と呼ばれたのだろうか？
⑫には、「人々の信仰はおもにギリシャやエジプトの神話と結びついた異教や自然崇拝だった。彼らは共存しており……云々」とある。
ペテロ派とパウロ派、あるいはその後につづく正統派とグノーシス派の対立というも、それらはいずれも指導者側の話であって、彼らがその対象とした民衆が、どういう位置もしくはどういう心情にあったかは、常に留意しておかねばならない。指導者らは、ただ一方的に他を異教呼ばわりして、自方に改宗させようとしただけだったかもしれないのだ。そして何より「民衆は……共存していた」のなら、その共存の中に、分裂と対立とを、ただ投げ込んだだけだったかもしれないのである。

そうだとすれば、その「よき知らせ」なるものの中身が、民衆にとって、真に大切なものであるか否かを、一つの示準《しじゅん》としても吟味しなければならないわけである。
⑬では、従来あった様相を多神教として置き、キリスト教とユダヤ教とを一神教として置いている。だが右にも書いたように、キリスト教とユダヤ教とを、同列の一神教として置いてし

まってはまずいだろう。確かにキリスト教は多神教ではないが、イエスの教え自体は普遍的なものであって、ユダヤ教の言う唯一神とキリスト教の言うキリスト性とでは、その趣はまるで異なる。

たとえタテマエは一神教であろうと、キリスト教はむしろ一神教と多神教との中間に位置するととらえるべきではないか。パウロが異邦人に布教した流れは、そして結果的に世界宗教ともなった流れは、少なくともそのベクトルでは多神教方向へと向かっており、いわば多神教の一歩手前にあるともいえよう。そもそも「多即一、一即多」であるなら、それを総括して、あえて一神教を名乗る者もあれば、あえて多神教を名乗る者がいておかしくない。ただ指導者たちのコメントが不十分でかつ誤解を招きやすいものであったならば、その信者たちでもまた、互いに相反して対立しなければならないように錯覚しているということではなかったか。

そしてさらには、本書の主要テーマであるグノーシス思想が、より多神教的な内容に満ちているというのであるなら、今やわれわれはイエスの教えの比重が、一体どの部分にいっそう重く置かれていたかを、あくまでも冷静に探らねばならない。

やがてキリスト教は多様化していく⑭とあるが、その多様化の大部分はグノーシス主義であったようだ。現時点で筆者はまだ、このグノーシス主義を是とも非とも言ってはいない。それを言うには「グノーシス」そのものを定義付けしなければならないが、研究者の間でも、ピッタリな定義付けはできかねているようだ。またそれほどに、グノーシス主義そのものが多種多様だということでもある。

これまでキリスト教グノーシス派については、エイレナイオスによる「異端反駁《いたんはんばく》」などの文献によって、批判的なコメントでしか知られておらず、グノーシス派自身による文献は、正統教会派の手で、その一切が廃棄されてしまっていた。だからこそ、一九四五年のナグ・ハマディ文書発見と、それに続く今日の公刊・翻訳は、それまでの理解を大幅に塗り替えてしまいかねない出来事ともなっているのである。

さて、だがここで見過ごしてはならない問題がある。それは、事柄生成の時間的な順序関係のことだ。具体的に言えば、ナグ・ハマディ文書中のグノーシス派文献によって今日浮上してきた、いわばグノーシス的なうねりが、当時のどの時点で、あるいはどの段階で生起したものであろうかということである。

⑮　このように混沌とした状況の中で、また新たな動きが起こった――「ダ・ヴィンチ・コード」の読者なら特に興味を持つと思われる、グノーシス主義である。グノーシス主義者はキリスト教思想をギリシャ的、エジプト的、秘教的、さらには東洋的な要素と融合させた。

⑯　高い教育を受けた人々らしく、ギリシャやユダヤ教のラビの伝統を受け継いで、知識を広め、議論するための学校もつくっていた。この時代には、宗教、科学、哲学、政治学、詩作、宇宙論、神秘主義は本質的には同じ源から発しており、グノーシス主義者は実に多彩な文書や聖典、福音書を創り出した。

⑰　しかし、主流となりつつあったパウロの流れを汲むキリスト教と激しく対立し、排除すべ

き異端であるとみなされた。

⑮に「このように混沌とした状況の中で」とある。学問的にも、グノーシス的な動きの生じたであろう年代は、こうした頃であろうとされているようだし、またそれに大きな誤りはないだろう。だとすれば、なぜこの時期に突如として、グノーシス的な流れが生じ、かつキリスト教グノーシス派が盛んとなったのだろう。そしてその動きは、後に正典とされたものとは明らかに異質な、数多くの文書とともにあった。そしてそれはイエスの死から百年以上も経過した頃の話であった。

仮にそれらがイエス本来の教えから出たものであったなら、ではなぜこの時期になって、やっと世の中に登場してきたのかという疑問が出てくる。それもかなり熱のこもった動きとしてだ。きっかけとなる何かがこの時期にあったのではあるまいか。

なお「ギリシャ的、エジプト的、秘教的、さらには東洋的な要素と融合させた」ともあるのは、ナグ・ハマディ文書中のグノーシス系文書にそうした関連をうかがわせる内容があるのみならず、直接キリスト教に関係しない文書も含まれていることを指して言っているのだろう。つまり、従来からあったものを取り入れて編み出された思想だというコンセプトが、前提としてあるわけである。確かに、無から有は生じない。

だが、そのように机上論的なやり方で思想的に編み出されたものだったとすると、いわゆるグノーシス派が主張する内容の鮮烈さや、確信に満ちて感じられる活動姿勢の説明としては満足されない。つまり刑事ドラマ的に言うところの、「直接的な動機が見えてこない」のである。

⑯に、グノーシス主義者が「高い教育を受けた人々」で「学校もつくって」おり、「実に多彩な文書や聖典、福音書を創り出した」とある。

だがグノーシス主義に顕著な特徴の一つは、人間に内在する神性を重要視した、個人内部における知的な求道（覚知）にあるのであって、組織的に整備された教会の形式を、必ずしも重要視してはいなかったようだ。

他方、グノーシス派などの異端を排して生き残った正統派教会では、教会教父を頂点とする位階をきわめて重要視している。それは、とりもなおさず組織的な確立を目指したのであって、そうした組織網の整備は社会における団結力をも、もたらした。

こうやって見てみただけでも、両者の対立は決して単純な力比べに発したものではなかったわけで、そもそものコンセプトからしても、同一のテーマで、その正解を議論していたのではなくて、それぞれが異なる目的を持ち、それぞれの関心のあるほうに顔を向けていたようである。にもかかわらず、なぜか両者は決定的に相容れなかった。

ところで「実に多彩な文書や聖典、福音書を創り出した」というが、それらは何をよりどころとして「創り出された」のだろうか。その直接のきっかけは何だったのだ。

⑰には「パウロの流れを汲むキリスト教と激しく対立し」とあるが、この表現は正確だろう

か？　なるほど今日あるキリスト教はユダヤ人のみの宗教ではなく、むしろ世界宗教とも呼ぶべき広がりを有している。その意味では確かにパウロの流れを汲んでいるから、著者が、パウロにキリスト教を代表させるのも間違いではない。

だがグノーシス主義を論ずる上からは、ペテロもパウロも含めた上での正統派としてとらえるのが適当だろう。あるいはさらに踏み込んで、ペテロはペテロ、パウロはパウロというように、それぞれに分けてとらえるべきだと思う。前記したように、パウロその人には、後に生起したグノーシス主義の流れとも相通じている部分さえ認められるからだ。

＊　＊　＊

以上①〜⑰まで、ダン・バーンスタインの解説を、一応標準的な見方だという体《てい》にして、それをベースにキリスト教成立の流れを一望してみた。むろん研究者の中にはバーンスタイン氏とは異なる見方もあるかしれないが、これである程度の背景は、把握していただけただろうと思う。同時に、本書がこのジャンルで論じようとしている事柄について、そのおおよそのコンセプトや方向性も、ニュアンス的には感じてもらえたかと思う。

形の上では、キリスト教グノーシスを論じるのであるが、そのグノーシスについて、学問的に定まった見解があるという状況には、まだ至っていないようだ。だからいきなりグノーシス関連の文献詮索をするよりは、先に、時代的な舞台設定の方を知っていただくのが得策だろうと考えたのである。

長い間、何の疑いもなくそうだと思ってきた事柄が、ほんの少し視点が切り替わっただけで、それへの見え方・感じ方までもが入れ替わってしまうというようなことは、実生活においてもままあることだ。

だが、単に入れ替わるだけをもって良しとするなら、一時的にはどうあれ、長期的にはシーソー・ゲームでしかなかったりする。それにそうしたシーソーは今に始まったことでもないだろうとすれば、当時においても、現在と変わらぬシーソーは存在していて、たえずどちらか一方に揺れ、あるいは揺り戻すを繰り返しては、今に至っているのかもしれない。

何事であれ、ものごとのルーツ＝起源を探るには時間を遡らねばならないが、それは真相に近づくための手段なのであって、そうして得た一面の真相が、そのまま真理をも伝えているとは限らない。文明サイクルの全く異なる太古を指して、古《いにしえ》の知恵などと表現する場合もあろう。だがわれわれのこの文明ステージの範囲内でいうなら、人間の歴史がより古い部分の方ほど、より多く物事の真理＝普遍的な法則性を体現し得ていた、とは限らない。

なぜそれほどまでの、抜き差しならない対立が生じてしまったのか。グノーシス派がそれほどまで熱心に訴えたもの、またその動機は何だったのか、あるいはそれほどまで強固にグノーシス派を排除する方向へ、後の正統派を追い込んでいった理由は何だったのか。大事なのは双方の心の内を知ることであり、われわれが当面の目的とすべきもその点であろう。善悪二元論的に、いずれかを是とし、あるいは他方を非としてこれに断を下すというようなことは、ともあれ本書では避けたいと思う。

以前何かで読んだことであるが、一人があることを思い、ある行動をとったとして、たとえそれがどれほど変わった選択であったとしても、全くそれと同じ状況に立ち至った時、同じ選択をする者は他にも必ず何人かいるのだそうだ。この論でいけば、あらゆる選択は、そのどれもがあり得る選択なのであって、そのどれ一つとして無いものとして扱うべきものはないことになる。――つまりはこれは、個人的な見解はどうあれ、人間として、もしくは人類全体として与えられた、共通・共有のテーマだということなのだろう。

二 「ナグ・ハマディ文書」の概要

ナグ・ハマディ文書なるもの

ではいよいよ、グノーシス主義そのものの概略を示しておかなければならないのであるが、それにはまずナグ・ハマディ文書のことを是非とも知っておく必要がある。なぜなら、グノーシス主義を調べて、それでこの時期のグノーシス的な動きが解明されるということには必ずしもならないからだ。この案件に関してわれわれは、いくつかの視点をそれぞれ把握しつつ、なおかつそれらを取捨選択する方向によってではなく、最終的にはすべての視点を包含するような新たな視座を求めねばならないのである。またそれでなくては、本書の目的とするものにも到達できないだろうと思われるからである。

今日、キリスト教グノーシス主義と総称して呼ばれている思想は、一九四五年に発見されたナグ・ハマディ文書に数多く含まれていたことで、がぜん注目を集めることになった。それまでこの思想の存在は、間接的に知られていただけだったからだ。

とはいえ、筆者とて『ナグ・ハマディ写本』をはじめとする数冊の関連文献によって仕入れた知識である。同書の序章から、ピックアップしつつ要点をとりまとめてみたいと思う。詳しくは同書を参照されたい。（文責筆者）

エレーヌ・ペイゲルス著『ナグ・ハマディ写本』荒井献・湯本和子訳　白水社

※一九九六年の復刊本による。英語版の原書は一九七九年。

①発見と経緯

ナグ・ハマディ文書は、一九四五年十二月、上エジプトはナグ・ハンマーディーの洞窟で、壺の中から偶然発見された、十三のコーデックス（冊子本）からなる写本で、それぞれが複数の文書を含み、合計で五十二の文書群である。（本書p205～206参照）

その二年後に発見された死海写本がほどなくして公のものとなったのに比して、こちらは公刊されるまでに長い年数を要した。一部の研究者に独占されていたためだが、ある程度の時期に成果が出ていれば、それでもよかったかしれない。だがこのターゲットは、そんなやり方で手に負える代物《しろもの》ではなかったということだろう。

誰もが研究に参加できるようにという要請により、コーデックスの写真版がすべて刊行されたのは一九七七年のことだ。このあと翻訳・研究されて一般にも流布した。

それはコプト語の写本であり、さらに古いギリシャ語写本の一部が、その五十年ほど前に発見されていたので、これがギリシャ語原本から翻訳されたものであることが分かっている。(コプトとは、元来エジプト土着民のことだが、エジプト・エチオピア地域のキリスト教徒のことでもあり、彼らの使っていたのがコプト語である。)

②最初の衝撃

一九五五年の時点で、最後に入手した部分の一行目を読んで、宗教史家ギレス・クィスペル教授は仰天した。「これは隠された言葉である。これを生けるイエスが語った。そして(イエスと)双子の(兄弟)ユダ・トマスが書き記した」と書かれていたのだ。——イエスに双子の兄弟がいたのか? またこれを、イエスの語録の真正な記録とみてよいのか? 表題によれば『トマスによる福音書』であるにもかかわらず、新約聖書の福音書と異なり、隠された福音書であると称している。

これには新約聖書にあるイエスの語録も多数含まれているが、それらはこれまでとは違った文脈に置かれており、異なった意味の次元を暗示していた。

また、ほかの数ページでは、従来知られているいかなるキリスト教の伝承とも全く違っていた。例えば「生けるイエス」が、禅の公案のように、不可解な、人を引き付けるような言葉で語っている。同じ巻に『ピリポ福音書』も綴じ込まれていて、そこには「〔救い主〕の伴侶はマグダラのマリア〔である〕」うんぬんの記載もある。(……『ダ・ヴィンチ・コード』では、これがメイン・テーマとなっていたわけだが、キリスト教徒には、こちらも結構ショックだろう。なお「禅の公案のように」も、ペイゲルス氏による表現。小丘)

③『トマス福音書』の成立年代

ヘルムート・ケスター教授の最近(一九七九年の時点で)の提唱によれば、『トマス福音書』の語録は、一四〇年頃編集されたものではあるが、これには、新約聖書の福音書よりもさらに古い、「たぶん一世紀後半頃」(五〇〜一〇〇年)――マルコ、マタイ、ルカ、ヨハネ福音書と同じ頃か、あるいはそれよりも以前の――若干の伝承が含まれているかもしれないという。(……トマス福音書の成立に関しては、あとでもふれる、小丘)

④正統と異端と

なぜこれらのテクストは埋蔵されたのであろうか――またなぜ二〇〇〇年近くの間、事実上世間に知られなかったのであろうか。結局のところ、初期キリスト教成立に重要な影響を及ぼした抗争の一部分だったのであり、キリスト教紀元の初期に流布されていたナグ・ハマディ文書やこれに類似した文書は、二世紀中葉に、正統派キリスト教徒によって異端として退けられた。

これまでの、彼らに関するわれわれの知識のほとんどすべては、彼らを批判する論敵の著述に由来する。一八〇年頃、リオン教会の司教エイレナイオスは、『偽ってそう呼ばれている知識の正体暴露とその反駁』と題する五巻本を著し、その五十年後には、ローマで教師をしていたヒッポリュトスが膨大な『全異端反駁《はんばく》』を書いている。

こうした異端排斥運動は、異端の持つ説得力を不本意ながら認めたことになるが、しかし、司教たちのほうが優勢を占めた。

キリスト教が四世紀に公認宗教となった時には、かつて官憲によって弾圧されていたキリスト教司教たちは、今や異端を支配する立場になった。異端として排斥された本を所持することは犯罪的行為とされ、それらは焼却・破壊された。

⑤グノーシスという名称

これらのテクストを流布した人々は、自らが「異端者である」とは思ってもいなかった。文書の多くはキリスト教の術語を使い、まぎれもなくユダヤ教の伝統にも関わっていた。イエスに関する秘密の伝承を提供しようとしている、このようなキリスト教徒たちは、現在グノーシス主義者と呼ばれている。グノーシスはギリシャ語のgnosisに由来し、通常knowledge（「認識」）と訳されている。

究極の実在は知り得ないと主張する人々のことをagnostic（不可知論者――字義通りには、「知らないこと」）と呼ぶが、他方、そのようなことを知り得ると主張する人々のことをgnostic（グノーシス主義者――字義通りには、「知ること」）と呼ぶ。

ただしギリシャ語では、科学的ないしは反省的認識（「彼は数学を知っている」）と、観察や経験を通して知ること（「彼は私のことを知っている」）とが区別されており、後者がグノーシスなのである。

グノーシス主義者がこの用語を使う場合、われわれはこれを「洞察《インサイト》」と訳すこともできるであろう。というのは、グノーシスは自己を認識する直観的過程を意味するからである。彼らの主張によれば、自己を認識することは人間の本性と人間の運命を認識することである。さらには、自己を最も深いレベルで認識することは同時に神を認識することである。そして、これこそがグノーシスの奥義《おうぎ》なのである。

⑥正統派との相違点

これらの文書も、多くが旧約聖書を、また他のテクストはパウロの手紙や新約聖書の福音書を引き合いに出している。そして、多くのテクストに新約聖書と同じ登場人物――イエスとその弟子たち――が含まれている。だが、相違点も著しい。

第一に、正統派のユダヤ教徒とキリスト教徒にとっての神は、（人間とは）完全な他者なのであるが、若干のグノーシス主義者たちにとって、自己認識は神認識であり、自己と神とは同一なのである。

第二に、新約聖書のイエスは罪と悔い改めを語り、われわれを罪から救うために来臨するが、如上《じょじょう》のテクストの「生けるイエス」は迷妄と覚醒を語り、人間に霊的知解への接近を拓《ひら》く導師として来臨する。

第三に、正統派キリスト教徒にとってイエスのみが主であり神の子であるが、グノーシス派の『トマス福音書』では、トマスがイエスを認めるやいなや、イエスが（弟子である）トマスに両者ともその存在を同じ源泉から授かったと言っている。

⑦東洋との関連性
このような教え（⑥の第一〜第三）には、西洋的というよりも、むしろ東洋的な響きがあるのではないだろうか。若干の学者たちが示唆しているように、『トマス福音書』で生けるイエスに帰されている言葉は、名前を代えたならば、「生ける仏陀《ぶっだ》」の言葉にふさわしいと言い得よう。

ヒンズー教あるいは仏教の伝承が、グノーシス主義に影響を与え得たのであろうか。

（……この点について同書は、仏教徒が南部インドでトマス派キリスト教徒と接触していたことや、グノーシス主義が隆盛をきわめた紀元後八〇〜二〇〇年頃すでに東西の交通路が開通していたことや、キリスト教徒ヒッポリュトスがインドのバラモン教徒を知っていたこと、などをあげている。また、右福音書表題のトマスは、「トマス行伝」（外典）の伝承での、インドへ

の布教を担当した弟子のことである、小丘）

これらのヒントはその可能性を示唆しているにもかかわらず、証拠は決定的でない。並行する伝承が異なる文化圏内で時代を異にして現出することはあり得ることだし、そのような思想が場所を異にして無関係に発展することもまた可能だ。

われわれが東洋の宗教とか西洋の宗教と呼んでいるもの、またわれわれが別個の流れをくんでいると思いがちなものは、二〇〇〇年の昔には明確に区別されていなかった。ナグ・ハマディ文書の研究は始まったばかりである。いずれにしても、東洋の宗教を連想せしめる思想が、一世紀にグノーシス運動を通して西洋に現れたのである。

（……東洋の宗教との関連については、周辺の証拠を求める方向で可能性を探ろうとするなら、著者が言うように、どうがんばってもある程度までのことしか言えまい。だがここのところは、本書にとっても重要な部分であり見過ごせない。そうなると、できることは限られてくる。すなわち、あくまでもキリスト教の成立を探究するという前提に立った上で、文書の中身もしくは思想の内容そのものを、ひたすら吟味し、ひいては照合していくという見通しより他にはないわけである、小丘）

⑧現代のキリスト教

現代のキリスト教は、一、二世紀のキリスト教会より統一性があるといえるかもしれない。ほとんどすべてのキリスト教徒は、三つの基本的前提の上に立ってきた。

すなわち第一に、新約聖書の正典を受容していること、
第二に、使徒的信条を告白していること、そして、
第三に、教会制度という特定の形態を肯定していること、である。
これらが現在の形で現出したのは、ようやく二世紀末になってのことであった。

⑨紀元後二〇〇年以前

それ以前には、エイレナイオスその他（前記のいわゆる「異端反駁」など）が証言しているように、無数の福音書が流布していた。これらのうちいくつかはナグ・ハマディで発見されたが、多くは散逸してしまった。

（……これら「無数の福音書」は、なぜこの時期に、どうやって出現したのだろうか？　それがイエス死後のことであるのは明白だから、例えば作家が小説を書くようにして、創られたものだと通常は受け取られている。イエスが語ったものの記録ないし記憶を、そのまま直接的に伝えたものとするには、あまりにも多様で多岐にわたっていたからである。おそらく正統派たちもそう考えたのだろう。だからこそ、特定の福音書その他を取り上げて、これを正典とし、他を排除すべきだと考えたのだろう。だが果たしてそれらは、そのようにして創作されたものだったのだろうか？　われわれとしてはここで、それ以外の状況から出現した可能性をも、一つ探ってみるべきではないだろうか？　小丘）

キリスト教徒と自認していた人々は、多様な――そして根本的に異なる――宗教的信仰と儀

礼とを守っていた。

（……キャッチ・コピー的には、「キリスト教グノーシス派」もしくは「グノーシス思想」という名目で知られているので、ともすると一般的には、いわゆる異端を、一括りのものとしてインプットしてしまいやすい。だが実際には、正統と異端とを分けるはずの重要な項目に関してさえも、必ずしも一致していたわけではないらしい。本書が「グノーシス」として論ずるのでなく、最終的には「トマス福音書」のみを特に取り上げて、そこから論じようとする理由の一つはこれである、小丘）

当時の世界に散在した共同体は、それぞれが相手のグループとは大幅に異なった仕方で組織化を遂《と》げていったのである。

（……ある意味で自然発生的な、何らの規制のない、いわば言論の自由的な状況であったともいえる。そしてそこでは純粋に、というよりむしろ素朴に、教えの中身の解し方とそれに基づく信仰のあり方とが問題とされた。当然、その有り様も千差万別となるだろう。それはそれとしても、そのような多様なグループが、この時期に集中して自然発生的に生じたのはなぜか？右の「無数の福音書」出現とも無関係ではあるまい、小丘）

⑩紀元後二〇〇年以降

紀元後二〇〇年には状況が変わった。キリスト教は、司教・司祭・助祭という三段階の聖職位階性を頭とする制度となり、聖職者は自らを唯一の「真の信仰」の擁護者と理解したのである。とりわけ、ローマの教会が主導権を握っていた教会の多数派は、ほかのすべての見解を異端として退けた。

初期の多様性を嘆いたエイレナイオスらは、唯一の教会のみを主張し、この教会のほかには「救済はない」と宣告した。この教会会員のみが正統的キリスト教徒であり、この教会こそが「カトリック」——すなわち普遍的——でなければならぬと主張した。

そして他の形態を養護する者はすべて、異端者の烙印《らくいん》を押され追放された。四世紀にコンスタンチヌス帝がキリスト教徒となって数年後には、正統派は軍隊の支持を得て、異端への処罰はエスカレートした。

(……要するに、これ以後、キリスト教は「教会」中心の存在、となったのである。⑨のような状況も正統派から見れば、一貫性のない「てんでバラバラな」様相としか映らなかっただろう。正統派の視点は一に、その統一性にあったのである。後の四節でも出てくるが、正統派の主眼は、官憲の弾圧に対抗しうるだけの統一性を実現することにあったようだ。意図的にもそうだったかどうかは知らないが、結果としてのこれは過酷な弾圧をとがめたというより、むしろ力的な意味での勝者であろうとしたことのようである。タテマエこそ宗教上の教義であるが、合戦における武将を想像すると、かえって理解しやすいのかもしれない。つまり正統派は、いわば戦国時代の名将のように、宿敵である異端たちと対峙したのだ。そうだとすれば、そもそもから視座の違いがあったのであり、両者は最初から、それぞれ異なるライン上の目標に向かっていたことになる、小丘)

＊　　＊　　＊

予備的知識として、あと二つほど付記しておきたい。

正典・外典

聖書関係の文献を調べていると、外典・偽典という呼称が目につく。

多くの福音書や使徒の手紙などの中から、公式に従うべき基準として確立されているものを「正典」というが、それは首尾良く確立されてからの話だ。多くの宗派がある場合に、とりわけ自分の宗派をきわだたせようとする動きの中から、正典を選択する動きが生ずる。そしてさらに発展して、自派のみが生き残るべく画策される。かく言うと聞こえは悪いかもしれないが、安全に生き残ることこそ最優先と考える者にとっては、これこそがその本領を発揮すべき場であったのだろう。

当然ながら、多くの宗派が、それぞれ並立するのを許容するなら、それぞれの依典がそのままそれぞれの正典であるが、並立を許さなければ、力比べとなるしかない。

かくして生き残った正典以外の、棄却されたものすべてを「外典」という。ユダヤ教（旧約聖書）にもキリスト教（新約聖書）にも外典は存在する。結論として、ナグ・ハマディ文書中のキリスト教グノーシス派関連の文書は、すべて外典である。

なお、「偽典」は旧約聖書関係の文書には存在するが、新約聖書関係では存在しない。一般的には、正典・外典のいずれにも含まれないものの総称だとされる。外典と偽典の差がどこにあるのかの定義は、よく分からないが、新約聖書には存在しないのなら、取り立てて気にすることもないだろう。

『新約聖書外典』（荒井献編、講談社文芸文庫）の解説（p11）には、――「外典」は伝統的に「アポクリファ」（「隠されたもの」を意味するギリシャ語に由来）と呼ばれる――とある。

そういえば、「トマスによる福音書」と呼ばれる文書は、「これは隠された言葉である」から始まっていた。「アポクリファ」がギリシャ語由来なら、これを書いたユダ・トマスもこのギリシャ語を知った上で、このように記したのだろう。だがユダ・トマス当人が、自分の書いたものを、自分から「外典」呼ばわりするはずもないから、当然ギリシャ語本来の意味で「隠された言葉」と表現したのだろう。あと（第三章）で出てくるが、トマス福音書の成立は、正統派が優勢になるよりも前だった可能性があるのである。はて、では公式の場からの隠蔽《いんぺい》を指すのでなければ、この「隠された言葉」という表現で、トマスはいかなる状況を説明しようとしているのか？　いやそれより何より、彼がイエスと双子だったということにも、何か隠された意味があるのだろうか？

また同書は、外典が二種類に大別されるともコメントしている。

一つは、もともと正典だったのが、内容などから外典に格下げされたものであり、もう一つは、早い時期から異端書として排斥されたもの、の二種類だそうだ。

前者は、内容の軽重を問うものでこそあれ、とりわけ危険視されたわけではない。だが後者は異端の書として危険視され、現物そのものが廃棄されて消失した。

「異端＝神への冒瀆」という名分

神と人とを近づけるグノーシス派的な概念は、正統派側には、瀆神《とくしん》（神への冒瀆）としか映らなかったようである。

それもまた一面の事実だっただろうとすれば、対立の中心点は二つあったのである。すなわち、正統派にとってのグノーシス派は、社会における組織的な統一と団結を妨げる存在であった。彼らは、異なる見解と主張が並存する状況を意に介さなかった（学術的にも多神教とする）からである。他方、グノーシス派にとっての正統派は、個人内面の認識を無視して、表面上の社会的連携ばかりを取り沙汰する輩《やから》であり、教えの核心からは外れている者であった。つまり「教え」こそを問題としていた。

要するに、両者の主張はもともとかみ合っていなかったのである。同一の論題を議論しているように見えて、その実、論点はずれていた。だから互いに揚げ足の取り合いをするような形でエスカレートしていったということだろう。不幸だったのは、そのエスカレートが論点そのものを調整する方向ではなく、結果的には、互いに互いの存在そのものを否定するような方向に進行してしまったことだ。

この、実はかみ合っていない二つの論点があったというシチュエーションは、本書がこの先、論を展開していく上でのきわめて重要なポイントである。

だが二つの方向を、両方同時に論じてみても、かえって話をややこしくするだけだろう。とりあえず正統派のスタンスからの予備的分析を試みてみよう。

最終的には正統派は最大の論敵を排除するという方向で臨んだとされる。だがそもそも正統派は、議論で対抗する気などなかっただろう。相手を論敵だと認識してはいなかっただろう。ただ、とんでもない理屈をとうとうと述べ立てる輩としか、とらえていなかったのではないだろうか。だから議論によってではなく排除で臨んだ。

確かに「異端反駁」の本なども出された。だがそれは一方的な宣言であって、相手との議論というよりは一般のキリスト教徒へ向けてのタテマエとして出されたものだ。本来、議論は決裂するのが目的でなされるのではない。

その点、われわれはどこまでも平行線でしかない与党と野党の議論を見慣れているので、ついそういうものかと錯覚しがちだ。だがそれは政党間の、政治的駆け引き要素のほうが大な場合の例であって、本来あるべき議論とはほど遠いものだ。だが、政治とはそういうものだと言ってしまうなら、それもまた一面の真実ではあろう。

あえて排除の方向で臨んだのであれば、相手との議論を経た場合に、それを聞く一般の教徒たちが相手寄りに判断するだろうことを恐れたという側面もあったのだろう。なんにせよ、相手は圧倒的な説得力と影響力を有していたようだ。いわば劣勢になった将棋盤をひっくり返すようなやり方しか、もはや残されていなかったのかもしれない。教会としての統一を最優先の必須課題と考えていたのならば。

だとすれば、次に相手方のスタンスとして、その圧倒的な説得力はどこから来たのかということも考えてみなければならない。単に知識に優れ、理屈が得意だったからというのでは（あるいは正統派側では、そのように受け取っていたかもしれないとしても）理由にならない。彼らの自信の源泉は何だったか？　否、その源泉となるような、何らかの事実があったからだった可能性も考えてみる必要があるだろう。

三　論争の主題と本書の観点

これまでで、おおよその背景や経緯などは把握していただけただろうと思う。

引き続き『ナグ・ハマディ写本』（以下、『ナグ写本』と書く）を参照しつつ、異端と正統派との間でなされた論争の主要部分に分け入っていくことで、さらなる留意点のあぶり出しに努めるとする。それは、それによって本書の観点（立ち位置《スタンス》と方向性《アプローチ》）を、より明確にしておきたいからである。

それでは、少々長くなりそうだが、順を追って進めていくとしよう。

「復活」に関して

イエスが十字架に架けられたあと、三日後に墓の中から甦った話は、キリスト教徒でなくともよく知られている。むろん流布しているのは、正典をベースとしてなされる正統派の説明のほうであり、そこでは、イエスは肉体を有して甦っている。

だが当初からこの説明が定着していたわけではなくて、むしろ「イエスは霊として復活した」という理解の仕方のほうが、より一般的だったようだ。つまりイエス死後のずっとあとに確立される正統派の主張のほうが、当時は異常だったわけである。

ここのところを『ナグ写本』第一章は次のように記す。（抜粋。……は一部略）

① 「イエス・キリストは墓から甦った」この宣言とともにキリスト教会は始まった。この宣言は、キリスト教信仰の根底を成す要素といえよう。明らかに、これは最もラディカルな宣言である。他の宗教は生と死の循環を謳い上げる。ところがキリスト教は、歴史上のある特定の瞬間に、この生と死の循環が逆行し、死者が生き返ったと主張する！　イエスの信奉者にとって、これは世界史の転回点であり来たるべき終末の徴であった。

② それ以来、正統的キリスト教徒は信仰告白の際に、ナザレのイエスは「十字架につけられ、死にて、葬られ」、「三日後に」甦ったと告白し続けてきた。今日、多くの人々がこの信条を唱えているが、その際、自分が何を言っているのか考えてはいないし、ましてや実

際にそれを信じてはいない。
③　最近、一部の牧師や神学者や学者は、復活を文字通りに解釈する見解に対して異議を唱えている。彼らはこの教義を説明するために、これにはわれわれの激しい恐怖と希望に心理的に訴えるものがあると指摘する。そしてこれを解明するために、象徴的解釈を提唱するのである。（以上p39）

まず①について。

われわれは、すでに確立されて久しい正統派の教義の方を先に知っているので、またキリスト教徒でもない筆者などからすれば、この書き出しの文章も、ともすると読み過ごしてしまいかねない。だがペイゲルス氏はここで、きわめて思い切った発言をしているようである。すなわち、教徒にとってごく当たり前に浸透している教義が、実はラディカルな発言、つまり急進的で過激な宣言だった、と言っているのだ。

時間経過の順序からみれば、それまでの常識をくつがえすナグ・ハマディ文書が、あたかも寝耳に水のようにして出現したので、そこに書かれていたグノーシス派の主張のほうが、ラディカルな発言をしているような印象を与える。だが著者の言っているのはその逆であって、むしろナグ・ハマディ文書のほうが良識的だったというのである。

またこのことと「来るべき終末」とのつながりが、このコメントだけでは分かりづらいが、おそらく「最後の審判」のことを言っているのだろう。だがそれが「……の徴《しるし》」だというのであれば、「終末において救済される為の条件」をも意味しているだろう。この点、同じく旧約聖書を母体とするイスラムの教理とも近似していて、そこでは戒律の遵守が必須条件とされている。「最後の審判」も「終末時の救済」も、旧約を依典《えてん》とするユダヤ教・キリスト教・イスラム教の三つ以外の宗教にはない概念である。

むろん「エンマ様の裁き」や「心の救済」といった教えはあり、また「この世の終わり」や「世界の終末」といった概念も確かにあろうが、終末時に限定した救済の必須条件としては固着されておらず、また「これさえ守れば救われる」式の、コンパクトに確約される便利な保証などもない。そうした確約は、救済されるべき対象を、何らかの条件の下に限定し制約するための便法でしかない。ではその便法は、果たして誰にとっての便法なのだろうか？　最後の審判なるものがあるとしても、それを行うのはこの世ならざる存在であり、人の手によって明文化された条件を基準として、選り分けするわけではあるまい。

そうなると、そうした便法のよって来たる由来というのは、旧約ひいてはユダヤ教にあるだろうかと想像される。ユダヤ教に特有の選民思想が、その背景にあったのではないか。すなわち、序章でもふれたが、ユダヤ人だけのものであった旧約が、ユダヤ人以外にも敷延《ふえん》されたのが新約であり、論理的なメカニズムは変わっていない、ということにもなって来る。だがそれを言うなら、旧約にもふれねばならなくなってくるわけであるが、本書の範囲を超えてしまうので、そこまで遡って考えることはしない。

なお従来の説の中に、イエスはユダヤ教の改革者として現れたという解釈があるが、本書の観点では、それも一つの側面でありこそすれ、本来の姿は、必ずしもユダヤ教の存在を前提としてはいなかったのではないかという可能性がうかがえるのである。だがこれについては、追々ふれていくこととする。

②では、現在の一般信徒たちの有りようが述べられている。「自分が何を言っているのか考えてはいない」とあるも、こうした状況自体は、何もキリスト教の教会や教徒に限ったことではないだろう。著者もその点を非難しているわけではあるまい。問題はその使徒信条なるものの内容にあると言っているのだ。

またここで、門外者には耳慣れない言葉が出てくる。「(信仰の)告白」とは何？　告白というのは、その内なる心情を吐露することをいう言葉であるが、ここでは全く意味の違った使われ方がなされている。

その内容はあらかじめ決められている上、その意味は考えなくてもよいにもかかわらず(経文やお題目のように)ただ唱えるのでなくて、あくまでも告白として述べよというのである。あたかも暗示(これを洗脳とまで言うのは大げさだろうが)にかけようとでもしているかに見えるのは、気のせいだろうか？　教徒たちの多くが、あまり深くは考えていないのなら、さほどの問題もないだろうが、そのように設定した創始者たちの意図については、いささか気になるところである。

③で、「われわれの激しい恐怖と希望に訴えるものがある」という指摘があると紹介されて

いるのも、右の半ば暗示的な信条内容と告白設定のことを指しているわけである。そこで言うように、イエスの肉体的甦りが終末における救済を保証するというのであれば、それは確かに、それへの激しい希望と、違反した場合の激しい恐怖とを与えるだろう。いったい何が教父たちをそうした方向へ駆り立てたのだろうか？

そしてそれは、次に述べる事柄とも密接に関係しているようである。

「霊」は、日常茶飯事だった

④　しかし、初期の伝承の多く（正典のことを指しているらしい。筆者注）は、一人の男――イエス――が生き返ったということを文字通りに主張している。これらのキリスト教徒の話がきわめて尋常でないのは、イエスの死後友人たちが彼を「見た」と主張している点にあるのではなく――当時は今日よりも幽霊物語や幻想が日常茶飯事であった――、彼らが一人の本物の人間を見たというところにある。ルカ（ルカ福音書の筆録者。筆者注）によれば、最初使徒たち自身は、彼らの間にイエスが現れたとき驚き恐れて、ただちにイエスの霊を見ているのだと思い込んだ。……彼らが容易に信じないでいるので、イエスは何か食べ物があるかと聞いた。彼らが驚きのあまり見ている間に、イエスは焼き魚の一切れを食べた。はっきりしていることは、幽霊にはそのようなことができないということである。(p 39〜40)

⑤　彼らがイエスの魂は身体の腐敗を越えて生き続けていると述べたのであったならば、彼

らの同時代の人々は、彼らの物語は筋が通っていると思ったであろう。その五百年前、ソクラテスの弟子たちは、彼らの師の霊は不死であると主張していた。しかし、キリスト教徒が言っていることはこれとは違うことで、通常の感覚ではとうてい受け入れられないことである。死が終わりであることは、人間の経験の一部になっていたことであるが、それが根本的に変えられつつあったのである。(p40)

⑥　きわめて才能のあった著作家テルトゥリアヌスは（紀元後一九〇年頃）、多数派を代弁して、正統的立場を次のように定義している。――キリストが身体をもって墓から甦ったのだから、信ずる者はすべて肉体の復活を予期すべきである。彼が言うには、自分は魂の不死について述べているのではない。――「魂の救済については、私は議論する必要はないと思う。なぜなら、異端者のほとんどすべては、それをどのような形で認めようと、少なくとも魂の救済を否定していないからである」。甦ったものは、「血液が充満し、骨でき、神経が交錯し、血管が縦横に走っているこの肉体、……生まれ、そして……死ぬ（肉体）、つまり、疑いもなく人間である」。テルトゥリアヌスは、キリストの受難・死・復活の思想が読者にショックを与えることを予想して、「それは不合理なるが故に信じるべきである！」と主張している。(p40～41)

④に「当時は今日よりも幽霊物語や幻想が日常茶飯事であった」とあるのは、そうした事柄は迷信であり非科学的だというのが現代の通念であるということを前提としたコメントであろ

う。だがこの点、実際にはどうであろうか。

古代のみならず現代も、存外多くの人々が霊の存在を受け入れているのではあるまいか。だが今日、一般人の一人が公の場でそうした経験を語ることはまずなかった。その一方で、公の場で語る機会の多い者がいて、かつそうした経験を持たないケースが圧倒すれば、否定的コメントのほうが社会通念であるかのごとく歩き出してしまうだろう。

現代において、霊的な部分が社会通念として定着しがたい理由の一つは、そうした体験の一つ一つは、それほど頻繁に起きることではないからであり、右の「日常茶飯事であった」というのも、話題としては茶飯事だったということであって、いわば言葉のアヤというものであろう。理由の第二は、それが基本的には、きわめて個人的な体験であり、またそれへの内面的な理解度によってもバラツキが出てくるからだろう。

そうしたものであるならば、どう理解するかもさることながら、未体験の者にそれをどう伝えるかという問題が、まず立ちはだかってくるだろう。まして圧倒的に未体験者の多い公開の場での表現ともなれば、結論は主催者の意図次第でどのような方向にでも向けられ得るということにもなってくるわけである。

霊を信じる者数人と信じない者数人を向き合わせて議論をたたかわせるというテレビ番組もあって、それはそれで面白い趣向だったのは事実だから、さぞ視聴率もかせげただろう。だがその内容はまるで子どものケンカでしかなかった。片方が「信じてやるから動かぬ証拠を見せろ」と言えば、他方が「ホントなんですから、信じてください」と哀願調になったりもする。

そもそもそれを実体験した当人にしか分からぬことを、証拠を見せろだの、信じて下さいだのでは、どっちもどっちだとしか言いようがない。またそれを実体験した当の本人にあっても、その体験した事柄を、その先どう理解しどう受け止めるべきかという当人自身の問題が、まだ残っているハズなのである。

だが、そもそもヒトが何十年と生きてくれば、理屈では説明できない霊もしくは神仏がらみの出来事も、一つや二つは経験しているハズである。ただ、夢と同じで日常的には忘れているか、さもなくば実生活の大勢には影響ないエピソードだったり、あるいは心理的に抵抗を感じて無視していたりするのではあるまいか。

私自身も、ことさらの霊能力などはないが、夢の中で見た何とはない物体と寸分違わないのを、数年を経て数百キロ離れた場所で、実物として手に取るなどの経験がある。心理学ならデジャビュー（既視感《きしかん》）だとするところかもしれないが、その物体の背面に書かれていた、文字が全く同じだったことによって、あれは確かに実体験だったと私個人としては納得している。

また身近に霊能者と接する機会などもあったりして、ある時から、ヒトの持つ霊的側面を前提として、何かとモノを考えるようになった。そうするうちに、それまで理解できないでいた、さまざまな古来よりある言葉の意味が、時として理解できたりもして来たのである。だがこうした経路をもって、だからあなたも信じなさいなどと言う気にはとてもなれない。

相手にとっては他人の出来事でしかない事柄をもって、相手に信じさせようとするのでなく、当人が当人自身の体験を振り返ってみて、ひとつ、じっくり検討してみるべきではないだろうかと思うのである。いやなにも、そうした不可思議なエピソードのことばかりを言っているのではない。

例えば人間はみな、夜になると眠り、そしてしばしば夢を見る。たいていは雑夢《ざつむ》と呼ばれる脳の生理的な反応でしかないものだが、時に正夢《まさゆめ》や夢告《むこく》のような類《たぐい》のものもあったりするので、肉体的な側面だけでは説明し尽くせなくなってくる。霊の存在うんぬんを言う前に、人間自身が霊的側面をも併せ持っていると考えるほうが、より妥当性がありかつ自然だ。またヒトの持つ霊性を抜きにして心を理解しようとするなら、ヒトそのものに対しても、きわめて貧弱なイメージしか持ち得ないのではないだろうか。

一つ、はっきりしていることがある。たとえ教義がどう言おうとも、ある誰か一人の人間にとっての、その実体験からにじみ出て来た当人の実感には歯が立たないということである。それがたとえ、たった一度きりの実体験であろうともだ。


だいたい現代人は、いつから「信じる、信じない」を大前提として、相手に迫るようになったのだろう。分からなければ「分からない」でよいではないか。「信じる」とはとどのつまり、不確かなことを、ともあれ頭から鵜呑みにして進んでみようということにほかならず、「信じない」とは定かでない事柄について、ともあれ頭から否定してかかるという選択肢を選び取ったにすぎないものだ。ワラをもつかみたい状況下で、神仏に頼るのは人情だし、怪しげなカルト教団には、断固「信じない」で拒否せねばならない。だがそうした差し迫った決断の必要を伴っていないのであれば、正直に「分からない」としておくべきであり、さすればその求める心に応じて、そのうち答えは向こうからやって来るということもまたあると思う。

　こうしたテーマは、拙著『千年の箱国』シリーズでも再三ふれてきているので、さらには同シリーズを吟味されたい。


　だが最近では、単なる興味本位の心霊現象ばかりでなく、より身近な、超能力者による行方不明者捜しといった救済番組も見られるようになった。せっぱつまった、背に腹は代えられない難題を抱えた一般からのSOSに応えようとしているのであるから、ここではもはや、信じる信じないのレベルの話は通用しなくなっていることを知るべきであろう。むろん超能力を使うからといって、百発百中というわけではない。だがそれを言うなら通常の捜索だって、決して百発百中ではないのである。だからむしろ、霊能がらみであれば百発百中であるかのような先入観を抱かれがちだったことの方をこそ、修整されるべきだろう。その点、日本からは合理主義の本家本元であると見られがちな欧米で、公式にも早くから超能力捜査が取り入れられていたのは意外だったが、実績次第というのが本家での合理的な帰結らしい。

　こうした現代の傾向は何を意味するのだろうか？

　狭い意味での現代科学がどう言おうと、たえず何らかの必要に迫られている世の中の大勢においては、問題解決の可能性のあるほうへ向け、進んでいくのが道理であろう。

　政治が一般民衆を離れて成り立たないのは言うまでもないが、このままいけば学術界といえども、一般からは取り残されて、あげくに置き去りにされてしまいかねないだろうというのが正直な感想である。

なお、右にいう「信じる信じない」は、何らかの対象に向けてのものを指しているが、オリンピックや晴れの舞台などで、演者が経験を積んで自信をつける、あるいはスランプから脱して自信を取り戻すなど、そこでは自分を信じること＝「自信」が、何より大事な要素となる場合もある。これは自分が潜在的に有している可能性への信頼である。それが得てして自信過剰と裏腹になることもあるのは、それが可能性への信頼を回復することに由来しているか、すでに結果を出した気になるかによるのだろう。

第三者が、過去のデータから割り出して結果を予測することはあっても、当人にとっては未だ来ぬ未来だ。未だ起きていない結果に対して、決めてかかるのは思い込みでしかない。自信とは、やればできるという可能性と潜在性への信頼であろうから、それを基盤に、日頃の成果を出してそれを現実のものとするべくベストを尽くすわけである。だが、自分の中で先に結果を出してしまうのでは、身体も、事が済んだ気になってしまうだろうから「今」からも外れてしまう、ということなのだろう。

「信じる信じない」に関連した、「信」つながりの「自信」について、右のシリーズでは言及しなかった部分なので、この場を借りて付記させていただく。

長くなったが話を戻そう。ともあれ、当時は霊の存在そのものが、既定の事実として受け入れられていたのであって、そうだとすればわれわれもまたその目線で、当時についての理解を求めないことには、それらしきゴールに届かないのは明白である。

⑤の「死が終わりであること……それが根本的に変えられつつあった」について。

実際のところ、十字架刑のあとでイエスは霊的な意味での不死として現れたのか、はたまた墓から肉体として甦ったのか、それ自体をここで議論するのは詮ないことだ。あとで改めて考えてみる必要はあるだろうが、少なくとも今よりは、いくらかなりとも確かな手応えのある背景を探り当ててからにするのが賢明だろう。

ただ確かなのは、正統派側では徹底して「肉体での甦り」に固執し、グノーシス派側では従来通りの霊概念に準じて、「肉体での甦り」は拒絶したということである。

ここで見過ごしてはならないのは、一見して、同一の論題を議論しているようには見えているが、正統派側の主張の動機と、それを拒絶するグノーシス派側の心情とが、どうやら同じライン上に乗ってはいないことである。というよりも、霊としての出現のほうが一般には受け入れられていたのであるなら、あえてグノーシス派側の心情を詮索する必要はないのであって、かたくなに「肉体での甦り」を主張するほうをこそ、探ってみるべきだろうということである。

むろん、肉体での甦りが厳然たる事実であって、それへの確実な証があったというなら話は別だが、のちに聖典と定められる福音書の記事のみが根拠であるというなら、どうやらここでのそれは事実への確信といった類のものではなかったらしい。

少なくともこの復活の議論に関してだけいえば、やはりユダヤ教以来の、終末における救済の条件とも関連してくる。審判をクリアしたすべての死者が肉体をもって甦るという解釈から離れられなかったのではないだろうか。ユダヤ教では転生という概念を持たないので、肉体をもって甦るよりほかには救いはないということらしい。そうだとすれば、グノーシス派式の説明はおろか、一般に受け入れられていた通常の概念すら、そこに入り込む余地など最初からなかったということになってくる。

なおもう一度念を押しておくが、イエスの時点での、さて事実はどうだったかをここで問おうとしているのではない。それはそれで別の問題として考えたい。

不合理でも、みんなで信じればこわくない?

⑥に、テルトゥリアヌスは多数派を代弁して「不合理なるが故に信じなければならない!」と言ったとあるが、ずいぶん無理矢理な説得の仕方ではある。

なかなか決着のつかない議論があった場合に、このような言い回しで、勇み足的に断を下そうとする識者も、時折だがいらっしゃる。右のテルトゥリアヌスの場合も、それがテルトゥリアヌス自身に向けての理由付けであったのなら、その心情も理解されるし、そして実際にもそうだったのだろう。彼はそう信じると決めたのであるから。

だがそれが、そのまま一般に向けてのアピールに転じた時、その時点でそれは同調者を募る多数派工作に変じているのであるが、果たして当人はそのことに気付いていただろうか。

かつて漫才で「赤信号、みんなで渡れば怖くない」というのがあったが、この場合、明らかな反社会的行為も人数が集まればそれはそれで通用していく、という現象をもじった笑いであった。いわゆる多数決の原理を、逆手に取ったようなシチュエーションである。むろん一人なら普通は怖くてとうてい渡れない。

要するにこれは教義的なものではなく、きわめて個人的な命題だったのである。

前述したように、答えが定かでなく不確かなればこそ信じるか否かが問題となる。だがそれは当人内面の問題であって、他者からうながされてどうこうすべき筋合いのものでは本来ない。そしてそれは彼個人の決断の仕方ではあった。だが彼はそれを敷延してアピールした。彼は単に「この奇跡を信じよ」と言ったにすぎない。

奇跡だから信じよ、という奇跡はどの奇跡なのか？　奇跡はすべて信じるべきか？　肉体で甦ったことばかりが奇跡ではないのであり、ほかにも奇跡はたくさんある。そのどれに最も奇跡度を感じるかは人それぞれかもしれないし、テルトゥリアヌスにとっては肉体での甦りこそが奇跡中の奇跡だったかもしれない。だが、霊性を受容できていた人々にとって、肉体での甦りは奇跡以前の、ただの不合理でしかなかったという。

「信」とは文字通り「人の言うこと」であって、他者である人を介し教義を通じて、「それを信用してその言う通りを鵜呑みにする」ことにほかならない。

といって「鰯《いわし》の頭も信心から」という言葉もあるように、その事自体に良し悪しはない。その信心を機縁に、結果として、人知でどうにもならなかった状況を打開できたなら万々歳だ。だが、ともあれ頭から鵜呑みにすることから始まるのであれば、運命を預ける何らかの具体的な場を必要とする。そしてそれが時として、世間を騒がすカルト教団であった、とあとで分かるような場合もまた、あり得るわけだ。

要するに、信心もしくは信仰とはそこにて神仏を仲介せる人物の言うところを、さて信じるかどうかの問題といった辺りに帰着してくるものなのである。

（仏教で言えば、「三宝＝仏法僧」の僧に当たる。だから僧は、自分の説いた事柄について、その行く末に責任を負う覚悟で臨まねばならないわけである。だが責任の一半は僧にあるも、残るもう一半は、それを選んだ信徒にもあるわけである。）

（ちなみに、浄土真宗の親鸞に至っては、自分は師である法然をただただ信じるだけのことだ、とその手のうちを開示してみせた上で、その法然にだまされて地獄へ堕《お》ちるようなことがたとえあったとしても後悔しない、とまで言い切って、その覚悟の一端をのぞかせている。くだいて言えば連帯性であり、一蓮托生《いちれんたくしょう》だと言っているのだ。）

（またちなみに、「宗教はバクチのようなものだ」ということもあるのは、ここの部分を指しているのだろう。だが仏教では、そこのところをバクチとは言わずに「縁」と呼ぶ。「縁」すなわち「ムスビ」である。）

グノーシス主義者にとっての復活

⑦　しかし、彼が異端者と呼んだ一部のキリスト教徒（グノーシス派のこと。筆者注）は意見を異にした。彼らは、復活を否定することはしないで、文字通りに解釈することを拒否したのである。ある者はそれを「きわめて不快で、矛盾した、とうていあり得ないこと」とみなしている。

⑧　グノーシス主義キリスト教徒は、復活をさまざまに解釈している。ある人々によれば、復活の体験者は肉体をもって生き返ったイエスに会ったのではなくて、霊的次元でキリストに出会ったのであるという。このようなことは、夢、脱自状態、幻のなかで、あるいは霊的なひらめきの瞬間に起こり得ることであろう。

⑨　しかし、正統派はこのような解釈のすべてを非難した。テルトゥリアヌスは、肉体の復活を否定する者は、いかなる者であれ、異端者であり、キリスト教徒ではないと宣言している。（p41）

「復活を否定することはしないで、文字通りに解釈することを拒否した」（⑦）とあるのは、グノーシス主義者なりの復活のイメージがすでにあったことを暗示している。それも、単なる霊的次元の出現（⑧）にとどまらず、復活のイメージとも合致するような仕方でということになってきそうである。

ペイゲルス氏によれば、グノーシスとは「神認識としての自己認識」なのであるから、グノーシス派にとっての復活の根拠もまた、正統派式の復活とは違って、そうした認識を再確認せしめるような種類のものでもあったはずだ。だとすれば、それにあてはまるものこそ、グノーシス派がその拠りどころとし、正統派が徹底して糾弾したところのものであろう。そうなってくると、それはやはり、福音書しかないのではないか。正典として現代まで生き続けたのはたった四つだが、それ以外にも、おびただしい数の福音書が存在していたというのであれば。

ではそもそも福音書とは何なのだろう。また、なぜそれを福音書と呼ぶことになったのだろうか？　ここまでの過程で、神仏を含む霊的存在や人それぞれが有する霊的側面のことも、ある程度身近なものとして理解された読者なら、神仏もしくは神仏に近い高級霊から誰かある人物を通じておろされたメッセージ、つまり霊示（広くは霊言、自動書記なども含まれる）のことも、さほど抵抗はないだろう。

ちなみに「ヨハネ福音書」が「初めに言《ことば》ありき」という有名な書き出しで始められているのも、実はといえば、そのことを明記しておきたい意向もあったからではなかったか。しかもこの福音書は、正統派が正典とみなした四福音書の一つなのであるから、これも歴史の皮肉の一つだといえるかもしれない。

おそらくグノーシス派は、もともと肉体の復活には、さほど頓着《とんちゃく》していなかったのだろう。

時間的な経緯からみても、このような復活論議が取り沙汰されるのは、イエス死後、大分たってからのことだったはずである。復活に立ち合った当事者たちはすでにこの世の人ではないのだから、証言の取りようもなくて、残された伝聞もしくは筆録しかなかったのである。そこへグノーシス派が、ホットでリアルタイムなメッセージとして福音書という名の霊言を持ち込んだのであれば、それが契機となってにわかに復活論議がわき上がったのではなかっただろうか。それへの有効な対抗措置として、「肉体での復活」という想定が正統派に生じたのも、実にこの時だったのではないか。

だが福音書＝霊言という図式の発見によって、答えに達したというわけではない。われわれはただそれを探る糸口を見い出したのであり、まだやっと戸口に立ったばかりだ。とりあえずここで、確認しておかなければならない事柄が二点ある。

ひとつは、「よき知らせ」たる「福音」とは「霊言」のことだとする理解の仕方で果たしてよいのか、という問題。こうした場合、とりわけ古い時代の出来事である場合にはなおさら、確実な証拠が十分出そろった上で動かぬ正解を導きだし、そこを出発として論を展開していくというやり方は、まず取りようがない。できるのは、入手可能な史料を勘案しつつ、当時の生きた状況を思い浮かべ、生身の人々が織りなしたドラマとしての背景を探り出し、より妥当性のあるヴィジョンを一つの思考モデルとして導き出すことである。そしてそのあと、その思考モデルが、果たして整合性のあるものかどうかを検証していくことだろう。

だが、確実に検証してからでなければ先へは進まないとするのもこの際、得策とは思えない。なぜならここはまだ戸口であって、この先まだまだ意を注いでかからねばならない主題が待ちかまえている。検証は、それらを一つながりの流れとして探究し、組み立てられていく中から、おのずとなされていくことになるであろう。

霊にも千差万別

次に、霊示・霊言といった事柄を持ち出すことに抵抗を感じるのは、必ずしもいわば食わず嫌い的な先入観だけからだとは限らない。霊がらみの事柄には、ある種の不可侵領域のような、いわば見えないバリアーのようなものがかかっているかのごとき既成概念が出来上がっている。そしてそれは非好意的なサイドばかりでなく、むしろ霊を受け入れる側のほうに、より多く見られるようである。こうした鵜呑みに近いとらえ方が学術サイドからの、ある種の生理的な反発を受けているという一面もあったのではないだろうか。

頭から否定してかかる学問姿勢もどうかと思うが、鵜呑みのままで広めることにも問題はある。いつまでも「霊はあるかないか」「霊を信じるか信じないか」といった入り口での押し問答に留まって、そこで明け暮れていてよいのだろうか？　これだけ世の中が煮詰まってきているというのに。

人に千差万別あるように、霊にも千差万別があるはずである。

霊すなわちこの世ならざる存在からのメッセージが、そのすべてにアオイの印籠的な確約と保証が添えられているわけではない。われわれにとっての、そうしたメッセージの一つ一つは、「自己認識」を深めるための、いわば考えるヒントである。どう転んでも自分は自分でしかないのであるなら、そんな便利なお墨付きがたとえあったとしても、かえって邪魔なだけだろう。その求める答えも、急ぎさえしなければ、いずれ向こうからやってくる、とこれは先人の知恵と自身の経験とから割り出して得た持論であるが、少なくとも筆者はここまでのところ、そのようにしてやってきた。つまり発信者が霊だからといえども、それも一つのメッセージであるという点においては、金科玉条《きんかぎょくじょう》のように鵜呑みにせねばバチが当たるといったものでもないハズである。

ただ、発信者（神霊側）と受信者（霊能者）の関係においては、いわば禅門における師と弟子のような、また職人の師弟関係におけるような暗黙のマナーが、システム的な前提状況として成り立っているであろう部分については別である。それは個と個の関係であり、マン・ツー・マンの状況である。受信者はそれを他者に伝えるにつけ、そのマン・ツー・マンな了解事項までもを、ついセットで伝えてしまうだろうが、そこまではよい。

だがそれは、他者にとってはまだ、数あるメッセージの一つであり、それを押しつけるような伝え方は、これを避けるべきだろう。調理場でのシェフと見習いとの間に暗黙裏のマナーはあろうとも、料理店と客との間にあるのは、単なる需要・供給の関係だけだからだ。そこで自分もまた、そのような料理が作れるようになりたいと思うかどうかは、あくまで客自身の個人的な問題でしかないからである。

結論として、われわれは霊示・霊言という新たなキーワードと、そのアングルから得られる新たな解釈手順とを、ここで獲得したことになる。

水掛け論の果てに

話を戻そう。当初グノーシス派側は、受信したメッセージを「よき知らせ」として流布することにただただ使命を感じていただけだったとすれば、そして、そうした心情を解さない、もしくは解したくなかった正統派側が、それを否定する根拠として「肉体での復活」を、いわば「アンチ霊言」として持ち出したのだとすれば、グノーシス派側ではそのやみくもな反論と攻撃とに嫌悪を感じて、過剰に反応し、かつ拒絶的に再反撃した様子も、あり得ることとして飲み込めてくる。

その結果として、グノーシス派のかなりの部分は、あたかも「ミイラ取りがミイラになる」がごとくに対峙し、さも肉体を軽んじるかのようなスタンスに立ってしまった。話が入り組んで理解しがたいものとなってしまった原因の一つは、ここにある。

グノーシスそのものは、そもそも個人の課題であり、あくまでも内面的な自己認識の問題であった。だが、正統派の主張に嫌悪を感じた者の中には、その意識方向を転じて相手たる他者に向け、もっぱらそれを説き伏せることのほうに意義を感じる者も多く出ただろう。今日、グノーシス派として学術的に理解されているものの大半は、実はこうした人々だったのではないか。本来のグノーシスが自己認識であるなら、そうしたいわば本筋のグノーシスでは、あえて争うこともないだろうし、その争わないことによって、歴史に、（文字などによる）痕跡が残ることもまた少なく、よって学術的な対象ともなりにくいだろうと考えられるからである。

　だからわれわれとしても、研究対象としてのグノーシス派と、グノーシスそのものとは、一応分けて考えねばならない。そしてこのことは、次章で「星辰否定《せいしん》」「星辰拒否」について考察を進める上での、重要な分かれ道にもなるので、記憶しておいてほしい。もっとも、忘れても、その時また思い出してもらうので支障はない。

「復活」そのものに関して、筆者としては、基本的に、霊的出現も肉体での出現も、どちらもあり得ただろうと推測している。その両方に、そう見なせるだけの根拠を見いだせるからであるが、その前にふれておかねばならないことがまだ多くある。

　最大の問題は、なぜそれが争いの火種にならなければならなかったかである。

　双方の意味するところを摺り合わせて考えてみるという方向に、ただの一時《ひととき》でも、なぜ進まなかったのだろうか。それは前述したごとく、表向きは同じ「復活」についてを論じているようでいて、一方は「福音」を伝えようとし、他方は「終末時の救済＝自分たちの甦り」を確保しようとする、似て非なるライン上に位置して、互いに水掛け論をたたかわせていたからにほかならない。

　水掛け論が水掛け論であるうちはよいが、それがそれぞれにとっての生命線であるなら折れ合いどころも見い出せまい。やがて泥仕合となり、ひいては血みどろの抗争にまで発展したとしてもなお、止まるところを持たない。結局は、一方が死に絶え、他方が生き残るまでそれは続いた。

ところで、その泥仕合の末に生き残ったのは、なぜ正統派のほうだったのだろう？

一つ確かなのは、一方にとって、論争に勝利することそのものが最終目的だったのではなく、その言い分を納得せしめ得てこそのゴールだっただろう。すなわち勝利の行方は相手次第なのであり、相手が無視して受け入れなければ永久に勝利もない。

それに対する相手方では、その論争に、文字通り物理的に（もしくは力的に）勝利することそのものが、同時に直接の目的でもあったということらしい。そしてその意図する目的の通りに事は運んだのである。そこに何らの不思議はなかった。

四　私見の検証

前節では、第一段階としてのひとつの結論を提示した。それは全体的な流れを俯瞰《ふかん》して眺める過程から、妥当な解釈として、推測して得たものである。方法論的に、具体的な証拠を重ねて導き出したわけではない。だが証拠は、社会現象としてもある程度顕著になって初めて残ってくるものであるなら、現象以前の状況に関する証拠集めは無意味だろう。それでもなお、残った証拠だけをつなげて論じるのであれば、かえって真相からは遠のいてしまう可能性もあるわけである。例えば犯罪捜査などの場合、犯罪という現実に発生した行為の立証にかかわる証拠固めは必須であろうが、それへと至った動機、ひいては以前からの日常的な心情、はたまた生い立ちに至るまで、事細かく、しかも偏りもなく、証拠が集まることなどはまずあるまい。事物は氷山の一角である。

といってそれでは、右の推論の当否も判定できないままになる。したがってここでは、この推論（福音＝霊言）を仮に「是」とした場合に、その他の事項との整合性をどこまで確認できるかを検証してみることで、証拠の提示にかえたいと思う。

独創性か、政治性か

それではここでも『ナグ写本』よりの引用から始めよう。正統派の戦略について、政治性の観点からこう書いている。

① われわれが正統派の記述の史実性をどのように考えようと、その独創力に敬服するばかりである。というのはこの理論――すべての権威は特定の使徒たちが経験したキリストの復活に由来し、その経験は今や永遠にわれわれから閉ざされているという理論は、その共同体の仕組みに対する大なる政治的含みを持っているのである。第一に、ドイツの学者カール・ホルが指摘しているように、これが指導者層をごく少数の一団に限定し、そのメンバーを争う余地のない権威の座につけたということである。第二にこれは、使徒のみが彼らの後継者として将来の指導者を任命する権利を持つということを示唆している。

（p48〜49）

② 二世紀のキリスト教徒はルカの記述を、将来のすべてのキリスト教徒に対するきわめて限定された特定の指揮権の連鎖を確立する根拠として利用した。教団の指導者としての素質を有する者はだれでも、同一の使徒たちから権威を得なければならなかったか、あるいはそう主張しなければならなかった。しかし、正統派の見解によると、いかなる者も使徒の権威と同等であると主張することも、ましてやそれに対抗することもできない。使徒たちが経験し、証言したことの真偽を、その後継者たちは自分自身で確かめることはできない。そうではなくて、彼らのなすべきは、使徒たちの証言を信じ、守り、将来の世代に伝えることのみである。(p49)

③ この理論は大成功をもたらした。つまり二〇〇〇年近くも正統的キリスト教徒は、使徒のみが決定的な宗教上の権威を持ち、彼らの唯一の正統的継承者は司祭と司教であり、彼らの叙任は同一の使徒継承にさかのぼるという見解を受容してきた。今日でもローマ教皇はその所有権――ならびに彼が他に対して主張する至上権――を「使徒の最初の者」ペテロ自身にまでさかのぼらせているが、これはペテロが「復活の最初の証人」だったからである。(p49)

グノーシスを「神認識としての自己認識」と理解するペイゲルス氏の見識からすれば、その「独創力に敬服する」というのが、一種の皮肉のように取れなくもない。だがもう一つの著書(後で取り上げる)をみると分かるが、一人のキリスト教徒でもある彼女としては、正統派の主張するところを完全に否定するには、なおいくばくかのためらいがあるように見受けられる。だからこのコメントも、今日の教会制度の礎をもたらしたという意味での政治性においては、その独創性を素直に評価したものだろう。

だがここで「独創性」という言葉を用いるのは少し疑問だ。正統派の、この思い切ったアイデアは確かに意表をつくものであったし、かつ教会制度に関しての核心部分は正確に射抜いてもいる。だがそれでも無から有は生じない。

グノーシス主義者が、その時点でのリアルタイムなメッセージを伝えて、それを福音と称したのであれば、霊的次元によらない生の歴史的見聞や証言を前面に押し出すことで、間接的にそうした手段を封じ込めようとしたのだろう。それにそれを放置すれば、雨後の竹の子のように次々と新たな福音書は現れるかもしれない、いや現にそうして、数多くの福音書の存在していたことが、ナグ・ハマディ文書の発見によって現在明らかとなっているのだ。

つまりこういうことである。

発見された「ピリポ福音書」「マリア福音書」など多数の福音書は、あの世から霊としてやってきた者が、しかるべき所縁《ゆかり》の霊能者に、生前イエスから教わって身に付けていた事柄を、人々へのメッセージとして託したのであろう。だから例えば「ピリポ福音書」であれば、十二使徒の一人であったピリポが死後帰天してからややあってのち、メッセージを伝えるべくして、改めてこの地上世界に出現したということになる。

霊からのメッセージだからといって、その霊自身の理解の及ぶ範囲を出るものではあるまいだろうから、何も鵜呑みにしてよいわけでもない。

このプロセスが意味した重要ポイントは、メッセージの内容もさることながら、それよりむしろ、霊的世界の存在すること、ひいては人それぞれの持っている霊的側面のことを示唆することが第一にあったのかもしれない。

むろん正統派は、こうしたプロセスを本気にはしなかっただろう。だから彼らには、右の第一の目的は届かなかったわけであるが、逆にそのことが、この第一目的がいかに重要だったかを雄弁に物語ってはいないだろうか。

そして何よりわれわれの現代社会が、その外見的総体としてはこのプロセスを、どちらかといえば否定する方向に傾いているのも事実である。


のちに正典となる四福音書のうち、ヨハネを除くマルコ・マタイ・ルカの三つは共通する記事も多く、また内容も似通っているので共観福音書と呼ばれる。

三者の内容が似通っているということからしても、正統派の主張する通り、イエスについての記録は当初、この三つだけだったのだろう。筆録を福音というのは解せないから、最初からこれらが福音書と呼ばれたかどうかは定かでない。イエスの死の直後という短い間に、使徒による実際の見聞をベースにして筆録されたものだったのであろう。そしてその後に、グノーシス派の主張する福音書（霊示・霊言・霊告の類）が盛んに出てきたので、それに対抗して、こちらのほうこそ正真正銘の福音書だとしたのだろう。

むろん「(イエスの)肉体での復活」の論拠となる記事もまた、正典の中にある。

正統派は、おそらくこれらを、一種のレガリア(王権継承の証)のようなものとして用いることにしたのだろう。それは文書として録された事物であり、それが具体的なものである限り、同一の物は他にはないから、レガリアたり得た。またそれは宝物のようにして、あるいはそれまでひっそりとして教会教父に継承されていたのかもしれない。具体物であることが有利なのは、グノーシス派の福音書とはまた別の意味で、その所在や内容の詳細が、直接の関係者以外には知られていないことである。

だからもし手を加えたければ加えただろうし、編集したければしただろう。だが必ずしも虚偽をでっち上げたとは限らない、ただ要点をほんの少し強調しただけだっただろうし、福音書と銘打つことも含め、レガリア的に援用するにもふさわしい形に手直ししただけのことだっただろう。

正統派は、グノーシス主義者のやり方を理解せず、また理解しようとすることもなかったかしれないが、彼らは彼らで本気で使命を感じて行動したであろうことを、われわれは理解しておかなければならない。

唯一の神、しからずんば多神教?

まだナグ・ハマディ文書のことは名称くらいしか知らず、キリスト教についてもさほど知らなかった以前に、「仏教が多神教に分類されている」ことを知って、「え、仏教は多神教だったのか?」と、かなりいぶかしく思ったことを覚えている。私の理解するところでは、「一即多、多即一」が東洋の原点であり、そこにことさら一神教か多神教かといった区別の必要は生じない。また密教でも、根源仏としての大日如来を大前提として想定しているわけであるから、もしやそのことを言っているのかと思ったくらいだ。

ところが唯一神という場合の唯一はその意味ではなく、特定のただ一つの神のみを信じて他の異教徒の神は邪教として排し、そしてさらには「一神教でないから多神教だ」と言うのである。なるほど表面的な様相を見る限りでは、確かに人それぞれに拝む仏も違ってはいるが、それでも「もとは一つ」なのであるから、それをもって多神教と断じられてもピンとこないし、かえってとまどうばかりである。

宗教が神を信じることであるなら、その神概念をどう定義するかは重要である、とこのように言えば、あるいはさもそれらしく聞こえるかもしれない。

だがよく考えてみると、われわれのいるこの地上次元から、神次元を定義するというのは、実はそうとう無謀な話なのだ。そんなことをしてもおそらく、〈針の穴から天井を覗く〉か〈鍵穴から部屋を覗く〉程にしか達成できまい。否、それができるかのスタンスで臨むことそれ自体が、すでにして方向性を外している。

なるほど仏教でも、おびただしい量の仏典をもとにして仏や如来についての解説はなされており、また大方が了解する定説めいた解釈も一応あったりはするけれども、それを定義と呼ぶには、なお十分な許容範囲を宿している。

だがここで言っている定義とは、その文言通りの解釈以外に生じる余地は全くない、きわめて頑《かたく》なものである。その頑なさが、神仏次元に向かってのものではあり得ないとするなら、それを定義づけようとする者がそう認識していたかどうかはともかくとしても、それは人間に向けて必要な定義だったのであり、かつ、きわめて人為的な定義でもあったということをわれわれは承知しておかねばならない。その点、神様がらみということもあり、ともすれば誤解されやすい部分である。

誰がどうもっともらしく説明しようが、しょせんはドングリの背比べであっただろうとすれば、少なくともそれを理由に対立して争うなどは論外のことだ。だが実際には、そのような理由で激しく争ったわけである。

さてそういうことであるならば、そのいうところの「唯一の神」についてを、次に考察してみなければならない。

『ナグ写本』からの引用のつづきである。

④　キリスト教徒の使徒信条は、「我は天地の造り主、全能の父なる唯一の神を信ず」という文言で始まっている。若干の学者たちは、この信条の表明は元来異端者マルキオン（一

四〇年頃)の信奉者を正統教会から排除するために作られたものであることを示唆している。

⑤ 小アジア出身のキリスト教徒マルキオンは、正義を要求してその掟を破る者すべてを罰する旧約聖書の創造神と、イエスの宣べ伝える父なる者——新約聖書の赦しと愛の神——とが、いかに対照的に異なっているかに気づき、それによって衝撃を受けた。彼は、「全能の神」が——すべての神をかねそなえていながら——なにゆえに苦難、苦痛、病い、——さらには蚊やさそりさえも内含するこの世を造ったのであろうかと自問した。マルキオンは、異なる二神が存在するに違いない、と結論したのである。

⑥ 大多数のキリスト教徒は、早くからこの見解を二元論として退け、「全能の父」にして「天地の造り主」なる唯一神を告白することにより、自己を正統派と同定したのであった。

(以上、p74)

④にある使徒信条とはもちろん今日の正統派の告白のことだ。「若干の学者たち」とあるものの著者もおそらく、この若干の学者たちの見解を肯定的にみているのだろう。この表明はマルキオン派に対し、またそれ以上に自派内の信徒に向け、疑念や不信の生じる余地をなくするのが主目的で、人為的に作り出されたものだったようだ。

このように言うマルキオン(⑤)であるが、ここを読む限り、またこのあとの記事とのつながりからみて、いわゆるグノーシス派とまでは見なされていなかったらしい。こちらも一応その体で読むとすれば、このマルキオンが提示した設問も、蚊やさそりを引き合いに出すなどの、素朴な疑問から発出したものだったようである。

この一見素朴な疑問は、見方によっては、少なくとも唯一神よりは多神教に近く位置するかに見える。だがよく見てみるとそうではなくて、実は二種類の唯一神を想定していて、そのいずれをとるべきかを熟考した上、従来からのそれのほうでなくて、イエスの説いた父なる者のほうを（唯一として）選び取ったということのようである。

この小アジア出身のマルキオンがユダヤ人だったかどうかは知らないが、ユダヤ教の伝統という先行の既成事実が大きな存在感を持っていたことを物語っている。

たとえ整合性までは求めないにしても、大きな矛盾さえなければ、人は伝統をそうあっさりと捨てたりはしないし、それはそれとして済んでいくものなのである。だがそこに、決定的に相反する条件が提示された上であれかこれかを迫られれば、教義や求道心うんぬんとは別のところで、生命の存続すらあやぶまれる場合も出てくる。

そのいい例が、キリスト教に改宗して以降のケルトや南米インカのケースだろう。

アイルランドに残ったケルト文化（いわゆる島のケルト）は、力的に屈して、やむなく改宗を受け入れはしたが、他の地域のキリスト教と比べ、独特の雰囲気の中にある。それはインカの場合も同様であって、本当の秘伝はひそかに隠されたらしいが、やはりキリスト教を受け入れており、同じくイエスやマリアを礼拝するといえども、イメージ的にそれは、旧来の彼らの神ともダブったものなのである。

永年培ってきた要素というのは、ある種の物差しであり、また辞書でもある。それらは心の背景として、それ自体は無味乾燥な記号でしかない文字・文言に、息吹を与えるものなのである。それがたとえ外からの影響を受け、反動的もしくは否定的に照合される場合はあったとしてもだ。

さて、マルキオンの場合はどうやらイエスの教えとの間に決定的な矛盾を感じたらしい。そのイエスの教えは「赦《ゆる》しと愛だ」と記事にはある。前者は原罪との関連で出てきたもので、異教徒であるわれわれにはピンとこないが、後者の愛はテレビや映画などでもよく出てきて、すでになじんだ言葉である。

「愛」とは、つまりは他者を受け入れることであろうし、まして存在そのものを否定するなどとは対極にある概念である。この教えを、少なくとも素直に実践しようとするならば、ユダヤ教以来の伝統であったらしい非許容性と排他性とが、そこに立ちはだかっているのを即座に肌身で感じただろう。筆者が、マルキオンのそれを素朴な疑問だろうと解した所以もそこにある。そしてこのときマルキオンは、この二者を比較照合してみた上で、あえて自発的にユダヤの伝統のほうを放棄したわけである。そして彼なりに、イエスの説いた父なる者こそが、本当の唯一神だと結論したわけである。この時彼はまだ唯一神という語そのものの意味までも詮索しようとしたわけではあるまい。

⑥に「二元論として退け」とあるが、それは単に「唯一（の神）」という概念からはみ出てしまうからであって、鵜呑みにするには不向きだというだけのものではなかっただろうか。あくまでもユダヤ教の伝統の枠内での理解を求めたわけである。それが有する非許容と排他性は、疑問を抱くのを好まない慣習とも裏腹にあったようだ。

ここにある《「全能の父」にして「天地の造り主」なる唯一神》とは、ユダヤ教以来の神概念（旧約の神）そのものである。

結局のところ正統派は、のちには父なる神とイエスを同一視した上で伝統の唯一神をイエスに置き換え、疑問の生じる余地を払拭しようとしたのではなかったか。たとえマルキオン派であれグノーシス派であれ、イエスを起点とすることに異論はないし、イエスこそ反論の余地すらない、唯一絶対の権威にふさわしかった。またこのように展開してくると、そこではもはやどちらが本当かということよりも、（いずれが是か非かを）主張する力の強弱の方にいつしか置き換えられてくる。本当かどうかは水掛け論でも、力の強弱なら測りやすい。マルキオンのような素朴な論の立て方ならば、正統派としては、むしろ組みしやすい相手ではなかったか。

⑦　正統派の唱道者たちは、もう一つの挑戦――グノーシス派――に直面した際に、しばしば彼らを「マルキオン派」および「二元論者」として攻撃した。エイレナイオスは、グ

ノーシス派に対する告訴の主要条項として、彼らがマルキオン派のように「創造主の他にもう一人の神が存在する」と言っていることを挙げている。

⑧『アルコーンの本質』によれば、神的力に対して排他的に独占権を保持しようとする創造主の虚しい主張は、創造主が次のような存在であることを示している。

彼は盲目であり、……〔その〕力と無知〔と〕傲慢の〔ゆえに〕彼は言った、「神は我なり、〔我のほかに〕神なし」と。彼がこう述べたとき、彼は〔全き者〕に対して罪を犯した。すると一つの声が、絶対的力の領域である上界から聞こえてきた。「サマエルよ、おまえは間違っている」。サマエルとは、「盲目の神」の意である。

⑨ナグ・ハマディで発見された同じコーデックスの中のもう一つのテクスト『この世の起源について』は、同じ物語の異文を、次のように伝えている。

……彼は絶えず自慢し、（天使たち）に言った……「我は神なり。我のほかに神なし」と。しかし、彼がこのようなことを述べたとき、彼は不死なるすべての者に対して罪を犯したのである。……《信仰《ピスティス》》が支配者の長の不敬を見たとき、彼女（《信仰》はギリシア語では女性形）は怒って……言った、「サマエル（すなわち『盲目の神』）よ、あなたは間違っている。不死なる光の人（アントローポス）があなたの前に存在するのです」。

⑩同じ巻に綴じられていた第三のテクスト『ヨハネの秘書《アポクリュホン》』は、こう述べている。

気が狂って……彼は言った。「我は神なり、我のほかに神なし」と。なぜなら、彼は……自分の出所を……知らなかったからである。……そして彼は、自分を取り巻く被造物と、自分の周りにいる、自分から出た天使の大群を見たとき、彼らに言った、「我は妬む神なり。我のほかに神なし」と。しかし、こう告げることにより、彼は天使たちにほかの神も現に存在することを示したのである。なぜなら、もしほかに神がいないのならば、彼はいったい誰を妬むことがあろうか。（以上、p74～76）

先のマルキオン自身は素朴であったろうとも、ナグ・ハマディ文書から著者が引用する三例をみると、これらを背景として二元論的に解釈すること自体は、グノーシス派の中にもあったのだろうと思われる。

だがたとえそうだろうとしても、また正統派がマルキオン派と同類に扱ったからといって、グノーシスそのものが、そもそも二元論的だったとは、これらの記事だけからは言い切れない。二元論とは簡単には、二者を対置して比較した上で「あれかこれか」を論ずることをいうのであろうが、右の三例はというと、単にサマエルに大きな誤解のあったことを示して述べているにすぎない。二つの神を並べて比べたりなどは、ハナからしていないのである。しかもここで指摘しているのは、サマエルの誤解についてであり、サマエルという存在そのものまでもを否定しているわけではないのである。

力の強弱なら測りやすかったのと同様、二者の比較による二元論もまた、いずれが勝者かを判定して結論づけるには扱いやすい。その意味でも、正統派はこれを二元論として扱いたがったろうし、またそれに過剰反応したらしいグノーシス派のある部分（といって少数とは限らず、むしろ多数だったかもしれないとしても）もまた、二元論的に「いや、こちらのほうこそ正しい」と主張しただろうこともまた容易に想像される。

⑪　今日若干の学者たちは、グノーシス主義を形而上的二元論、ないしは多神論の同義語とさえ考えている。エイレナイオスは、「主なる汝の神は唯一の神なり」というヘブライ語聖書の根本的確信をこのように戯画化するのは、瀆神的行為であると非難した。（p78）

形而上的二元論ないし多神論としてとらえられるグノーシス主義を一方において論じるのは、グノーシスそのものを解明する上で、かえって話を分かりにくくしている原因の一つだろうと思われる。だがエイレナイオスをはじめとする正統派が、もっぱら非難の対象としているのもまたそのようなグノーシス主義であったのならば、両者の言い分を照合することで解明しようとする研究の方向からは、このような見方しか得られないのもまたやむを得ない。

ここでエイレナイオスが、「戯画化《ぎが》」という表現を使って非難している。ヘブライ語聖書とは旧約聖書のことであろうが、旧約での確信を絶対的な大前提として、これを不可侵な聖域におく限りは、サマエル（盲目の神）という呼び名で創造神の誤りを指摘するなど、確かに瀆神《とくしん》的行為ではあり、戯画化以外の何者でもあるまい。だが右の三例がいうのは、その大前提がそもそも誤解だったというものであるから、正統派の非難が水掛け論以外の何者でもないのはすでに述べた通りだ。

ただここで、戯画化という表現を用いてまで対抗したエイレナイオス側の心情には一応留意しておく必要がある。

ペイゲルスは、グノーシスを「神認識としての自己認識」と定義し、仏教的な理解を背景においてグノーシスを解釈しようとする筆者もまたその定義には賛同したい。

だが正統派には、そうしたポジションでの理解は考慮の外だったようであり、彼らがそのターゲットとして想定していた論敵たるグノーシスとは、右のいわば二元論的に展開される範囲でのグノーシス主義のことだったようだ。そうした表に現れてきた部分、言い換えればサマエルを悪神とおいた上で、相対的にグノーシスを理解しようとしたステージでのグノーシスしか承知していなかったのではないだろうか。

多すぎたターゲット

いま福音書＝霊言書という前提で話を進めている。また、そうした前提で進める中で、より整合性のある背景が浮かび上がってくるだろうことをもって、間接的にその前提を検証しようともしている。ではその線で、前項の状況を念頭に置いて論じるとするが、イエスの時点の、イエスの復活そのものについては今はさておく。

ここでの霊的出現が、霊的次元からメッセージを送ってくることであるならば、ナグ・ハマディ文書の発見により確認された数多くの福音書の存在というのも、すでにあの世の、いわば霊的存在となったかつてのイエスの弟子たちが生前に見聞きし、またイエスから受けた教えに対する彼らなりの理解したところを、なぜだかこの時になって一斉に伝えてきたものであった、ということになってくる。

すなわち「マリア福音書」はマリアが霊界から、その生前に知り得た内容をメッセージとして伝えてきたものをさらに筆録したものであり、「ピリポ福音書」はピリポが、そして「トマス福音書」はトマスが、イエスの教えの実際はどうだったかを、それぞれの視座から、リアルに伝えてきたものだったのであろう。

ということは少なくとも、ナグ・ハマディ文書で確認される数だけの霊的出現があったということになってくるわけである。そしてそれぞれがそれぞれに、その座における霊的出現の証人であり、かつそれぞれに、その福音書をよりどころとするグループを形成していたとしよう。いわばそれは自然発生的なグループでもあったわけで、グループ間の、互いの連携が先にあって成立したわけではない。そうであるなら、基本的にはすべてイエスから発した教えではあるものの、その理解の仕方においても、相互に統一された基準《マニュアル》のようなものがあっての上のものではなかったわけである。

右に示した状況は、現在の研究成果がいうところのグノーシス派が多種多様だったという様相ともうまく一致していることをまずもって知ってほしい。

とりあえず「自然発生的な」という表現で説明してみたが、これを二つのアングルから、より具体的に分析してみよう。

一つには、通常に認識されている時間軸（つまり時間の流れ）において、そのタイミングの選定はメッセージを送り出す側が判断したのは無論であろうが、それを受けるこの世の人間の側では、まさに「はじめに言葉ありき」な出来事だったであろう。ある時突如として、発信者と何らかの意味での所縁ある誰かの霊能者の内部に伝えられ、またそれに立ち会った近接の者たち（それはごく自然にこの出来事を共有できる距離にいる者たちであり、同時にこの出来事の相互承認者でもあり、かつ互いが証言者でもある）によって支持されたのである。このメッセージの授受という関係もしくはパターンを、地上の（もしくはこの世の）われわれサイドの目線から、より敷延して考えてみると、理屈の上でのそれは、何時においても生じうる出来事でもあったのである。

二つには、霊からのメッセージを受諾可能なのは誰でもというわけではなく、一部の霊能者でなければ叶わないことではあろうが、霊能者の発言でもよく、「これは誰でもに可能な能力だ」とあり、また同じ人間であるなら可能性としてはそうなのだろう。今これをメッセージを発する側に立って勘案してみるに、縁もゆかりもあってなおかつ、それを受ける準備の整ったるをも確認し、なされるもののはずである。だが、さらにこれをこの世の（とりわけメッセージ授受に関しては第三者的立場の）人間から見るとすれば、いつ誰がそれを受けたと言い出すやもしれない状況ではある。

ここでの「誰が」とはすなわち、そのメッセージ授受成立について必須の場を、受信者自身の身体として提供している者なのであり、可能性だけなら誰にでも起こりえて、また実際にも複数の事例が、この時期、集中してあったようだ。

状況を整理しよう。

前者は「時」に関して《いつでも》、後者は「場」に関して《どこでも》、あたかも湧いて出てくるかのように、その諸福音は生起していた。

ちなみに法華経には「湧出《ゆうしゅつ》」あるいは「地湧《じゆう》」という表現が何度か出ているが、その正確な意味はよく分かっていない。またここでそれに、すぐさまつなげるわけにもいかない。だが、仮にこの表現を援用して理解するとすれば、これはまさに、時間軸上に「湧き出」し、かつ空間的には「地から湧いて」出た状況ではある。ここでの地とは地上で生じた生命、すなわち人間を指している。

その福音は、天上界と一人の個人とを、タテのラインでむすんで生じた。だがこのラインはたとえ一本の糸であろうと、この世でよりよく生きるからには、誰にも近しい人々はいる。またしてその場に居合わせたり、あるいはこの状況を理解するのに助言を求めたりなど、ある部分でその出来事を共有する人もいるだろうし、またその者がありもしないことを言い立てるような人物かどうかを知る人々もいるだろう。であるならばそこに自ずと、あるグループは出来ていよう。その先、どのようにかしてグループが膨《ふく》らむこともまたあるだろうとしても、そこから先は、ここでは関知しない。

さてそこで、正統派側がその子細の一部始終に関して、どこまで具体的な把握をしていたかについてはさておくとしよう。それをあり得る出来事として認知したかはともかくも、それら複数のターゲットたちが言い立てる文言については十分承知していたはずである。そうした彼らの言するところを総合して勘案した場合に、少なくともそれが「何時でも」「誰にでも」起こり得る現象であるのは明白であり、その必然の結果として、正統派の眼前に、この先の可能性も含め、あまりに多すぎるターゲットがひしめいて見えたことだろう。そして正統派が最もおそれたのもまたこのことであろう。

このいくらでも湧いて出そうなあまりに多すぎるターゲット、しかも微妙に主張の異なるターゲットを前にして、それらを個別に一個ずつ撃破することの困難と無力とを、身にしみて感じたのではなかったか。おそらく霊言としての福音そのものの是非などは、最初から問題ともしていなかったのではあるまいか。

こうした状況下にあって、正統派は起死回生の方策を模索したとしよう。

それらを封じるには、「この世だけで説明のつく出来事」であって、同時に「過去のある特定の時」「過去に実在した特定の、かつ少数の権威ある者」につなげることよりほかにはなかったであろう。

また一方の、メッセージを受けた当事者サイドでは、その大方が手放しでこれを受諾し、喜んで勇躍しようとしたことだろう。だが何度も言うが、霊がらみだからといって、これを鵜呑みにせねばならない謂われはないのだ。

ペイゲルス氏が言うように、グノーシスの本質が「神認識としての自己認識」であるならば、福音をあたかも「親方日の丸」のようにして、ただ捧げ持つだけならば浅慮である。そうした事実も一つの考えるヒントとして、自らの血肉とするのでなければ、せっかくの福音といえども、ただの「猫に小判」でしかないのではないか。


ちなみにこのように書くからといって、筆者はいわゆる霊能力など持ち合わせていないし、またそれを持ちたいとも思っていない。といってむろん、否定する気などもさらさらないのであるが、そうした霊能力もってしてもなお、知り得ない部分はあると考えるものであり、さらにはそこの部分をこそ解明したいとも希求するからである。

また、なまじな霊能力があれば、そうした現象自体に驚かされ、あるいは感動し、その背景にあるであろう部分はつい見過ごしてしまいかねない。だが本書で探究し、たどりつこうとしているものとは、実にその背景部分なのである。


そういうことであるから本書としては、「霊はあるかないか」はたまた「霊を信じるか信じないか」の入り口付近に留まり、納まっているわけにはいかない。

といって何もここで「信じる」か「信じない」かを決断するには及ばない。過去にあった出来事の背景を考察する上で、その当時の人々の大半が「霊の存在」を容認していたのであるなら、われわれのほうでもそのスタンスに立ってみて、考察しないことには真相にはたどりつけまいという、ただそれだけのことだ。

一元的グノーシスの存在

⑫　しかしエイレナイオスと同時代のアレクサンドリアのクレメンスは、「一元的グノーシス」があったと述べている。また、ナグ・ハマディで発見された諸文書も、ヴァレンティノス派のグノーシス主義——グノーシス派の中では最も影響力があり、最も精巧な形の教え、教会にとっては最大の脅威——が、二元論とは本質的に異なっていることを明らかにしている。

⑬　万物の起源について述べている、ナグ・ハマディ出土のヴァレンティノス派の論文『三部の教え』の冒頭部分は、神の唯一性というテーマで占められている。著者は、神を次のように記述している。

　唯一の主にして神、……生まれざる者であるがゆえに。……まさしく、唯一の父にして神なる者は、いかなる者からも生まれた者ではないのである。宇宙（コスモス）について言えば、神こそがこれを生み、創造した者である。

⑭　『ヴァレンティノス派の解明』では、神について次のように述べている。

　万物の〔根元〕にして、単一《モナド》のなかに住む、口にすべからざる者。〔彼は一人〕沈黙のなかに〔住む〕。……究極において、〔彼は〕単一であり、彼以前に存在した者はなかったからである。……

⑮ もう一つのヴァレンティノス派のテクスト『グノーシスの解釈』によると、救い主が、「天にましますの父は唯一である」と教えた。（p78〜79）

「一元的グノーシス」（⑫）とあるのは、グノーシス派の主流であったというヴァレンティノス派の説く内容（⑬⑭⑮）が、宇宙の根元という意味での、絶対的な存在を大前提としていたことを示唆している。

ここにある「唯一の主にして神」（⑬）という表現も、正統派のいう「唯一神」と似通ってはいるが、よく読むと、宇宙が存在する以前からの存在であって、宇宙そのものを創造した主体であるともいっており、これは仏教でいう根源の仏（毘盧遮那仏《びるしゃなぶつ》もしくは大日如来）とも相通じている。

言葉の上では似ていても、妬む神であったり、自分のみを唯一に崇めるよう要求するのは、いずれも数ある神の中から相対的な選択肢として、自分を選べと言っていることにほかならない。もっとも、正統派の教義の中に「妬む神」とか「唯一崇めよ」といった文言はないだろうが、正統派が依典に加えている旧約聖書にはそう書かれている。そして前記したごとく、グノーシス派のある部分は二元論的に、そのような神は低い神だと批判したわけである。だが同じくグノーシス派とされているが、主流のヴァレンティノス派では、右に引用したコメントを見る限り、ただ宇宙の根元から説き起こしただけのことであったようだ。いわばこの時点での

〈オリジナルな書き下ろし〉のようなもの、つまり〈湧出〉だったわけで、あえて旧約に依拠する必要なども なかったのだろう。

なお、漢字で書けば同じ宇宙でも、物質としての万物・万有を意味する宇宙は英語のユニバースに当たるが、心性（したがって霊的側面）をも含めた調和としていう場合にはコスモスである。物質面だけの調和は取れても、人の心まで満たされるとは限らないのは、ことさら説明するまでもないことである。

⑭に、「口にすべからざる者」という文言があるが、これは西洋世界で神を説明する場合の常套句らしく、しばしば出てくる。ヘブライの伝統として、母音は書かずに子音のみで、創造神のことを〈ＹＨＷＨ〉と書き表したりする習慣もそうだろう。だがそれはそれ以前の、本来からもあった伝統だったのだろうか？　たとえ本当の発音はできなくとも、人間なりの発音あるいは表記であってよいわけであって、いかにも異教徒に向けてのこじつけだったような気がしないでもない。

ちなみにＹＨＷＨには創造の秘密が込められているともいわれ、ＹＨＷＨと、Ｈが二回出ている。これは、Ｙに対応して自動的に定まるのが先のＨであり、またＷに対応して自動的に定まるのが後のＨということだろう。このことは、東西南北に照らし合わせて考えてみるとよく理解される。すなわち、いまだ何も存在しない宇宙空間において、何の基準もなしに、どちらが東でどちらが西かを問うのは無意味である。だが、ある宇宙空間で（もしくは何もないところに）最初に太陽の運行が始まった時を想定してみれば、日の出の方角として東が定まると同時に、その目的地すなわち西も定まり、かつそうあってこそ運行の方向もまた定まるのであり、而うして太陽は最初の一歩を踏み出すであろう。そして同じことは南北にもいえるだろうとすれば、東西が一対のものであろうことも理解される。そう考えれば、ＹＨＷＨもまた、この東西南北に準じた理解ができてきそうだ。すなわち、そこから空間の創造が始められたらしい様子もうかがえてくる。

ただわれわれの世界では、人間の認識する順序として、太陽起点で考えるのでここでも東西として考えたけれども、宇宙の創造の場で、さて南北と東西の関係やいかに、ということになると一概には言えなくなってくるのであるが、それはさておく。

⑭に出ている「単一《モナド》」の概念、あるいは⑮にある『救い主が、「天にまします汝の父は唯一である」と教えた』とあるのは、言葉こそ似ているが、ユダヤ教の伝統もしくは正統派がいう排他的ニュアンスの唯一神というよりは、すべての始まりということはすべてを包含するという意味での、仏教が言う根源仏の概念により近いだろう。

だがこのことは、イエスの教えが仏教に近いかどうかといった見方でとらえるべきではない。そうではなくて、いつどこで成されたものであろうとも、それぞれの意味する内容が本来的な教えであるのならば、それらが指し示しているところの、説かれた中身は皆同じ一つのものから出ていることを、われわれはここで理解しておくべきである。

それこそが、「単一（モナド）」もしくは「根源」の意味するものであろうし、また、「いつでも」「どこでも」「誰にでも」へ直接に向けられ、湧き出すごとくに、たえず発せられているメッセージでもあるだろう。

『ナグ写本』はこの記事に続けて、正統派側の反応を記している。それと照らし合わせてみれば右のことも、より鮮明に分かるだろう。

⑮　エイレナイオス自身、マルキオン派を効果的に締め出したあの信条は、ヴァレンティノス派に対しては効力がなかった、と述べている。他のキリスト教徒と同様に、彼らも正統派の信条を唱えていた。しかしエイレナイオスは、彼らは確かに、「言葉では唯一の神と告白している」けれども、心のなかで密かに留保するところがあり、「言うことと考えることが違うのである」と説明している。（p79）

エイレナイオスにとっては、ヴァレンティノス派の言動がこのように見えたのは事実だろう。だが、その「密かに留保するところ」も、ヴァレンティノス派にとっては、本来的な正当の解釈であっただろうから、決して偽ってそうしたわけではなかった。ただ攻撃の矢をかわす意味でも、正統派がタテマエだけでも同じであるかに受け取るだろうことは想定していただろうけれども、である。

前項で述べたように、表現や言葉こそ似ていても、排他的な唯一神か、寛容包含的な唯一の根源神かで、解釈の仕方が根本的に違っていたということだったればこそ、このようなエイレナイオスの戸惑いぶりも理解される。

さてそこで、このような状況を前提としてながめるとき、さも正統派のほうが、理解能力に劣っていて、一方のヴァレンティノス派では、頭のいい者ばかりが集まっていたかのようなイメージを、つい抱いてしまうかもしれないが、それは全くの早とちりである。

現代の社会では、情報過多の影響もあってか、生まれつき頭の良し悪しが決まってしまってでもいるかのように誤解され、かつ錯覚されがちである。

だが人の頭の良し悪しには大差はない。そもそも、人間は自分の脳のほんの一部しか使っていないということをほかならぬ現代科学が証しているのであれば、その出発点において、天才と凡人との間にいかほどの違いがあるだろうか？　多少のグラム数の差も、例えばあったとしても、どうせそのすべてを使ってはいないのならば。

ジャレド・ダイアモンド氏は著書『銃・病原菌・鉄』（草思社）の中で、「これは私の主観だが……ニューギニア人の方が西洋人よりも頭がいいと実感している」と書いており、また別の箇所ではその実例をあげている。その一文を引用した上で、《ダイアモンド氏の言う「ニューギニア人の方が頭がいい」というのは、いわばことばのアヤであって、頭の良さに大差はなく、基本的には皆同じだということだろう。だがその頭も使い方や使う方向によって、個性や特色が出てくるのであり、文明人よりもニューギニア人の方が、「頭の使い方では上だ」と彼は言いたかったのだろう》というようなことを以前書いた（『千年の箱国Ⅰ』p104）。

だがそうはいっても「やはり、天才と呼ばれる人間は何人もいるのであるなら、そうではない多くの凡人がいるのもまた事実だ」という反論はあるかもしれない。

例えば、パソコンを操作する技術に関して、筆者などの世代では、その多くが必要最小限の分だけを、やっと使っているのではないだろうか。だからたまにそうした操作に精通する人物に遭遇したりすると、諸手をあげて敬服してしまう。それ相応の努力と年月とが費やされただろうことが容易に想像されるからである。むろんそこに、能力的な意味でのひがみなどはない。それというのも、パソコンの類は、私などが生まれた時点では存在しなかったものであり、ついこの頃までさしたる必要も感じなかった。とはいうものの、誰もが同じスタートラインにあったのは、実感することの可能な事実として、認識できている。だから素直に尊敬できるし、それを、たとえ相手が威張ったとしても、ことさら気を悪くしたりもしないだろう。

天才というのはそれとは違い、たいてい生まれたすぐから神童であったり、若年でもその才が広く認められたりすることも多い。だが、そうした天才の一人に数えられる発明王エジソンは「天才は、九十九パーセントの汗と、一パーセントの閃きとからなる」という言葉を残している。少なくともエジソンは、それに見合うだけのことはした上での発明だったことを言いたかったのだろう。人々は、果たしてそれだけの努力はしているのか、と。

だが、エジソンの言葉をもってしてなお、やはり天才は天才であろうし、大方にはエジソンのこの言葉も一種の戒めとして受け取られているだろう。

しかし、パソコン利用者の誰もがパソコンの機能を百パーセント、フルに活用しているわけではないのと同じく、脳そのものの機能に大差はなく、ただその使い方において千差万別があるだけだという観点からするならば、おそらく天才と呼ばれる人たちは生まれる前（前世）でも、それに関連するなにがしかの修行を積んでいたに違いない。

このように言えば、何か突拍子もないことのように聞こえるかもしれない。

だが今これを、ひるがえって逆にわが身になぞらえて考えてみてほしい。もし自分が、この生（人生）において呻吟《しんぎん》してかつ会得した成果が、未来において再び生を受けたとき、そこに何の持ち越されるものもないのであれば、とても寂しいことではないだろうか。かといって、そうした成果がそのまま丸ごと繰り越されるのであれば、その部分に関してまだ会得していない者には、気勢をそがれるものでしかない。だがうまい具合に、人は生まれてくるとき、前世はおろか、すべての記憶をなくしている。だからスタートラインにも、何らのえこひいきはないわけである。だが一度クリアした部分については、他者より早めにクリアできるかもしれない。

パソコンの熟達者にはすなおに敬意を払うのに、前世でクリアした分については、いたずらに祭り上げたり、また自分を卑下する材料にするのでは計算が合わない。

そうでなければ、自分の前に先達がいるのは目標でもあり、また励みともなるハズである。それに、もしかすれば今回生まれてくるに際して、この生における目標が、それまでは馴染みの薄かった新たなジャンルへの初心者的チャレンジにあったということだってあり得る。いくつかのナグ・ハマディ文書もいうごとく、いずれは誰もが神仏的な全知もしくは万徳様《よう》の境地に達する者であるとするなら、転生の都度、その人生に、なにがしかの新たな課題も付与されていないなら、むしろおかしいのである。


話を戻そう。

ところが前記したように、ユダヤ教には「転生」の概念が、最初から欠落している。だからどう転んでも、右のような理解の仕方の生じてくる余地などもなかったのだ。

実際、現在の自分が、この世に生まれてからだけの範囲で、世の中の成り立ちを理解しようとするなら、あらゆる場面で、矛盾だらけだ。例えば大分前に、聖徳太子から一万円札の顔を引き継いだ福沢諭吉は、「天は人の上に人を造らず、人の下に人を造らずと言えり」と書いている。(言えり)と書き添えてあるのは、古人の言葉に習ったからの由であるが、どことなく人の心の琴線にふれる響きのある言葉ではある。だからこそお札の顔にも選ばれたのだろうが、自分の身の回りの現実と照らし合わせてなお、これをこの言葉の通りに受け入れることのできる人は、まずいないだろう。

スタート点からして、まず生まれた家が貧乏かどうか、天賦の才に恵まれているかどうか、人生の節目で幸運に恵まれたかどうか、等々。だがこの人生が、遠大な道のりの中の一コマ（転生）であるとするなら、貧乏に生まれたが故に得るものもまたあったとした場合に、それは他の転生では得られないものだったかもしれない。一期一会という言葉もあるくらいで、天賦の才うんぬんもまた推して知るべしといえるだろう。逆に、生まれてくる度に毎回毎回、みんなが全く平等で同一の条件に生まれてくるなら、わざわざ生まれてくる甲斐《かい》がないというものである。またそうであるにもかかわらず、転生を重ねたトータルとして眺めた場合を想定してみれば、おそらくは皆平等になっているということではないだろうか。

ところでこの転生であるが、同じところばかりをぐるぐる廻るという意味の輪廻とつなげて輪廻転生《りんねてんせい》という語で使われる場合が多い。

せっかく生まれてきても、その生で目標としたものがいつもいつも百パーセント達成されるとは限らないとしよう。その場合は、その分だけを繰り返す、あるいは繰り越されるということもあったとしよう。それだけなら我々にも想定可能な、あり得る話だ。だが、生まれる度に毎回、同じ場面で、同じ誤りをしてしまうこともまたあり得るとすれば、回を重ねるほどにその誤りが習性・習癖ともなりかねない。このような、あたかもハツカネズミが輪の中を回り続けるかのような様相になぞらえて、これを輪廻といったのであろう。だがハツカネズミのことではなく転生のことに関してなので輪廻転生といったのであるが、転生だけで使われることのほうが少なければ、さも転生そのものが悪しきものであるかのように、錯覚して解釈している人は多いだろう。

それに加えて、もうこの世に生まれてこないこと（漏尽《ろじん》）をもって至上とする解釈もあったりするので、いよいよ転生は誤解される。だが漏尽は求めて得るべきものではあるまい。それはあくまでも結果であり、それを引き合いにして、生まれてくることそのものまで否定してしまうのは浅慮である。

また最近では、フォトン・ベルトがらみの終末論と並行して、この世界からの離脱もしくは次元上昇（いわゆるアセンション）を言う声も上がっている。アセンションそのものは一つの選択肢として肯定できるが、それがこの地上における生までもを否定した上での選択であるなら、これもまた軽率であろう。何かを否定しなければ、ほかの何かを選択できないわけでもあるまい。

宗教と政治

もっとも、件《くだん》の正統派においては、その何かを否定することでしか、自らの存在意義を確認し得なかったようであり、それが最大のネックでもあった。

⑯　エイレナイオスをもっとも悩ませたのは、大多数のキリスト教徒がヴァレンティノスの信奉者を異端として認めていなかったことであった。多くの者は、ヴァレンティノス派と

正統派との教えの相違を言い表すことができなかった。……しかし彼は、「彼らの言葉はわれわれの言葉と似てはいるけれども」、彼らの見解は「非常に異なっているばかりでなく、すべての点で瀆神に充ちている」、と宣言している。……それゆえに彼は、五巻の大著『偽ってそう呼ばれたグノーシスの正体暴露とその反駁』を著し、軽率な者に、信仰者を救う真理と「狂気と瀆神の深み」に陥れるグノーシス派の教えとの区別を教えようとしたのである。(p80)

エイレナイオスの発言内容をみると、実は彼自身も、彼我の相違がよくは分かっていなかったようだ。だから「非常に異なっている」といい、また「瀆神《とくしん》に充ちて」いるという部分ばかりを強調しているらしく、相手の言い分を理解し、かつ把握した上での反駁ではなかったようだ。この五巻の大著を直接調べたわけではないので、断言はできないが、「彼らの言を放置すれば、従来の伝統的な解釈が存続し得なくなる」というような部分だけを察知して、もっぱらその点に関する反駁をした、もしくは存続をおびやかす存在として否定したもののようである。つまり否定することを前提とした、否定のための否定という要素が大だったのではないか。――では、内容そのものではない何が彼をそのような勇み足に駆り立てたのだろう?

彼の言の中に「信仰者を救う真理」とあるのが、そのヒントになりそうだ。

彼の目線は、常に信仰者たちの方に向けられていたようである。そしてここが、「グノーシス」的本質とは、根本的に異なる部分でもあった。

この点は、現代の政治家が国民の僕《しもべ》としての本来に立ち返って、常に国民のほうを向こうとしているのと軌を一にしている。それが政治の本分なのだからそれでよいだろうし、またペイゲルス氏が正統派の戦略の中に政治性を見出しているというのも、実はこのことであろうが、宗教と政治とは言うまでもなく同じではない。

それはステージの違いからくるものであり、宗教にとっての本分は何を（自己の）目的とするかにあるハズであるが、政治にとって大事なのは、その政治に具体的な何が、具体的にどこまでできるかということであろう。（もっともグノーシス主義者のすべてが、このことに気付いていたわけでもないようであり、それが話をややこしくしている。）

宗教と信仰とは、必ずしも同じステージのものではなく、宗教を本質とすれば、信仰は方便である。そして信仰には、具体的な信条その他の形態と、それを保持するための、例えば教会のような具体的施設とを必要とする。ヴァレンティノスはそうした方便性を承知していただろうから、そこでの施設も、むしろ道場や学校に近いゆるやかなものだったかと思われるが、正統派における教会主義では、それこそが本分と心得られていたようであり、だからこそきわめて堅固なものとする必要も生じたのであろう。

だが話は、そう簡単ではない。

〈信仰の問題〉に関しては、ペイゲルス氏も別の本でこれをテーマとしているようなので、このアングルからの考察はあとの章で取り上げたい。そしてこのアングルは、その後さらなる重要な問題へと発展するのであるが、それに伴って議論の中心も移動することになる。

さてそこで、その論点が移動していることに気付かず、あるいはそのことをあいまいにしたまま進めるならどうなるだろう。そこに、整合性のある一貫した論を求めるのは不可能であり、せっかくの論も暗礁に乗り上げるのは必定《ひつじょう》であろう。

そして実際にはどうかというと、この部分に関する議論はそれぞれの観点に拠った研究はあっても、互いに分離したままのようである。この状況は二千年近い過去に、グノーシス主義者と正統派との間でなされたであろう、かみ合わない議論がそっくりそのまま再現されたようなものと言い得るのではあるまいか。過去にはそれが、深刻な対立と抗争をもたらしたし、そのあとどうなったかはご存じの通りだ。

それを承知し、だからこそなおさら、この問題を無視して放置するのを潔しとしないのならば、このまま不用意に進めていくのは賢明でない。かりにも当代第一線の研究がそうであるなら、その同じ轍《てつ》を踏むだろうこともまた明白だからだ。

ミステリー小説なら、あえて推理（謎解き）の核心は伏せて、話を盛り上げていくべきところかもしれない。また学術書の体で編んでいるといえども、起承転結様の起伏もなければ伝わるまいから、当初はこの辺りをあえて結論は出さずに書き進めようと考えていた。だがそうした見通し以上に、あぶり出されてきた事実は、その見掛けにおいて複雑怪奇な外観を呈している。次章以降で、この樹海に分け入っていくに先立ち、ここで何らかの案内板を提示しておく必要がありそうである。

本書においては、先に概要を提示してなお、心してかからねば容易には把握し得ない、歴史の真実が待ち受けている。だが、ここをしっかり整理しておかないと、そこへたどり着くこともまたないのであれば、先を急いで素通りもできない。

そういうわけだから、次節では、目的地である「トマスによる福音書」へのガイドラインを示して、本章での〈まとめ〉としておきたい。

では私見による展望を順を追って示そう。

五　タテ・ヨコのラインと「ムスビ」の概念

ガイドライン

ここに書くのは、グノーシスと一括して呼ばれている巨大なテーマに関して、本書が明らかにしていこうとする事柄を、あらかじめ、いわばパノラマ的に把握しておいていただくためのの、あくまでもガイドラインだ。具体的な細部は、順を追ってその都度していくつもりだから、その是非などは、そこでご確認していただければよいだろう。

ともあれ本書が言わんとするところを把握していただかないことには、全く何も始まらない。まずは箇条書きにして、視覚化を試みることとする。あとあと戻ってきて参照するにも好都合だろうから。

G① タテのライン

タマシイのステージを「タテ」とする。

ただしここでいうタテとは、この三次元空間内の「縦・横・奥行き」のことではない。しいて言えば、より上位次元と地上次元とをむすぶラインのあるを想定して、それをタテと呼ぶことにしたものである。

人が地上に生を受けてある限り、タマシイとコトブキ（細胞体・肉体）とは不可分に融合している。だからこれらを分けて、地上での実際の姿に、当てはめることはできない。その為、目に見える細胞体はともかく、タマシイに関しては、有ると言えば有る、無いと言えば無いでも通る、といった曖昧な認識のままに放置され、済まされてきた。そして表向きには、さも「無い」と結論づけられたかに振る舞っている一方で、心霊現象や超能力あるいは霊界ものへの関心は後を絶たない。

結局は「有る」か「無い」かのいずれかであるのならば、同じ「有る」でも、信じるかどうかがベースの、アバウトな「有る」では不十分だろう。一度は「有る」という前提を置いた上ででも、きちんと考えてみる必要があるのである。だが世の中の大勢は、いまだに信じる信じないの入り口付近に安住している。その主たる原因の一つは、「有る」が「信じる」ベースでしかコメントされず、「有る」から派生して生じるところの、世界観など、もろもろの概念とのつながりがおざなりにされていることにある。

そして、今さら言うまでもないことであるが、本書は「有る」という前提で話を進める。だが決して信じるを迫ったりはしていないし、またそのことは最低限、承知しておいていただかねばならない。そこから導き出される世界観などがより整合性のあるものかどうか、重要なのはそこである。

タマシイと細胞体とが不可分にあっても、その作用するところを理解するには、イメージ的に、この二者を分けてとらえるところから始めねばならない。そうでなければ、不可分に融合して機能しているものの中身の作用状況が見えてこない。

そして、そのタマシイのステージを「タテ」とする。

また「タテ」としたことによって派生してくる世界観についても、順次に述べていくので、おいおい明らかになるハズである。

G②　ヨコのライン
コトブキ（細胞体）のステージを「ヨコ」とする。
ある時は「人を見掛けで判断してはいけない」と言い、またある時は「見掛けで判断してどこが悪い」と開き直ったりする。
面接試験での履歴書やお見合いでの釣書《つりしょ》など、また日常でも初対面の相手を服装で値踏みするなど、あとで実際と第一印象が大幅に食い違うことはよくあることと分かってはいても、ともあれ人はなにがしかの物差しを当ててみた上でないと、前進しづらく出来ているようだ。

そのくせ、鏡などで見るのでなければ、自分で自分の顔は、直接的には見ることができない。いや顔ばかりではない。自分の心も、相手との関わりにおいて、ようやく知れてくる場合はしばしばある。

心とは何？　初動的な動機部分が心のすべてであるなら、さぞや話は簡単だろうが、それなら結果を見て、あとで後悔することなどもないハズである。心は他者との相互関係において、その相互作用として理解すべきもののようである。よしんば自分の思いばかりを探ってみたとしても、あるのは刹那的な断片ばかりだ。そこに心の本質は探り出せない。

ともあれ、人は少なくとも他者との関わりにおいては見掛けから入る。経験や価値観も含めて、人によって差が出るのはその後の話だ。

見掛けとは、細胞体と、細胞体がまとう衣服や雰囲気も含めた外観である。そして相手にとってのそれは、ともあれ仮の取っかかりを提供するものである。また付き合いの多寡に応じて、外観を通した中身までが、ある程度は知れてくる。つまり気心が知れてくる。だが、相互の関係に欠かせないのは、適度な間合いであって、何もかもがとことん知れるということはないし、またそれが本来の常態でもある。あるいは「尊重と共存」とも言い換え得る。

自分にとっての細胞体（身体・肉体）は、いわゆるミクロ・コスモス（体内宇宙）でもあるのだが、他者にとってはその人にとっての相手であり、自分というスタンスから見えた相手の外観にほかならない。

そのズレを補うのに便宜的に、また一時的にわが身に置き換えて考えてみたりもするのであるが、それとても自分という物差しの範囲からでしか置き換えられない。だがこのことは、せめて自分なら相手にどうあるべきかを考える糧となる。

たとえ自分という物差しから出ることはできなくとも、年齢を経て物差し自体の中味が、より適切なものに成長していけばいくほど、自分の周囲にもより心地よい関係が建設できていくこととなる。そのようにして、自然《じねん》に広がっていく、相互間の生きたつながりを指して、人の輪というのではあるまいか。結局は回り回って、すべては自分に還ってくるわけである。


だが、自分は自分の物差しから出ることはできないから、誰彼とも、尺度の基準（価値観・世界観）が一致するとは限らない。その最も重要な要素は、人がその人生で、何を最大の目的に置いているかということだろう。それが異なれば、その度合いに応じて目盛りはズレる。ご飯をおいしいと感じるなど、最低限の一致はある一方で、ことごとくが一致するということもまたあり得ない。だからこそ、尊重が必須であって、それあってこその共存であろう。この生においてはズレでしかなくとも、次の生では、あるいはいつかの生では、必須の主要テーマとなるのかもしれない。なぜなら、人はこの世に生を受けるに当たって、神仏の徳の一部を、課題という形で分けてもらって、そこで初めて誕生するものだからである。

この課題のことを、古来、カルマ（業）と呼んできた。カルマなしには生まれてこれない。

言い換えれば、人はなにがしかの学びを求めて、それを必要として生まれてくる。その課題は細胞体を通じて、そのミクロ・コスモスの中に、（個性や傾向などとして）示されている。

よって、細胞体のステージを「ヨコ」とする。なぜならそれは、相互の関係を通じてのちに、改めて感得さるべきものだからである。

G③　ムスビの概念

一口に相互の関係（仏教でいう縁《えにし》）といっても、さまざまある。

そのうちの、何らかの意味での約束事を前提として始まるものを「ムスビ」という。そして古来、その約束事のことを誓約（ウケヒ）と呼んだようである。

それは現行法的な意味での契約のことではない。今日の契約社会における契約とは、相手を「信頼しない」ことを前提としてなされる行為だ。だからこそ、契約不履行の場合の罰則や補償などが事細かに提示される。

だが、ムスビにおけるウケヒは、「信頼すること」を前提としてなされる。

あらゆる現象・事物は、それに対峙する者の、例えば先入観や偏見あるいは目的とするところなど、それに応じたスタンス次第ではいかようにもとれてくる。戦国時代などでの、相手をつぶすことを前提とする場では、相手の隙を逃さずそこをこそ突かねばならないかもしれない。だがこれが日常の場における同様の行為ならば、単なる揚げ足取りでしかなかったりする。そこに尊重はないから共存もまたなく、どちらが勝ち残るかが優先される。

契約不履行の場合の約束事とは、たとえそれもまた必要なものであるとしても、生き残りを前提とした一過性の、仮の便法としてしか作用できない。それは共存を前提としていないものであり、たとえ自分が勝ち残ることをもくろんではいても、自分ばかりが勝ち続けることはないという事態は考慮されてないからである。

勝ち負けは、その場の一過性の目的とはなりえても最終目的とはなり得ない。早い話、筆者のこの本が、例えば多数の支持を得たとしよう。それで社会的な意味での勝者とはなり得たとしても、より高位の存在（神仏レベル）からみて、間違っているなら何にもならない。といって、前もってそれを確かめる術《すべ》などないのであれば、自分の論として、これを開示し、提示してみるよりほかないわけである。

肉を切らせて骨を断つという言葉もあるが、思想を完璧に文字で表現するのは、まず不可能だろう。だがそれでも、ここだけは言っておきたい、ここだけは理解してもらいたい、といういわばキモの部分は存在する。だからそこが伝わるまでは、その是非うんぬんはそこから後の話だとして、何か言いたいことがあるらしいという部分に関しては、少なくとも、ひとまずは筆者を信頼して読み進んで頂くよりほかないわけである。

そのことは、より一般的なケースの場合にも当てはまるだろう。

どうせ人間のやることだから、政治の中にも、多少のスキャンダルやワイロ沙汰は付き物だとしても、基本的に国民は政府を信頼しているし、また信頼に足る存在であってほしいから、国家も一応、安定状に保っていられる。だが信頼に足らない要素のほうが大きくなれば、今さらクーデターなどはないだろうとしても、国家規模の米騒動なら、あり得ないとも限るまい。

国土が狭いという道路事情にあって、人は信号を守るものという暗黙の信頼があるからこそ、交通は成り立っている。それを逆手にとって、これ見よがしに信号無視するなどは、信頼という名の慣性モーメントに、寄生する行為でしかない。(もっとも、自動車ならともかく自転車や歩行者にあって、二メートルにも満たない路地に設けられた信号を前に、全く通行者のないのを確認できていてなお、それでも信号は守るべきかどうかだとか、広い道でも郊外にあって、全く交通のない時間帯に、それでも信号は守るべきかどうか、だとかは、人それぞれが、それぞれの責任において判断すべき事柄ではあろう。)

また、たとえ不確かでも、自分の乗るバスや電車は事故を起こさない、という仮の信頼でも持てなければ、とりわけ現代人は、一日だって暮らせないだろう。

そうであるなら、その歯止めとして、その信頼が故意にも壊されようとすることへの対策として、何らかの取り締まりや、規制するための罰則は必要である。だがそれは、罰することをもってよしとする目的のものでなく、罰せずとも済むような安定状を目的としている。だからやはり、坊主と医者と警察は、できればヒマなのがよいのだ。

つまりタテマエはタテマエとして大事だが、世の中の基底にあるべきは信頼である。

そしてその信頼によって、人と人とはつながりを持つ、これすなわち「ムスビ」である。また信頼を前提として成立しうる世の中は、これを「ムスビ」社会と呼んでよい。

このムスビ社会は、決して単なる理想論なのではなく、より古い古代においては、この地球上の、世界の隅々まで実現していた社会であり、この国日本には比較的最近まで、といっても飛鳥・奈良時代辺りまでだが、元気に存在した社会である。古事記・日本書紀でも、タカミムスビ・カミムスビなどのムスビの神から、時間の歯車は回り始めているのが一つの証となるだろう。だが残念なことに、表向き、それは絶滅した文化であるから、適者生存の見方からすれば気付かれにくいだろう。だがそれでも、死滅したのは文化あるいは社会としてである。ヒトという単位がここから始まって存在する者である以上、完全には無くならない。だから世の中的にも、いずれは不死鳥のごとく、甦らずにはおれないものである。

こうした事柄は、拙著『千年の箱国』シリーズにおいて、わが国の古代を探っていく過程で、徐々に明らかになってきたものでもある。より詳しくは、そうしたアングルからのほうが分かりやすいだろうし、ここで同じ手順を繰り返しても二番煎じだろうから、できれば同書をご覧いただきたい。――なお同書では父系・母系のムスビから入ったので、当初（Ⅰ・Ⅱ）はムスビ文化とは言わず両系文化と呼んでいたが、中身は同じものである。

G④　タテとヨコの関係

タテがあって、ヨコがあって、そこにムスビがあるなら、それで万々歳のように見えるかもしれない。だが、いまだに霊はあるかないかで停滞していることからも分かるように、このタテとヨコとは、このままでは、結び合えないものである。にもかかわらず、この二者は、人の生を通じ、いずれ結び合うべくして、ある。

筆者はそこに、神仏の知恵の精妙さを見る思いがするのである。あとでも述べるが、ここではかいつまんで、あらましだけでもご説明しておこう。

〔タテ＝タマシイ〕　タマ（コン）／シイ（パク）
〔ヨコ＝細胞体　〕　脳（別器官）／身体（恒温体）

右の図は、人間という生命内部の構造と関係のおおよそを示したものである。

本来タマシイは、天地のタテの関係から出て、ともにタテに由来するものでありながら、機能面で、タマはタテに在り、シイはヨコ（身体）に宿って、人の内部で作用している。

細胞体（肉体）は、文字通り大地から生起し、長い年月の末に到達した、細胞群からなる集合体である。それは人のシンボルでもある大脳とても同様であるが、にもかかわらず、脳は、細胞群全体からは独立して、頭骨内部の、水の中に浮かんでいる。それはあたかも、風や波の影響からは隔離されて、船本体に、その正確な位置と姿勢とを知らせている羅針盤のようなものとも見える。すなわち脳は、細胞体中の別器官であり、もっぱらデータ処理のみを扱っているのであって、直接の現場的機能は、身体の各臓器や手足が行うのである。ここにおいて、脳は図書館や事務所のような機能を果たしているが、決して細胞体本体であるところの、身体を支配しているわけではない。

要するに脳とは、ヨコである細胞体から、タテであるタマシイ（とりわけタマ）に、地上に作用するのに必要な、地上仕様の、パーソナル・コンピューター様のものを提供されたものである。いわば治外法権にも似て、細胞体内にしつらえられた、精神的・意識的活動向けの作業台とでも、言い得るであろうか。それは身体のすみずみまで、神経系を通じて密につながっているものであるから、人の生命活動のすべてが、脳にも顕れていておかしくはない。

そしてシイは、ヨコに所属し、細胞体の総体を、現場として掌握し維持している。

ところで、供養塔の代表でもある五輪塔《ごりんとう》は、五個の石を積み重ねたもので、下から順に、四角（立方体）、丸（球体）、三角（笠状）、半円（椀《おわん》状）、三角＋半円（滴《しずく》型）をしている。

そしてこれを、四角は地、丸は天とし、そして三角は地の変化したもの、半円は天の変化したものとし、さらに滴型については、地の変化したものと天の変化したものとの和合した形であると説明されたりする。（矢島俯仰著『墓相大鑑』国書刊行会）

要は、五個の石で何かのプロセスを表しているということだろう。

ここで、天をタマシイ、地を細胞体と置いた上で、ヒトに照らして考え合わせてみれば、地の変化したものとは、細胞身体から提供されてなる「脳」のことであり、また天の変化したものとは、天より出て細胞体のほうに寄与する「シイ」のことにほかならない。ではその次にある、天の変化したものと地の変化したものとの和合した形とは、脳とシイとの融合状を指すのかというと、これがそうはならないのである。

脳とシイとは最初から和合しており、もしそこから外れれば、とても正常には生きていけない。許容範囲を越えてまで脳の活動に過ぎれば、その精神は常軌を逸し、また許容範囲を越えてまで身体機能を駆使すれば、細胞総体はその健康を保持できない。だからこの三角と半円とは、半ば強制的に、はじめから和合が前提とされている。そうであれば、和合を表す滴型での〔天の変化したもの〕とは、先の半円の残余の半円であろうし、〔地の変化したもの〕とは、先の三角の残余の三角のことだろう。（図①参照）

すなわち五輪塔の最上段にある滴型は、天であるタマシイから、細胞体側に変化・適合した半分のシイを除いた残余の、もともとの「タマ」のこと、および地である細胞体から遊離して提供された脳を除いた残余の「身体的本体」とを指していよう。

つまりタマは、その志向するところを進むにつけ、つねに身体の事情とも折り合いをつけつつでなければ、首尾よく目的を全うし得ない。また一方、身体の欲するままとまでは言わないまでも、ただ健康にあるだけでは、人は生きていることへの実感、ひいては生き甲斐を感じるまでには到らないということではあるまいか。それなら人が生を受けて、この世に現れ出た目的らしきものとも、符合してくるわけである。

なお、五輪塔を密教の五大思想と照合して考える場合、五輪の天地は五大での水と地に相応している。地は同じだが、天は水だと言っている。つまり天は天でもこの天は、天から分霊し

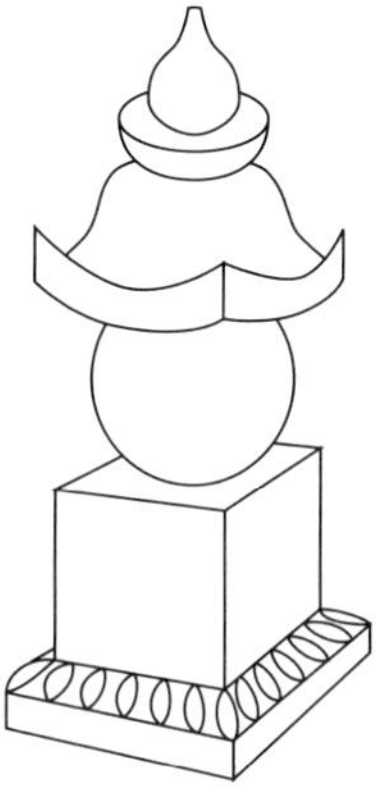

五輪塔

卒塔婆

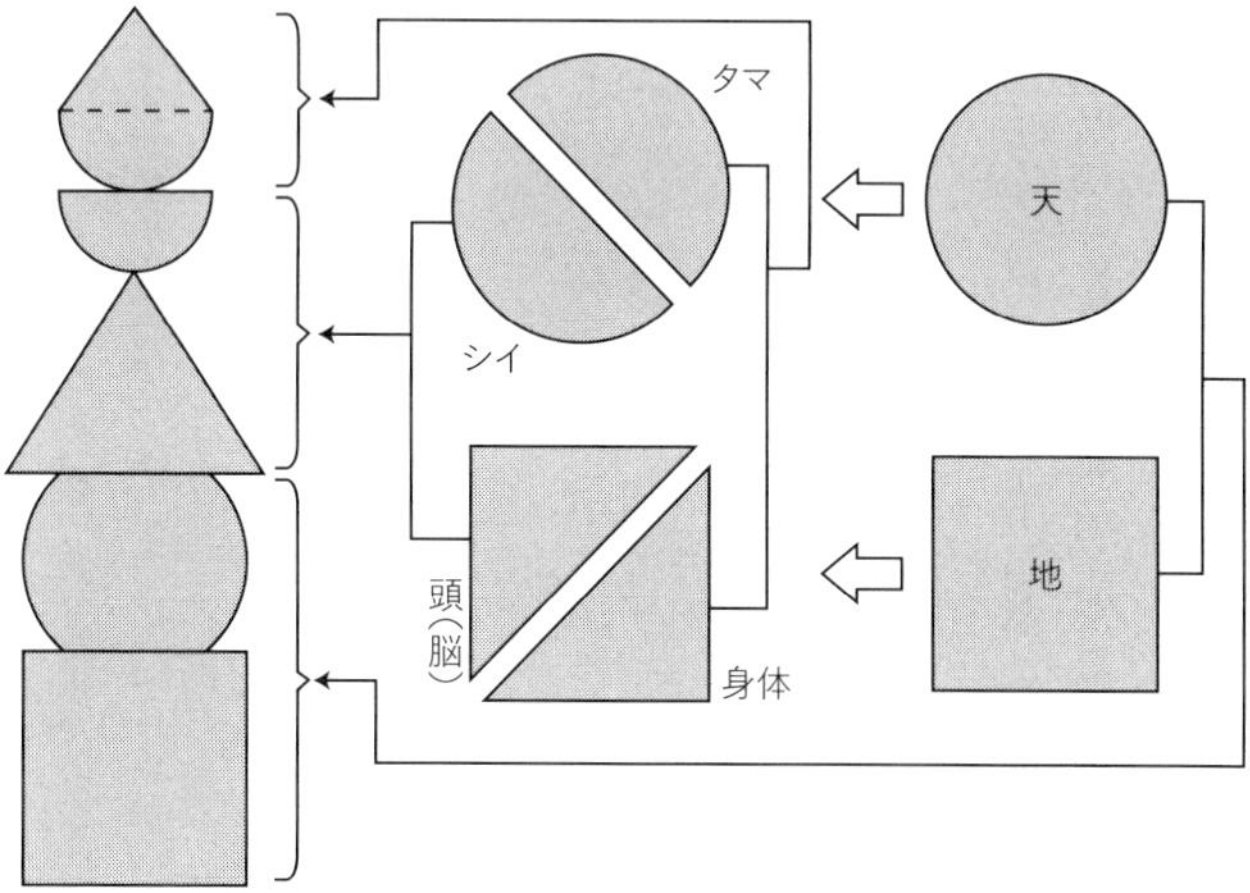

図①　五輪の形成

て地上に顕現したところの「精霊」のことを指しているようである。そう考えられる理由も含め、詳細はかなり込み入るのでここでは触れない。だが〔父と子と聖霊〕とも言うように、キリスト教においても精（聖）霊は不可欠な要素のようである。

G⑤　タテ・ヨコのムスビ

先ほどの図をもう一度掲げよう。

〔タテ＝タマシイ〕　タマ（コン）／シイ（パク）
〔ヨコ＝細胞体　〕　脳（別器官）／身体（恒温体）

天地の親元である天父・地母は、もともとが一体のものの、仮に分かれた対であるから、そこから出て分け与えられたものであるところの、タマとシイもまた、もともとは一つだ。

そしてその一方の、細胞体はというと、同じく地母神からとはいっても、地母神がその身体とする大地そのものから、物（コトブキ）として派生し、それが進化・集合して、今日の人間の身体にまで成って、有（在）るものである。細胞一つといえども、それ自体の霊的要素は有するであろう（一寸の虫にも五分の魂）が、それ自身は、それらが集合してなる総体を理解し、把握することは出来ない。部分的に集合してなる主要臓器といえども状況は同じだ。（cf.第三章四）

だがヒトが、この細胞体あって初めて地上に生を受け得るのであるなら、この細胞の総体を、程よく保持し管理すべきであるのは確かめるまでもあるまい。

右のような状況を、タマシイの存在するを無視して理解しようとする場合には、いきおい、どこかに意識の主体を想定せねばならず、細胞の総体を管理する座を求めねばならない。だが脳といえども、どんなに精巧に出来ていようとも、それは細胞の集合して成る器官の一つであるならば、たとえ身体のすべてのデータがそこに集められていようとも、脳自身が意識主体となることはない。脳は、身体という細胞本体から派生してしつらえられたものであり、脳自身は、身体保持優先という大前提を超えたりもしないし、またできない。とこれはむろん、生命体が普遍的に持つ生存の本能とも合致しているわけだから、改めて言うほどのことでもない。

とはいうものの、とりわけ人間は脳の損傷や情緒不安定などによる突飛な行動でなくとも、確たる判断の下に、意図して、個人の生存本能に反する行為を、あえて取ることがある。意識主体を脳の外に置いて、それが自分専用のパソコン様に駆使して判断しているというような想定をしてみることもなしに、こうした事柄を理解するのは困難だろう。だが他方、タマシイの存在を考慮した上でのことであるなら、こうした理解も、そう困難ではなくなるのである。

孔子《こうし》は「怪力乱神を語らず」と言った由だが、そのことをもって、彼がさも霊の存在を否定したかのように解されることがあるようだ。霊のすべてが、イコール怪力乱神ではないのであるし、また「語らず」と言っているだけなのであるなら、文字通りに読む限りでは、否定まではしていないわけである。ではなぜ、あえてこのようなことを言い残したのだろう。

霊能を使った予言で有名なエドガー・ケイシーの予言的中率は、一説には、八〇パーセントくらいだという。そしてこのことをもって、予言などアテにならないとする意見もある。だがたとえ霊能がらみであろうとも、同じ人間のやることであるなら、霊能の過程と言葉にして示される過程とを含め、どこかにホツレが生じて当然だろう。なぜ当たらないとされる部分の二分ばかりに着目してとがめ、当たっているとされるほうの八分は無視するのだろうか。最近では、行方不明者の捜索などに霊能力が生かされているようである。家族としては、この八分に期待を寄せて当然だろう。

一〇〇パーセントでなければ信じないと迫るのは、そもそも「アレかコレか」「信じるか信じないか」「全能か迷信か」といった二者選択でしか、物事を把握しようとしていないからではないだろうか。何もかもがそんなにきちんと色分けできるなら苦労はないし、また、そんな単調な世の中では面白くもない。

孔子と似たようなことを、哲学者カントも言い残している。彼がそう言ったかについては、当時の世相背景が伝えられているようだから、孔子のケースとは違って、カントの動機もそれとなく知れる。哲学は専門でないので、以下は筆者のうろ覚えによる。

カントの時代に現代のエドガー・ケイシーのような、スウェーデンボルグという名の霊能者が現れ、とりわけ貴族社会の間で、いたく評判になったそうだ。以来各所で、神霊などの降臨を求める降霊会がひんぱんに催されるようになって、そのあまりのフィーバーぶりに、さすがのカントも知らない振りばかりはしていられなくなったということらしい。哲学もまた、人間の知性や精神、ひいては心とも決して無関係ではないからである。だが、そのスタンスもコンセプトもあまりにもかけ離れていて、とても同じステージに並べて論じることはできないとふんだわけだ。だが哲学は地味な思考作業の積み重ねであり、話題性でいうなら、とてもではないが影が薄い。といって耳に入ってくるなら、カントといえど人並みの関心もあるだろうから落ち着かない。だから自分は「そうした方面には関知しない」ということを、自分にも周囲にも、言明しておく必要があったのだろう。そしてご承知のように、カントは大きな功績を残しているのであるから、彼のとった判断は、妥当で適切なものだったのである。だが孔子同様、カントは霊を否定などしていない。ただ、守備範囲から逸《そ》れるとみて敬遠したのだ。

養老孟司氏の『唯脳論』がベストセラーとなって、とりわけ霊を認めたがらない向きからは、諸手で迎えられたようである。だが同書のまえがきを読む限りでは、その肝心の養老氏は、孔子やカント同様、霊を否定するまでいっていないように感じられた。同書が霊を否定する書と受け取られた最大の理由は、「唯脳論《ゆいのうろん》」というそのタイトルにあったようだ。だが、そのタイトルにしたのは出版社であって、著者はただ、うまいタイトルを付けたものだと感心した、だけだったらしい。

一つには、唯識《ゆいしき》論・唯物《ゆいぶつ》論など、とりわけ後者の唯物論という語が、この本に先行して社会に定着しており、それに関連づけることで、一般読者層にアピールしようと出版社は考えたのだろう。経済の流れには沿った判断であろうから、これも誤りではない。だがアピールどころか、タイトルそのものに、より過剰に反応されてしまった。

唯物論は、唯物史観ともセットで、マルクスの思想の根底にある歴史観だ。そしてマルクスの思想から、のちの共産主義思想は生まれた。その共産主義では霊の存在を認めていない。あるいはユダヤ教の教理とも無関係ではないのだろう。その唯物論と一字違いの唯脳論がタイトルなら、読者が、同類だろうと連想して不思議はなかった。

例えばメール通信にあって、携帯電話は受信・送信の両機能を有しているが、だからといって一台きりでは通信の意味をなさない。たとえこちらの電話機に、通信記録の一切が残されているからといって、このほかに相手となる通信機があったであろうことは明白である。同様に、脳ですべてが説明されても、脳が一切を支配しているということを証明したことにはならないのである。

というようなことを、今さらいくら押し問答してみても始まるまい。

タマシイがあるという前提で考えた場合に、どれだけの整合性をもって、ヒトという生命体の持つ構造を説明し得るかを次に述べて参考に供するとしたい。

平衡の仕組み

ヒトの中に、ミクロ・コスモスがあると言われる。これを単に人体宇宙のことと書いてしまうと、ただ精妙な顕微鏡レベルの世界がそこに広がっているという程のことでしかなく、そうした景色にも慣れてしまえば、今や数十億にも増えた世界人口を前にして、さほど珍しくも思えまい。だがそれが一つのまとまりある、ある意味で完成された「場」であるというなら話は別だ。

それはＤＮＡと呼ばれる設計図に基づき、何億個もの細胞が集まって披露して見せている、細胞総体のマス・ゲームのようなものといえる。だがそれは「場」であり、「場」以上でもなければ、「場」以下のものでもない。別器官たる脳にあってもまた然り。

細胞体つまり身体内部は、ある基準に基づいて絶えず平衡を求めんとしている。その総体として、過ぎれば戻し、足らざれば付加して、ある範囲の中に納まるべく活性している。それは、そこにある定まった通過点を仮想定点として有することにほかならない。そこに止まって動かない固定点ではないから仮想だというのである。

その、ある基準とは体温である。恒温体を細胞体としてみた生物進化の到達点とするなら、この結論と矛盾しないし、また体内に多く保有する水が、この恒温体保持に一役も二役もかっているのなら、保温にすぐれ、かつ身体のすみずみに速やかに到れるだけの流動性を有することとも符合している。

ここで重要なのは、何であれ「定点を有している」ということである。このきわめて分かりやすい目標を目指して、細胞は総体として、懸命に活動している。またこうした基本もなく、逐一、脳の管理に頼っているなら、わずかな脳の計算違いが命取りになってしまうだろう。そのことは、家電にマイコンなどの精密部品が組み込まれるようになって、何かと故障しやすくなったことからも容易に類推されるだろう。そしてここでいう定点とは、それを満たすための平衡の仕組みがそこにあるということである。

もう一つの平衡

だが、単に一つの平衡の仕組みがあるというだけでは、タマシイを含めた生命の構造までは説明できない。タマシイにはタマシイにおける平衡の仕組みがある。

一方に性善説があるかと思えば、他方に性悪説というのもあって、一体ヒトには良心なるものが生来的に備わっていると言い切れるのだろうかと一度はお考えになったこともおありだろう。

善悪などのように二元論として対置させ、良心をその一方である善の方に置こうとすると、どうしても右の性悪説のような反論に塞《せ》き止められてしまうだろう。そして性悪説は性悪説で、なるほどと思わせるだけの論理があったりするのである。

まずは、善悪や良否ではなく、ただ「心」として、これを考えてみよう。

人には、身体が持つ感知機能としての五感がある。そしてこの五感のトータル的な感覚を総称して「感性」としよう。また人は脳の機能にもっぱら拠った「知性」を有する。だがそれらだけなら人間以外の高等動物も有している。

人には「感性」から発展・成長して備わるものがさらにあって、これを「情緒」もしくは「情緒性」と呼ぼう。育児や家族愛など、生命の営みにおける基本的な部分は、むろん他の高等動物も有しているが、人では飛躍的に発揮される。

また人には、「知性」からも発展・成長して備わるものがさらにあって、これを「精神」もしくは「精神性」と呼んだとしよう。精神性はとりわけ人に顕著である。

感性や知性の段階では、人も他の高等動物も変わりないのに、情緒や精神となると、とたんに顕著な差が出てくるのだろうか？　動物にも情緒や精神はあるハズであるが、ある程度以上の、身体の生理的機能から離れてまで発展することはないようだ。おそらく人では、感性や知性が動物におけるよりも、さらに有機的に結合し、一体化して融合しているからだろう。

感性が身体に直結していて、知性が脳に直結したものであるなら、感性から発展して生じる情緒性や知性から発展して生じる精神性が、タマ・シイの所産であろうとするのに、さほど飛躍して考える必要はないだろう。むろん、動物にもタマシイはある。だが動物の場合は高等でも四足動物であることからも類推されるように、タマ・シイのいずれもが地母神側により近くから出ているということではあるまいか。地母神すなわちその身体たる大地から生じて進化してきた細胞体をもっぱらの基準として、そこからそう離れられないことによって、自然界の生命は結果的には自然に従順に生きている。

だが、良くも悪くも、人間はさほど自然には従順ではない。つまり「人間は、自由意志を与えられている」と言われることのあるのも、このことを指しているようであり、結果としてこの自由意志は人類にとっての両刃の剣ともなっているわけである。

さてそこで心の話である。心とは何？　指を切って悲しくなるというのも心であるが、感覚にともなってある感性が心のすべてではない。他人が悲しんでいたりするのを見て、わがことのように同情するなどの情緒性も、自分の悲しみの経験が背景にあって顕れる心であるが、これとても心のすべてではない。一つ明らかなのは、自分の悲しみがまずあって、次に他者の悲しみを感じ取ることもまたあるということである。

また、何かに疑問を感じて、対象を観察したり図書館で調べたりして疑問が解けるとうれしいというのも心であるが、知識が増えただけなら知性の中に留まるものであろうから、それが心のすべてではない。そうした知識や見識をトータル的に勘案する中から、何らかの目的を見つけ出し、やがてそれが生《い》き甲斐《がい》にもつながるなら、それは精神性と呼んで然るべき心の発露《はつろ》であろうが、それとても心のすべてではない。

ここで明らかなのは、具体的な目的と、具体的な場とを見出すことをもって初めて、人は、そこに生き甲斐を見出すだろうということである。

だが、人の心情の盲点や、世の中の成り立ちの死角に気付き、そうした隙をついて詐欺などをはたらくというのも、これも知性には違いあるまい。そんなのは知性とは呼べないとも思えるが、それは言葉のアヤというものであって、同じ人間であるからには、脳の働きからくるところの知性の作用には違いない。ただその知性は、人間の持つその他の要素と結びつかない、単独の知性だ。脳の機能が何の見通しもなく、目先の利害のみに直結したもの、ということだろう。バレなければ、捕まらなければ、といった目論見《もくろみ》はただの希望的観測にすぎず、それが外れた場合の心構えがあってなお、そうした行為をしているとも思えない。それでも知性の一種がその発端にあったには違いなく、それが証拠に、そうした行為が習慣となれば、それが生き甲斐かと感じることもあるだろう。たとえ人間のあるべき道から逸れたものであろうとも。

ではこの、人間のあるべき道とは何？

指を切ったときの痛みと元の姿を損傷したことへの悲しみ、そうした記憶があると、他人が同じような経験をしたのに出合ったときに、余所事《よそごと》とは思えず同情する。まして、自分が他人を意図して傷つけるなどはもってのほかと思うだろう。

レベルやステージこそ違え、大金を欺し取られたり、強盗にあって大けがをさせられるのも理屈は何も変わらない。だが泥棒や詐欺は、そうした相手の痛みや悲しみは意に介さない。たぶん何かが足りないのだろう。情緒と精神との間の回路がつながっておらず、知性と感性とがバラバラに作用しているということではないか。

だがそれを、身体器官や脳機能の不備と考えるなら、この話も振り出しに戻ってしまうことになるだろう。情緒や精神は生まれつきあるものではなく、程よく成長していく過程で、やがて、然るべくして備わってくるものであろう。何となれば、生まれてよりこの方、幼い間に、また若い間に、いささかの人間らしからぬ短絡的行為を全くとったことがないという人はいないだろうからだ。

では、情緒や精神の未熟は、一体何が足りないのだろうか？

といって本書では、これを倫理や道徳的にコメントするのが目的ではない。そのメカニズムを、脳などの身体ステージのみならず、心のメカニズムという観点から明らかにしてみたいのである。

第一に考慮しなければならないのは心に定まった形がないことである。

禅の言葉にも、「心は万境にしたがって転ずる、転ずるところよく幽なり」とあり、さらに続けて「流れにしたがってその性を認得すれば、無喜また無憂なり」と結ぶ。

若い頃、最初この言葉に接したとき、後半の「無喜＝喜びが無い」に少しぎょっとして、悟りというのは味気ない、つまらない境地なのだろうかといぶかしく思った。だがいくらか年を重ねてみると「心は……転ずる」と言い、また「流れにしたがって」とも言っているのであるから、「喜」ばかりを取り込んで放そうとせず、「憂」のほうはただただ拒絶して無視しようとするような、自分勝手を戒めている言葉なのが分かりはじめてくる。一方ではまた「良きことも悪しきことも、すべて自分から始まり、自分へ還ってくる」とも言うから、それが身勝手なのは自ずと知れる。

先には、感性および情緒性、知性および精神性として、大まかな四種に分けて考えてみたが、そもそも心に定まった形がないのであるなら、四種どころの騒ぎではない。だがそれでも、ともあれ、心に定まった形のないことは了解していただけるだろう。

「心は千変万化し、定まった形がない」というのは、「一つの形に留まることをしない」ことを意味しており、それが何かに対応して顕れる、何らかの作用であることを示唆している。その何かとは？

ここで、先に述べた恒温体の持つ、ある基準（一定の体温）に準じて、上がれば下げ、下がれば上げようとする、平衡機能を思い出していただきたい。

もとより、細胞体をとりまく環境の温度は、時々刻々と変化している。ひと口に冬といい、また温暖化などというも、冬の中にも小春日和はあり、また冬は冬であるから、そこから急転直下して水が凍るなども珍しくない。もし正確に規則正しく寒くなっていって、またある時点から、徐々に規則正しく気温が上昇していくなら、人々の健康管理も今よりうんと楽になるのは間違いあるまい。だが、それでは機械でもない人間は、すぐ飽いてしまうに違いない。

それに加えて、人は自らも体温の源となる食事を摂ったり暖房をしたり、また労働やスポーツなどで体を動かすことからくる体温上昇や、それに伴う発汗・疲労などといった要素も加わってくる。そうした組み合わせからくるトータルとしての作用結果は、これを千差万別と言わずして何と言おう。

そうした、ただ今ここに生じている日々に新たな状況に対応して、恒温機能が働いているのだとすれば、天気予報なども含めたアバウトな予見・予測では間に合わないし、かといってあまりに複雑に、プログラムが組み込まれているとするのもピンとこない。システムは、それが複雑であればあるほど、それだけミスや故障も頻繁に起こる。それに予見や予測がたとえ正確なものであろうとも、これまでになかった全く初体験の状況パターンに出くわせば、手も足も出ずシステム・ダウンするだろう。だが、細胞体の持つ自律神経は何があっても休むことなく、死なない限りは働き続ける。

こうした身体＝細胞総体の機能は、これを一つ一つの臓器が持つ機能と考えるよりは、ある何らかの、単純にして明快な、それらが協働してなる作用結果と考えるのが、より妥当な見方であろう。つまり、体温保持という共通の目的に関して、一致して共有される一つの「場」が合目的的に、また自己学習的に、自然形成されているということになるわけである。

すなわち、「その何か」とは「場の作用」であろう。

工場や家庭での空調の要は温度調節にあって、その調節器内部にはブリッジ回路が組み込まれている。任意に設定された温度に向かって、検知器からのデータとの偏差が、信号としてボイラーや冷却器などに送られ、偏差がゼロになったら停止させるというのが基本的な仕組みである。設定された温度に対して、双方向的に指示を出すという意味で、平衡回路とも呼ばれる。実際には、タイム・ラグからくる過剰加熱や過剰冷却のロスを緩和《かんわ》すべく、微分積分回路のようなものも付加されているらしい。

生命維持の基本中の基本である恒温体の体温保持機能も、むしろこのような、単純明快な原理を基本として機能していると考えると理解しやすい。だが人為的に作られた装置とは違い、生体機能の部品は、それぞれ生身の細胞なのであるから、右の微分積分回路のような付加回路も、より効率のよい自己学習・自己成長的なプログラムとして、より理想的に会得《えとく》しているだろうとも考えられる。

すなわち、恒温の基本は平衡機能にあり、恒温における「場の作用」もこれである。ただしそれは、あくまでも細胞体ステージ内での、「平衡の場」である。

ところで魚類が進化して両生類となり、両生類が進化しては虫類となり、は虫類が進化して哺乳類となり、そこから霊長類が進化して、そのあとさらに人類に進化したといわれる。だが究極の進化形態であるはずの人類は、極端な大食漢の種でもある。美食・飽食が加わっているせいでもあるが、その分かれ道は変温動物と恒温動物との間にあったようだ。ヘビは、ネズミ一匹を丸呑《の》みにしてそのあと水分補給しておけば、一カ月ぐらいは飲まず食わずで大丈夫なのだという。食性からいえば、このは虫類の段階で、すでに究極の形態に達していたことになるわけで、そのあとなぜ哺乳類へ、また人類へと進化の歩を進めたかは生物学上の、ちょっとした謎でもある。

あるいは、ネズミを丸呑みにしてもおいしくないだろうし、一カ月も飲まず食わずでは楽しみがないと思われるかもしれない。だがそうした思いも、すべて脳が感じることだと大脳生理学ではいっている。ヘビがそれで満ち足りていないと、どうしていえよう。生肉に骨ごとかぶりついて満腹したライオンの子どもが、そのあと腹を上にして幸せそうにまどろんでいるのを見れば、誰しも心が和《なご》むだろう。そうした仕草や表情めいたものこそなくても、ヘビだってやはり満ち足りているはずである。

人類はその旺盛な食性を満たすために自然をこわし、生態系を乱すなど、かなりの犠牲を強いられているのは紛れもない事実だとすれば、また今日の美食・飽食が、つまりは脳のなせる業《わざ》だとすれば、そもそも細胞が集まって成った初期の脳が、そのような効率の悪い志を、意図して自発的に持つわけがない。このように発達する以前の脳が、のちに発達した脳が感じるようになる美食・飽食を、前もって志したとするのは矛盾していて、論理そのものが成り立たない。

だとすれば、そのように志した意思は、脳の外にあるのであって、すなわち、古来言われてきたところのタマシイこそが、それであろう。

単細胞生物もいるのだから、細胞体を構成する一個一個の細胞を、一匹の虫と見ることはできるだろう。その細胞が集まって形成された細胞体も、何らかの設計図をもとに構造化しているだろうとはいえ、ただ集まっただけでは、形の上での構造でしかない。この基本的な、より礎石的構造を、ピラミッドの基底部分にもなぞらえ、枠組みとしての一次元的構造とみなすとしよう。

その枠組みをベースにし、臓器などの上位構造は、脳に集められたデータとも照合しつつ、協働して、肺機能・循環機能・神経機能などさまざまな上位機能を達成しているとすれば、それら上位機能の総意的な中心にある指標は、先に述べた「恒温」保持機能であろう。なぜならそれこそが細胞群としての総体的に、また平均値として、自ずと定まるであろう具体的な体温値を決定するものだからである。それは一定の許容範囲内にあって、行きつ戻りつ通過することで定常的に仮想される一つの定点であるから、その仕組みは全体として、一つの基本となる「場」を形成している。だがそれは定常的な仮想であって、具体的な定点に固定されてはいないから、絶えず偏差をキャッチしては信号を発し、フィードバックすることで達成されている「場」なのである。これを二次元的構造と見なすとしよう。

本来は、細胞体の外にあったタマシイは、こうした「平衡の場」に重畳《ちょうじょう》するような形で緊密な関係を持つのであり、かくして寿命は生じ、ヒトとしてのドラマが始まる。またこのような過程を称して、古来、タマシイが降臨して肉体に宿ると言い表したものであろう。

このことはつまりタマシイもまた、何らかの意味での「平衡を求める者」であることを意味している。だが目には見えないタマシイを、やみくもに詮索しても始まらないから、以上を踏まえて改めて「心」のことを考えてみるとしよう。

そもそも「心」それ自体が、何らかの「平衡の場」を前提として顕れる作用の結果だと仮定しよう。その時々、その折々に想定されるであろう、ある平衡状態があるとするわけである。

その平衡状は、振り子の中点のように、通過点もしくは平均値としてのゼロ座標を有し、また位置エネルギーと運動エネルギーとが相殺し合う結果として、右に振れれば中点へ戻し、中心を通過して左へ振れれば、また中点へ戻すを繰り返すことで保たれていよう。振り子における、位置エネルギーと運動エネルギーの相殺とは、平衡回路に置き換えた場合の絶えずフィードバックされている偏差信号にあたる。

お分かりいただけるだろうか?

心とは、感性と情緒性、知性と精神性とを、ブリッジの四隅に置いたと想定した場合の偏差信号に当たるものなのであろう。それは絶えず、行き過ぎを戻さんとして機能している。ヒトは、何事につけても、なにがしかの感じや思い、あるいは考えを、あたかも流れに淀む泡沫《うたかた》のようにして、かつ消え、かつ結ぶがごとくに抱き、また体の内部で去来している。それは千変万化して留まるところもない。

そうした絶えざる偏差信号をどう受け止め、どう反映させるかは人それぞれであろうし、その価値基準や判断基準すらも生涯を通じて定まってはいない。

今、何をどう判断すべきかを論じているわけではない。

心が場の作用によってあらわれる、いわば偏差信号のようなものだと言いたいのであり、そう想定することによって、とらえどころがないとされがちな「心」というものが、むしろ、それ(とらえどころ)がないのが本性であったと理解されてくるのである。

それもこれも、それが、定まった「点」があってのものではなく、四つの要素によって構成された「場」の作用と判じてみたことで、初めて得られたものであった。

ここでわれわれは、まず細胞体という一次元的構造があり、そこから発展した平衡機能ベースの二次元的構造があり、その上で初めて、それに重畳する形で、三次元的構造としてのタマシイの平衡機能があるということを知らねばならない。

タマシイのみでも、細胞体（肉体）のみでも誕生はないし、タマシイと細胞体とが調和して初めて、ヒトはヒトたりえるというのが本書の基礎である。

このことから、さて何が分かるか。

平衡とは収束への志向であり、たえず偏りを補整する方向に作用してある、ゆるやかな振り子運動のようなものだ。

これが、ことミクロ・コスモス人体宇宙にあっては、細胞総体としての納まり得る振れ幅も自ずと定まり、共有されている場のトータル的な許容範囲も、また自ずと定着へ向かう。かくあって「場の平衡」が保持されるのである。平衡にあっては、仮想された中心の周辺（前後左右）を揺《ゆ》れ続けるが、定点として留まりはしない。つまり「場」（もしくは器）である。だがそれでもそれは、恒《つね》に許容範囲内に収束しつつあるをもって、これを生命活動とするのである。

この器としての「場」に、タマシイが宿る（誕生）のであるが、それは、タマシイもまた平衡を志向しているによって、呼び合い結ばるものである。だがタマシイが志向するのはタマシイ・レベルでの平衡であって、ここに二重の平衡が存する。

「平衡の平衡」という概念

旧約聖書（出エジプト記）によれば、炎の中から現れた神がモーゼの問いに対して、自分のことを「ありてある者」だと答えた由である。神自らの言葉とはいえ「ありてある者」とはまた、判じ物のような言い回しではある。

M・ドリール（ドーリル）博士の説くところによると、この英訳された「ありてある者」のヘブライ語原義は「実在が実在である者」であって、「永遠にして普遍的実在」を意味するのだという。つまり実在の意味を拡大・強調する語法なわけだ。また別の箇所で、「ありてある」の真意は「平衡の平衡」のことだとも説いている（『カバラの真義』霞ケ関書房）。

博士の説くところは深遠な知識を多く含むが、さりとて、ただご紹介しても鵜呑みにしかならず、本書としてはこれ以上ふれないので関心があれば同書を参照されたい。

ここで神概念そのもののことはさておくとしよう。もっとも、本書はペイゲルス氏同様、「神認識としての自己認識」を前提として考えているので問題はないが。

なお右の前提は、同氏のコメントに出合う前から筆者の持論としてもあったもので、だからこそ、『ナグ・ハマディ写本』にも強い関心を抱いたのであった。ちなみに、拙著では「古代においては、《われはヒトなり、なんじもヒトなり》が挨拶代わりのフレーズとしてあった」（『千年の箱国Ｉ』第二章の三）とし、それは同時にハインラインの小説『異星の客』に出てくる主人公のフレーズ《われは神なり、なんじも神なり》とも同義であるとしている。

さて「実在の実在」である。

ヒトもまた、本来的には神であるならということは、いずれ神となるべき要素を具《そな》えた者であるなら、ここでいう二重の「在る」を、ヒト・レベルで照合しても不都合はないし、むしろ、そうする必要がある。

タマシイを点（質点＝質量をもたない点）とするなら、細胞体は器である。細胞体が構成する平衡の場に、タマシイは座す。細胞体が構成する平衡の場は、恒温体そのものの仕組みと、それを他の仕組みも含めたトータルとしてデータ的に掌握する脳との協働がこれを実現している。ここにおいて、タマシイもまたタマ・シイに分かれて、一方は脳近くに座し、もう一方は細胞体全体の重心（へそ）近くに座す。

だが、タマ・シイに分かれて、ということは、タマシイもまた別に中心を有するわけで、タマシイ自体が器でもある。……そしてこの中心とは、意識の座のことなのであるが、そこから先は仏教の「大乗起信論」にある《アラヤ識》などもからんできて、その究明から入らねばならないので話がやや複雑になる。だが先に誤解を招いてしまうと、後々議論の収拾がつかなくなるので一応はふれた。ここでは相対的にタマシイは点（中身）に近く、細胞体が場（器）であるとしておく。

ちなみに、メンタル体・アストラル体という名称を聞かれたことはおありだろうか。意外に思われるかもしれないが、タマ・シイとは、カバラや神智学などがいう、このメンタル体・アストラル体のことなのである。本書のテーマからは大きく逸脱してしまうので、これ以上のコメントは別に機会があればということでお許し願いたい。

ともあれ、われわれのこの地上世界における実在とは互いに視認できる、外形としての顔かたちを有した肉体である。そしてその本質は場であり、平衡の場としての生命活動にあるわけであるから、平衡が許容範囲から外《はず》れれば病となり、さらに逸脱すればこの世の存在ではなくなって、細胞たちも元の自然へかえっていく。

このように外形としての存在と、その内部活動としての平衡とは、表裏一体のものであるから、英訳された「ありてある者」もまた、回り回って符合してくる。だから判じ物めいて意味不明ではあったものの、これもまたその通りだったわけである。

結論として、実在の実在もしくは二重の存在とは、ヒトにおいては、タマシイと細胞体との二重の平衡状を指すのであり、二つの平衡が重畳されて、さらに高位の平衡状をあたかも柱を立て、梁《はり》を渡すがごとくに一体化している。すなわち、タマ・シイと脳・身体の四つの要素が融合している。

ヒトの内外《うちそと》

ただ平衡というだけでは、人によっては、さもぬるま湯に浸るだけかのような印象を与えるかもしれない。だがそれも、多少の無理を冒しても、あとでまた回復できるという身体機能への深い信頼があってのことだということを忘れてはならない。もっとも、身体を身体という対象として意識しない場合は、細胞体へのいたわりもなく、自信過剰でしかないかもしれない。だが、許容範囲からの逸脱が過ぎれば遅かれ早かれ、また年齢とともに限界はくるなら、信頼か過信かの分かれ道は対象への認識の程度にあるといえる。

さてここで、ヒト内部のミクロ・コスモスという観点を、相似的に世界視野にまで広げてみたとしよう。いまこの世界を、この星・地球の親神の身体であると観想すれば、この地上世界の個々の生命は、みな等しく、ミクロ・コスモス内の個々の細胞に相応していることが分かってくる。実際、仏典をみても、如来とは、仏国土もしくは浄土をも含めての如来なのであって、五重塔などの塔を如来の身体とみるなどは、今まさに浄土となるべくして、それへ向かいつつある状を塔で象徴しているのが分かる。

地上のありとあらゆる生命を、ヒト内部の細胞総体になぞらえてみれば、人間の世界は、細胞総体から発展・進化して別にしつらえられてあるところの、脳になぞらえることができるであろう。脳がすべてでないことはすでに論じたところであるが、人間社会もまた同様に、自然をないがしろにして存在し得ないことは、今さら念を押すまでもない事実であろう。いわば脳は、そして地球世界における人間社会は、最速のキント雲をもってしても如来の掌《てのひら》の内から出ることがなかった西遊記の孫悟空のようでもある。

右は、「ヒト」と「人間社会」とを相似的に並べてみた結果であるが、この場合、個々人のヒトの視座は、地球の親神の視座に、（比例的に）相応している。

だが、われわれがここで、あるいはこの先、解明していかなければならないのは、あくまでもヒトの視座が基点であって、身の丈を超えてまで神の中身を詮索するのが目的ではない。それにがんばれば、われわれにも理解が可能な部分については、ナグ・ハマディ文書も含め、現に残され発見されてあるのだから、神概念の理解を深めるについては後半で、とりわけ〈2〉で「トマスによる福音書」の解釈に鋭意勉《つと》めることによって近づきたいと思う。

基準をヒトの視座に置くとすると決して無視し得ない、ある境界線のあるのが、ありありとして見えてくる。

それはヒトを基本の単位に置いてみた場合の、ヒトの内側と外側とである。そこでは社会は、そして世界はヒトの外部にある。そしてあるヒトにとっては外部でも、そのあるヒトは外部にあったはずの他のヒトにとっての外部でしかない。

つまり世界とは、自分は除いた、他者のすべてを指す呼び名でもある。

みなが等しく、対等の存在であると承知するなら、この概念は重要である。

ところが、中にはカルト教祖のような、その同じヒトの中から、あたかも自分だけは世界を見下ろす視座に位置するかに錯覚する者も出てくる。思考モデルとして、一時的にそうした視座に身を置いてみることは、学びとしても許されよう。

だがこの場合は結果として、本来あるべきはずのヒトの視座までも放棄することとなるだろうから、実は損失のほうが大きいのである。

女神の機織り

そこで新たに浮上してくるのが、《自他での平衡要素》であり、社会あるいは世の中としての平衡はいかにして求められるか、またいかに求むるべきかという事柄である。

むろんわれわれは、たとえ便宜的にリーダーを選んだり、上下関係を設置するようなことはあったとしても、その根本において対等であると同時に、世の中総体においては一員でしかない。われわれが主人公であるのは、自身内部のミクロ・コスモスにおいてであって、その人体宇宙が有するかけがえのなさにおいては対等なのである。

だがわれわれは誰一人として、この地球と呼ばれる星の主人公ではない。たとえいつかの将来において、自分もまた、どこかにあるかもしれない自分の星の主人公として、その任を全うするというようなこともあるかもしれないとしてもである。だがそうした任を果たすには、われわれにはまだまだ知らないことのほうが多すぎるのだろう。

考えてもみよう。われわれの誰に、シャカやイエスが送ったのと同じ人生を、寸分違わず全うすることができようか。（……わたしなども、せいぜいがんばってアスナロででもいられればいいところであろうか。もっとも、なるべく力まないよう心がけてやっと、ちょうどよい位だからそのアスナロですらもない……のであろうが。）

ヒト相互の関係は、良くも悪くも外観から始まる。その外観を見せているのは細胞体であって、内部のタマシイ（精神・情緒）のことはかろうじてしか分からない。

ヒト相互の関係を、ヨコのつながりとすれば、この関係の前面にある細胞体は、ヨコの要素だ。だが一足飛びに、個人が世界全部とはつながらないから、それは地縁・血縁を始めとする縁において、徐々に輪は広がっていくのであるが、ヒトが一生の内に広がりうる輪の範囲は知れている。政治家や芸能人ならかなり広そうだが、その分、表面的かつ看板的な広がりでしかない部分も大きいだろう。

内部のタマシイ要素は、そのヒトをゼロ座標に置いた時間軸、つまりそのヒトの人生とともにあって、使命感や生き甲斐など、またヒトとしての道を求めるなどして歩んでいく。これが『ナグ写本』のいう《神認識としての自己認識》とも軌を一にするだろうし、筆者もまた同意見であるから、よってこれをタテとする。それは個々にあって、オリジナル独自なラインでもあり、その基本では孤独であり、また孤独であるによって、天なる父と直結している。だからこのラインにおいての限りでは、タマのほうが、より深く地と結びついているシイを先導する形となる。またこの独自性あってこそその人生であるなら、このタテこそが互いに尊重されてあるべき基本であり、それは単なる生命尊重に留まらない。

だが、ヨコの関係においては、そうした独自性のあるのは尊重するといえども、独自であるならなおのこと、他者にはその一部しか、うかがいしれない道理である。

そして社会は、世の中の仕組みは、法律を定めて歯止めを置く、あるいは最低限の生活を保障するなど、外側（外形）からの、間接的なサポートしか成し得ないのも、また道理であろう。つまり、身体（細胞体）面をベースとした衣食住の補助を、社会ではタテマエとするわけである。すなわちここ（ヨコの関係）では、今度はシイがタマを先導する。

ここで、タマシイの中での先導役だから、タマを陽とすればシイは陰である。だが世の中的に見えているのを陽とするなら、陰陽も逆転して今度はシイ側が陽になる。


さてそこで、この世界が、親神にとっての身体であるとするなら、ヒトでのシイにあたる地母が、世界の場における先導であり、女性に見立てられて地母と呼ぶのも、タマシイ的な陰にあたるからだ。だが目に見える世界にあっては、地母が主体となって先導するということになる。ここでは視点による陰陽の見え方が問題なのであって、生物的な性別に当てはめてみた上での、男神か女神か、ひいては男性か女性かは、厳密な問題ではない。まして西洋でも、基本的には神は両性具有として説明されているのである。

ヒトにあっては、シイがここの細胞を、細胞総体の機能として掌握し、活性化させていたのであるなら、世界にあっては、親神の陰側、つまりは女性面たる女神が、（陽である）太陽神に協働して、個々のヒトのヨコのつながりを護持している。

つまりこれが、筆者が言うところの「ムスビ」であり、日本古代の両系文化にあっても、この部分に関しては、宗女が太陽神の宮・社となって一体化することで、親神の意を体していたものである。基本的に宗女は、神託などを通じて太陽神の意を示す代理者でこそあれ、自ら神たるを主張する者ではなかったのである。だがどうしても、権威の取得や価値観を異にする部族との争いの痕跡ばかりが目立ち、こうした背景は見落とされやすい。

なお、地母と太陽神とは同一ではないが、わが国における皇室の主神もまた女神のアマテラス（天照大神）であり、女神に「機織《はたお》り」は付き物である。（cf.わが国の古代史における地母神と女性の太陽神との関係については、近刊『千年の箱国Ⅲ』で詳述している。）

もちろん、天女や女神、また織り姫の話などは、日本に限らず、広く世界に分布しているし、ここに言う女神も結局は日本だけのためにある女神ではない。

ここで、われわれは、二種類の「ムスビ」を知ったのである。

一つは基本的な、ヒトの中での、タテ方向のムスビである。タマシイにあっては、タマがタテのラインを先導し、シイがヨコのつながりを先導するが、それもこれも、その前提にタマとシイとの緊密なタテのムスビがヒトそれぞれにあっての話だ。

もう一つは、世の中としてのヨコ方向のヒト相互のムスビであり、またヒトと自然との間のムスビである。これは世界がそのステージなのであるから、その先導役は、親神でも大地の地母であり、また地上世界を主宰する太陽神の女神である。――太陽神は、地上にあっては女性側が前面に出る、と考えられる。

世界の中では、いわば一個の細胞に過ぎないヒトが、来《こ》し方・行く末を見通した上で、なお今ある、そのすべてを掌握することなどできない。人間にできるのは、動物レベルの弱肉強食の論理を、そのままヒトの世界に当てはめてみて得たものを、限界がくるまでの束《つか》の間《ま》だけ、せいぜい褒《ほ》めそやす位のことでしかあるまい。

仮に、自然界の動物のステージを二次元ワールドだとすれば、ヒトはその社会を、三次元ステージとして実現すべく、位置づけられてある存在だといえよう。だが世界におけるヒトは、それが誰であれ、この地上に生を受けてある限り、一個の細胞でしかないものである。そうであるなら、自ら進んで、その一個の歯車に準ずるというのも、立派な自由意志の発露だと言えはしまいか。

個々のタマシイはそれぞれ、目には見えない天に直接につながっている。同時にそれは、直接であるがゆえに、そのままではバラバラな、相互につながりを持たない人の数だけある、数多《あまた》のタテのラインである。

よって、これをタテ糸として、女神はこれに世界樹と呼ばれる精霊のヨコ糸を、綾なすように架け通す。こうして世界は一枚の織物となって息づいている。これが古来、語り継がれてきた女神の機織りのモチーフである。女神は大地と一体である。（p248の図も参照）

このヨコのラインは、具体的な、人々の認識にのぼる形としては、宗女がわが身を、太陽神の心を宿す宮（神の宮・社）となし、複数の部族（氏族）を仲介して、部族単位の姻族関係をもたらした。この姻族関係において、父系と母系は対等の関係であり、これすなわち両系文化である。またこれは「ムスビ」文化とも言い得よう。

また宗女は天から見た伴侶（神妻）でもあり、かつ母胎として天の分霊を宿し、神子《みこ》の魂を、地上の生命のなかに降臨せしめた。キリスト教がいう、メシア、キリストの由来もこれであるが、それは、ひとりイエスのときのみの事例ではなかった。天は必要に応じて、連綿として分霊を降ろす。仏教ではこれを、如如《にょにょ》としてきたり、如如として去る者、つまり如来と呼ぶのである。（今後の展開の前に、是非とも承知しておいて頂く必要があったので、あらましを述べたが、「ムスビ」文化については、拙著『千年の箱国』シリーズの中で、順を追って論じている。より詳しくには、同シリーズをご覧いただきたい。）

さて問題は、そこから先の話に移る。

ようやくと言おうか、いよいよと言うべきか、本書がメインに取り組もうとするテーマはここから先が本番である。やはり順を追って述べていこう。

第二章 「星辰」からのアプローチ

一 はじめに

ヨコ＝地上世界としたことからもお察しがつくと思うが、このヨコのラインもまた、決して一筋縄ではいかない。だがここをクリアしておかないと「トマス福音書」のゴールにたどり着けないのなら、ここはひとつハラをすえて取りかかるほかない。

だがやるべきことはこれまでと何も変わらない。結論を急がず、順を追って進めば、答えのほうでも、向こうからやって来てくれるハズだ。先入観を持たず、自分の胸に問い自分の頭で考えるのがベストなのであれば、要するにそういうことだろう。

ムスビ文化

　われわれの周りに現在ある現実の世界は、ムスビ文化と呼べるような価値観・世界観のもとには動いてはいない。そのことからも分かるように、ムスビ文化は、すでに絶滅した文化である。言われるように、もし進化の原則が適者生存にあるのだとすれば、ムスビ文化は人類にとって適切で妥当なものではなかったことになる。果たして実際にもそうなのだろうか？

　見方を変えれば、今日ある現代の社会は、適者であるが故に生き残って、今あることになるわけであるが、それは一体、何に対する適者だったのであろうか？　この人間の世界が個々のヒトにとっても、心底満足のいく世の中になり得たことを意味するのであろうか？

　もし多くの人が、現代の社会の有りように納得できていないのだとするなら、一方でこの社会が、また世界が適者として生き残っているからには、それが人々が潜在的にも思い描いているであろうヴィジョンとは別の部分で、生き残って在ることを意味しているということになる。だとすれば、それは一体、どういう基準・どういう要件に則った上で、今、生き残っているというのであろうか？

　そもそも適者生存は、自然界におけるルールだ。人間もまた生物の一員である以上、その理《ことわり》から逃れることはできないけれども、自然界の生命は状況をひたすら受け入れるほかない者であるがゆえに、同時に自然に従順な者でもある。人間ならば、諦《あきら》めの境地（＝諦観）を知ってはじめて受け入れることのできる事柄でも、自然にあっては、持って生まれた境涯の受容は最初から本性としてある。

自然はいずれも多産であり、とりわけ虫類や魚類・両生類などはたくさんの卵を産む。つまりは食われることを前提とした戦略であり、これが植物にいたっては、わざわざうまそうな果実を付けて供している。タネを運ばせるのだから死ぬわけではないけれども、ともあれ食われても生き残ることが大前提にあるのは確かだ。私自身、菜食主義という程でもないが、今日、健康によいとされる食品がいずれも薬草をはじめとした、進化の原点により近いほうにあるというのが意味深なことに思える。

要するに自然界の生には、種として生き残るという、そのこと自体が優先課題としてあるようであり、個々の生では、とりわけ進化の初期にある者ほど、死ぬこと自体をさほど気にしていないようである。

だが人間の社会でも、同様に生き残りさえすれば、それでよいのであろうか？

ひとつはっきりしているのは、自然界では個々的なタテの要素が少なくともヒトよりは希薄だということである。むろん自然界の生命にもタマシイはあるが、ヒトほどにはタテの要素として確立されておらず、また確立へ向けての段階にあるということではないだろうか。だから「人の命は尊いもの」という場合の意味合いも、単に生物的な生命保持をいう以上の意味合いが、そこにはあるわけである。

もし生物的な意味だけで解釈するなら、強さや大きさは生き残りにおける重要な要素であろう。現に同種の間では体高や開口の大小で優劣が定まっていたりする。

恐竜の謎

大きいといえば、知られている地球最大の動物は恐竜である。その恐竜が、ある時こつ然として絶滅している。その理由として、かつて中米のユカタン半島に落下した巨大隕石による爆風などの二次災害がもとになった白亜紀末の環境激変にあったという小惑星衝突説が、現在最も有力な説だと一般的にはされている。

だが、『最新恐竜学』（平山廉著、平凡社新書）を見ると、この隕石説には一つ大きな矛盾があるようだ。地球規模の環境激変が原因なら、この時期にすべての種が致命的な影響を受けたはずだが、ワニやカメなどのは虫類は激変を越えて生き延びているのが、化石で確認されているからである。そして、恐竜の子孫とされる鳥類や人類の祖先である哺乳類もまた、当然ながら生き延びたわけだ。カメなどは海に逃れたということで説明がつくし、ネッシーなど恐竜かは虫類めいた大型未確認生物もたいていは水棲だから話は合う。だがこの理由だと、鳥類や哺乳類には当てはまらない。

古い時代の話だから、決定的な証拠は求めるべくもないし、以下は筆者の臆測にすぎないのものであるが、あるいは、何らかの原因（例えば地球外から大量の水がもたらされた説などのような）によって、地球重力に大きな変化があったのではないだろうか。重力が増えれば巨大な生物ほど致命的な打撃を受ける。そして恐竜の中でも、鳥類に進んだものだけが生き残っているというのは、彼らが飛翔能力を獲得する過程で、小型軽量化の方向に進んだ種だったからである。そして大型生物でも、水棲のものが生き延びているのは、浮力で重力の影響を軽減できたからであろう。

また、恐竜が果たして恒温動物だったかどうかは、まだ結論が出ていないようであるが、こと鳥類に関して、彼らは哺乳類と同じ恒温動物なのである。つまり、恐竜という細胞体の進化過程において、は虫類を恐竜時代のスタート点とすれば、鳥類はゴールにあたることになるわけである。そして、中間過程の恐竜は滅んだけれども、は虫類（ヘビ）と鳥類（トリ）とは見事に生き延びていて、いまだに元気だ。

ここに一つの、細胞体のみの進化にとどまらない、タマシイと細胞体との融合という意味も含めた上での、進化の流れをみてとることができるのである。なぜならすでに述べたように恒温体の獲得は、それが平衡システムであるによって、細胞体ステージにおける一つの明瞭な到達点であったと考えられるからである。

人間次元の世界

ムスビ文化に話を戻そう。

今日の歴史観の概略からすれば、このムスビ文化のほうが、むしろ例外的なものに映るかもしれない。また世界の舞台においては早期に消滅し、その痕跡もほとんどないに等しいのであるなら、そう見えたとして不思議はない。

だが、この日本列島においては、少なくとも奈良時代までは現存していたし、これ以上ないような確たる証拠も現に在る（近刊『千年の箱国Ⅲ』で紹介）。そしてそれは、歴史の表層からは絶滅したが、ただ伏流水《ふくりゅうすい》と化したのであって、いずれ時宜《じぎ》を得て、表にあらわれるのを待っているものでもある。

例えば《文化》《文明》のように書き分けるとき、多くは規模が大きく長期なものを文明とし、比較的規模が小さく短期なものは文化とする傾向があり、一般にも概略そのように受け取られている。そのこと自体は単に用語の問題だから、とりたてて指摘するまでもないことではある。――だが実際はというと、文物・事物のような具体物とともに伝播し、広範囲にわたる痕跡が認められるものが文明とされ、その前段階の小規模にとどまるものは文化と呼ばれているようである。全面的に、具体物に準拠して、かつそのまま機械的に、現代のわれわれの価値観に照らした解釈がなされるだけなら、そうした具体物の背景にあったであろうものはいつまでも埋もれたままだ。

だがここで、いかなる文物・事物も、その地の生身のヒトが、それぞれに使いこなしてこそ活きてくるものであるとするなら、その使いこなしには、必然的にもいくばくかのタイム・ラグが生じてくるだろうし、またそれが、使いこなしつつの伝播であるなら、ヒトとヒトとのつながりを飛び越してまでは広がらない道理である。そしてそうした経緯は、人々の間で日々営まれている当時にはありふれたドラマでもあったわけであり、かえって歴史の記録としては残りにくいものだ。（現代もある口コミの類《たぐい》も、またそうであろう。）

あえてムスビ文化と呼んでムスビ文明としないのも、右のような状況を想定してのことであり、強いて言えば文明内部で営まれていたであろう、生のドラマをクローズ・アップして考えねばならないと思う。そうはいっても、個々のドラマを取り上げてどうこう言おうとするものではないが、焦点をどこに当てておくかは重要である。

文字が出現して以降を有史時代と呼び、文明という語そのものが文字に由来するものであることに着目して、拙著では有史時代の前にあったであろうものを「ことばの時代」と置き、これをパスワードとして、ありのままの歴史を探った。といっても、言葉と文字の優劣を競おうというのではない。言葉には言葉の得失があり、文字には文字の長短がある。そのことを踏まえて埋もれた古代を探ったものであった。

ヒトが織りなす世界

そうした文化（ムスビ文化）が見えてくるかこないかの分かれ道は、社会（世の中）を個々のヒトが縁を持って集まったもの、つまり細胞体ならぬヒトの融和体とみるか、それとも似たような人間がただたくさんいるだけの集合状ととらえるかにあるだろう。

鏡でもなければ自分の顔は見えないように、そこにただ一人でいるだけではヒトは自分という存在を認識できない。ヒトは他者との関わりにおいてはじめて、自己認識の手がかりを得る。そこから、それを仮の物差しとし、身の回りから始まって、物差し自体も修整され成長しつつ、ひいては世の中というものを見る目もまた生じてこよう。

つまりヒト内部の「タテ」は、ヒト同士の関わり合いである「ヨコ」のつながりと相まって初めて、あざなえる縄のごとく、ヒトはヒトらしくあり、またヒトがヒトたり得るものなのである。すなわち、タテとヨコとは、明瞭に識別されるべき二つの要素でありながら、別々に独立しては機能することのない二者なのである。

ムスビ文化にあって、ヒトの心の琴線に響き合っていたであろう要素は表向きには絶滅していようとも、それがヒトという基本単位に即応してあらわれるものであったからには、現在のヒトの内面においても、湧き出している要素であろうから根絶はされない。だからそれはヒトの意識下にあって、いつしか世としても甦るのを待っている。

先に二種類のムスビを掲げた。

一つは、タマ・シイのムスビ（ヒト内部のタテ）であり、またタマシイと細胞体とのムスビ（ヒト内部のヨコ）である。それはヒトのミクロ・コスモスを形成している。

もう一つは、ヒト相互のムスビである。本来を言えばこれは、この星の親神を主としたコスモス（世界）での、いわば細胞（＝ヒト）同士のようなムスビにあたる。

にもかかわらず、「人間は自由意志を与えられて生まれている」とも言われている。問題はそこであり、この章でテーマとするのも、この二つめのムスビにある。

星としての、地上世界

ヒト相互のつながりは、むろん、文字通りのヨコの関係であり、個々のヒトにおいて基準となるものだから、もっぱらヒト内部のヨコ、つまり細胞体側が前面に出る。そしてこのことは、われわれの社会における実際とも符合していることである。

人を見掛けで判断してはいけないなどと言うのも、それは個人内部の心持ちや心構えの問題であって、ともあれ初対面ならヒトの外側つまり細胞体および細胞体がまとう服装や物腰なども含めた外観から、その人となりを類推してみるほかはない。

社会性とプライベートとにかかわらず、接する機会が多ければ、その分イメージと実際との間のズレも徐々に減ってはいくだろう。だが上下関係など、相手次第では、自動的に相応の間合い（立場など）も定まるから、知れてくる事柄も一様ではない。そしてヒトが一生のうちに、ある程度以上の関わりを持つ相手というのはそう多くない。少なくとも地球上の総人口から見れば数の上では微々たるものだ。

だから、つい無意識的にも、その個人にとって関わりの深いある範囲までがヒトであって、そこから外は総人口を占めているだけの、ただの群衆であり、世の中を構成しているだけの他人でしかないものかもしれない。

誰にとっても関わりの深い、ある人数はいるだろうとしても、誰にとっても世の中の大多数は赤の他人でしかない。だがそのことが、誰にとってもいえることであるなら、そこに人の数だけの知り合いと他人との間の見えない境目があるわけである。そして人の数だけの、その人を中心とした、言い換えれば、その人を時間軸として広がる世界があるわけである。

このような無数の世界を、《ある程度以上の関わりでなる小世界の集まり》とみるか、それとも《大多数が赤の他人である広い世界の集まり》とみるかで世界観もまた、右と左に大きく分かれてくる。むろん言うまでもなく、そのヒトにとって大事なのは前者である。ところが、そのヒトにとってあまり大事でないほうの広い部分は、実はほかのヒトにとっての大事な小世界なのであるから、同じヒトとしては、丸まるの余所事でもない。そしてここに、政治や秩序保持の必要性が出てくる。

いわばそれは、表面的な約束事であるから、最低限の生活の保障であったり、秩序を大きく乱すことへの歯止めであったりするわけで、政治や法律が直接に社会や世の中を良くしてくれるわけではない。なぜなら世の中を良くする主因は小世界のほうにあるからである。要するに、政治や法律にできることには限りがあるということなのだ。

そうかといって、そのことを否定的に受け取ることもできない。社会にとって政治が必要なものなら、法律もまた不可欠なものだ。限界があるからアテにならず不必要なもの、ということにはならない。（ここが大事なところなので、後でもふれる。）

ただしそれには付帯条件があって、政治や法律が個人にとっての小世界が育つのを妨げるものであってはならないのは、しごく自然な話であろう。

またそのことが、しばしば誤解されているだろうとしても年を経て経験を積めば理解され得よう。どう転んでも、少なくともわが国では、もはや力が支配する時代ではないのであり、少なくともここ当分の間は政治が国の主導権をにぎるというようなことなどはあるまい。何といっても「主権在民」なのであれば。


ところが宗教の名の下にこうした事柄が論じられるとき、しばしば小世界側からの観点と広世界側からの観点とが一緒くたにして論じられることが多い。そしてそこに、そこから派生した論点の、信じるか否かまた何を信じるのかが加わるのである。

そこで問題になるのは、一緒くたに論じられてありながら、そのことに気付かれていないならば、さてどうなるかということであろう。その先にあるのは泥仕合であり、もはや力的な、もしくは戦略的な優位のみがものをいうステージと化すだろう。

そして、とりわけキリスト教の成立期にあっては、この辺りの部分で、それも相当にもつれ込んでしまったものかと思われるのである。

内からの文化・外からの文明

個々のムスビからにじみ出てなる文化は、内面的なムスビを通じて、浸透していくものである。使いこなしに伴うタイム・ラグあってこその文化であり、その背景には尊重と共存をベースとした、自ずから成る秩序がある。

他方で、政治や権力あるいは警察機構なども含めて、何らかの意味で権威付けられた仕組みによる、上から下に達して与えられてなる社会の枠組みがあって初めて、文明社会というものは成立する。文字通り外からの枷《かせ》、法律と呼ばれる外枠であって、それは発布と同時に、直ちに隅々まで知れ渡らねばならない。

ムスビ文化が、そもそも同じハラカラ（タマシイの上でも、細胞体の下でも）だという認識が共有されて成り立っていたものとするなら、今日の社会に連なる諸文明は、征服などに始まる、他人同士の集まりをタテマエとしているともいえるだろう。したがって文明は、文物を媒介として表層的に伝播していく宿命を有している。

さて、ここで、二者の優劣を問うたとしても、全く何も始まらないだろう。

一方で、かつて存在したムスビ文化に郷愁を感じ、憧憬を抱く人は多いだろう。他方で、そんな理想ばかりを追っても現実の社会では通用しないと考える人もまたいるはずである。だがそうではなくて、われわれのこの現代社会が、また世界が、この両者の要素を併せ持っているのだという観点から、この状況を眺めねばならない。

当然ながら両者の間には、常に何らかのギャップが存在する。

それが無くなることのないものだとすれば、よりよい世界とは、このギャップが互いに許容可能なレベルに保持されているときだと考えられてくるのである。

逆にこのギャップが、大多数の人にとって、許容範囲から大きく逸脱しているとき、たとえ施政者などから見る外観は整った世界に見えていようとも、個々の人にとっては住みにくい世界だということになってくるわけである。

そうだとすれば、われわれが最終的に、ぜひとも見出さねばならないのは、二者の接点であり、まさにギャップの生じつつある接合部分の有りようであろう。それは無くすべきものというよりはむしろ、たえずフィードバックしつつ、ある範囲内の平衡を求めるべきものであろうから、われわれにできるのも、また成すべきも、一《いっ》に、その接合状況の把握にあるということである。

くどいようだが、文明や政治が悪だと言ってしまうなら、かつて教会派が目の敵にした、ある部分のグノーシス派と何も変わらず、話は振り出しに戻ってしまう。そして何を隠そう、本章の目的も、ここのところを解明することにある。われわれに必要なのは、具体的な、どの部分に焦点を当てて考察すべきかといった精度の高さだろう。

だから右の許容範囲云々についても、人それぞれにさまざまであろうに、どうやってその基準を決めるのかなどと急いで問うこともない。大方にとって妥当なところに落ち着くだろうという意味では《自ずから定まるべきもの》なのであって、特定の誰かが個人の基準で決めるというものでは少なくともないはずである。

（ムスビ）文化にあっては、マン・ツー・マンから始まる。

だが文明社会にあっては、すべての仕組みは全体から始まるのであって、そこではいつも、たとえ最小限でも何らかの形の権威を必要とする。民主主義や共産主義あるいはイスラム原理主義などの戒律思想もまたその一つである。つまり何らかの、成員の総意が了解した上でのトップ・ダウン・システムが必要とされる。その成員の総意について、神的権威を背景とした力業《ちからわざ》でなされることもあったというにすぎない。

だが現代世界は、もはやそうしたアバウトな了解では間に合わなくなっている。文化間のギャップが尋常ではなく、しかも人間は過密している。

もし、状況がより妥当で的確に把握できれば、多くが納得ずくでの、より効率のよい仕組みを実現することは不可能ではない。それが困難で、どうしても実現不可能に見えるとすれば、それは状況の把握がまだ十分でないということであろう。

以上のような展望を踏まえて考察せねばならないということを了解していただけたならば、ここでいったんリセットして順路に戻ろう。

二 提起されたテーマ

荒井氏の指摘

すでにふれたが、「ナグ・ハマディ文書」＝「グノーシス文書」というわけではないとはいうも、大半がグノーシス的文書ならば、さほどの問題ではないようにも見えていた。だが後ではこれもきわめて重要な要素となってくるので無視はできない。

前出『ナグ・ハマディ写本』の原題は《The Gnostic Gospels》である。これについて、荒井献氏の「訳者あとがき」を見てみよう。

原題は直訳すれば『グノーシス諸福音書』となる。しかし本書の叙述対象は、グノーシス主義の立場から著された「福音書」に限定されてはおらず、これらの「福音書」を含む、いわゆるナグ・ハマディ写本の大半にわたっているので、本訳書の表題は『ナグ・ハマディ写本』とした。ただし本書の内容は、写本の単なる翻訳でもその概説でもない。本書の特徴はむしろ、キリスト教史上最初・最大の「異端」といわれるグノーシス主義に関する新史料としてのナグ・ハマディ写本を踏まえて、このいわゆる「異端」と、これを排除した正統キリスト教（初期カトリシズム）との相克の歴史を、新しく書き直したことにある。これが、本訳書に「初期キリスト教の正統と異端」という副題を付した所以である。（p295）

ここで参考のために、「あとがき」に付されている写本リスト表から、文書名だけでも書き出し、続いて荒井氏のコメントを見る。

コーデックス	文書番号	
I	1	使徒パウロの祈
	2	ヤコブのアポクリュフォン
	3	真理の福音書
	4	復活論
	5	三部の教え
II	1	ヨハネのアポクリュフォン
	2	トマス福音書
	3	ピリポ福音書
	4	アルコーンの本質
	5	この世の起源について
	6	魂の解明
	7	闘技者トマスの書
III	1	ヨハネのアポクリュフォン
	2	エジプト人福音書
	3	聖なるエウグノストスの手紙
	4	イエス・キリストの知恵
	5	救い主の対話
IV	1	ヨハネのアポクリュフォン
	2	エジプト人福音書
V	1	聖なるエウグノストスの手紙

コーデックス	文書番号	
V	2	パウロ黙示録
	3	ヤコブの第一の黙示録
	4	ヤコブの第二の黙示録
	5	アダム黙示録
VI	1	ペテロと十二使徒の行伝
	2	雷、全きヌース
	3	真正な教え
	4	われらの大いなる力の概念
	5	プラトン『国家』五五八B—五八九B
	6	第八と第九に関する談話
	7	感謝の祈 (筆記者の付言)
	8	アスクレピオス二一—二九
VII	1	セームの釈義
	2	大いなるセツの第二の教え
	3	ペテロ黙示録
	4	シルヴァノスの教え (筆記者の付言)
	5	セツの三つの柱

コーデックス	文書番号	
VII		（筆記者の付言）
VIII	1	**ツォストゥリアノス**
	2	**ピリポに送ったペテロの手紙**
IX	1	メルキセデク
	2	ノレアの思い
	3	**真理の証言**
X	1	マルサネス
XI	1	**グノーシスの解釈**
	2	**ヴァレンティノス派の解明**

コーデックス	文書番号	
XI	3	**アロゲネス**
	4	ヒュプシフロネー
XII	1	セクストゥスの金言
	2	**真理の福音書**（の一部）
	3	（断片）
XIII	1	**三体のプロテンノイア**
	2	**この世の起源について**（の一部）

本書〈『ナグ・ハマディ写本』のこと。小丘注〉で言及されている文書の題名はゴチック体にしておいた。本書のいわゆる「グノーシス主義」とは「キリスト教グノーシス主義」のことであるから、ゴチック体になっている文書はその大部分がキリスト教グノーシス文書であり（ただし、これらの中でも「雷、全きヌース」「第八と第九に関する談話」「セームの釈義」「ツォストゥリアノス」は非キリスト教グノーシス文書）、ゴチック体になっていない文書は、若干の例外を除いて（「使徒パウロの祈」「魂の解明」「聖なるエウグノストスの手紙」「ヤコブの第一の黙示録」「われらの大いなる力の概念」「メリキセデク」は、本書に言及されていないが、明らかにキリスト教グノーシス文書）、ナグ・ハマ

ディ写本のなかでも、非キリスト教グノーシス文書（「セツの三つの柱」「ノレアの思い」「マルサネス」「ヒュプシフロネー」）か、非グノーシス的キリスト教グノーシス文書（「ペテロと十二使徒の行伝」）か、非キリスト教・非グノーシス文書（「プラトン『国家』」「セクストゥスの金言」）ということになる。

もっとも、「グノーシス主義」そのものの定義をめぐって、ペイゲルス女史と筆者〈荒井氏のこと。小丘注〉の間に若干の見解上の相違があるので（この点に関しては後述）、どの文書を「（キリスト教）グノーシス文書」とするか否かについても、本書におけるペイゲルスの叙述と右の拙著〈『原始キリスト教とグノーシス主義』岩波書店。小丘注〉の表に付した筆者〈荒井氏。小丘注〉の説明との間に微妙なずれが出てくることはやむを得ないであろう。（p297〜301）

つぎに右の《後述》とある部分であるが、訳者は三点をあげている。一は用語の問題であり、二は、視座の違いからくるものだろう。私がここで、あえてふれておきたいのは第三点である。

もっとも、本書にも――私見によれば――欠点はある。

……第三に、ペイゲルスによる「グノーシス主義」の定義が、私見によれば不充分である。彼女によれば、「グノーシス」とは要するに「神認識としての自己認識」なのであるが（特に第六章参照）、これだけの定義では、例えばプラトニズムあるいはプラトニズム的キリスト教もグノーシス主義のなかに入ってしまう。

実際ペイゲルスは、私見によれば「グノーシス文書」とみなし得ない「シルヴァノスの教え」のなかにも、少なくともグノーシス的に解釈される「前提」があると主張する。「グノーシス」とは、確かに「神認識としての自己認識」ではあるけれども、グノーシス主義にもっとも特徴的な前提はむしろ「反宇宙的二元論」なのであって、この観点から見ると、宇宙の創造神（＝造物主）を何らかの形で負《マイナス》的に評価していない文書（例えば「シルヴァノスの教え」）は、グノーシス文書のなかに入れることはできないのである。（p302〜303）

このあと訳者は、〔グノーシス思想の本質を古代宇宙論の否定（星辰否定）のなかに見る柴田説〕をあげ、『グノーシスと古代宇宙論』（柴田有著、勁草書房）などの文献を紹介している。

だがさて、ここにある「反宇宙的二元論」とは何なのか？

なんでここに、宇宙論なんぞが出てこなければならないのか？

ここを読んだ時点では、この荒井氏の指摘について、正直何を言っているのか、ピンとこなかったのである。その理由は二つあった。

一つは、ペイゲルス氏の言う「グノーシスの本質が、《神認識としての自己認識》にある」

という解釈が、ヒトという単位を基準にした内外《うちそと》、個々のヒトの内面・外面として把握しようとする筆者のこれまでの考え方とも一致していたので、グノーシスという語の定義うんぬんが、重要な要素になるとは思えなかった。

二つは、古代宇宙論はともかく、反宇宙的二元論なるものが星辰否定（もしくは星辰拒否）という概念で説明されていることである。ここでいう星辰とは、星神つまり星の創造神のことらしい。つまり地球でいえば、地球の親神にあたる存在を意味する。ということは、グノーシスとは地球の親神に類する存在を拒否したものだと言っていることになるわけだが、ここまで筆者が把握しているグノーシスには、ことさらそんなことを強調しなければならない謂《い》われはなかった。本当に、グノーシス主義はそんなことを言っているのか、疑わしく思われたのである。

だから、この時点では、この荒井氏の指摘も、さほど気に留めてはいなかった。このジャンルで何かものを言おうとするからには、一応『グノーシスと古代宇宙論』にも目を通しておく必要はあるだろうくらいにしか考えていなかったのである。

柴田説の存在

だが、改めてこれを読んでみると、こういう見方もあったのかと驚かされた。といって、筆者の見方に相反するものだったという意味ではない。筆者の見解そのものはそれとして、この本で柴田氏が言っているのは、実はそれとは異なるテーマだった。

その意味では、荒井氏の指摘は、しごくもっともなものだったのである。だが同時に、それは異なるテーマなのだから、その点はきちんと抑えておかないと、せっかくの論も平行状態のままで終わってしまうことになる。……だが荒井氏も柴田氏も、その点については言及されていない。

結論として柴田氏の論も、グノーシスを、そしてイエスの説いたものを正確に理解する上で、欠くことのできないピースの一つだったのは確かだ。だがその分、このピースの当てはめどころにも細心の注意が要求されてくるわけである。

それに加えて、一般的には、というより従来からある学術的推論方法からは、柴田本のような論の立て方にはなじみがあろうが、本書のような神や霊からのメッセージも視野に入れた上での論の立て方については、むしろ、こちらのほうが異色に映るのではないかということもある。

だからこそ前章末から本章一にかけて、かなりのページを割いてまで長々と前置きしたのであるが、そのことも、後ではご理解いただけるだろう。

ともあれまずは柴田説のあらましをご紹介して、読者と考察の場を共有するところから始めねばなるまい。

三　柴田説の要旨

柴田本のあらまし

以下、論点を明確にするため、三つの項目に整理して記そう。

なお『グノーシスと古代宇宙論』という本の枠の中で、著者が出している結論部分の概観（全体像）については、特に異論はない。また結論以前の、筆者の見方との異同についても、引用や照合等は最小限にとどめ、もっぱら論点の摘出につとめる。

よって詳細を確認されたい向きは、直接、同書をご覧いただきたい。

①古代宇宙論

まずは「星辰」という語の意味を確認しておこう。広辞苑を見ると、――

【星辰】（「辰」は日月星の意）ほし。また、星座。「日月星―」

【星辰崇拝】（astrolatry）星に神秘的な力を付託して崇拝する信仰・儀礼。古代のアラビア・バビロニア・インドなどに見られる、――とある。

柴田氏も、古代においては、宗教と宇宙観は一体であったと書いているが、現代でも開運・厄除けを願う星祭りの習慣があるので、さほど違和感はないだろう。

またG・ハンコック氏の『神々の指紋』（翔泳社）やそれに続く著作、わけても『天の鏡』を見ると、星座の配置と一致するような並びの古代遺跡が、世界の数カ所にあったようだ。そのことからも、そうした起源の、相当古いのが分かるし、また、人々にも広く深く浸透していたもののようである。

こうした、いわば大きな慣性モーメントを伴ってある、古代宇宙観もしくは星辰崇拝が、柴田氏の論の基盤にあるのであって、同時にそれが、柴田本の大きな功績でもあったように思う。なぜなら、われわれはともすると、文字などの記録に残された部分から考察をはじめがちなので、目立った論争の形跡などがあると、ついそこばかりを詮索してしまいやすい。そのため、そうした論争の前提に何があったかは死角となってしまいやすいのである。とりわけ古代がからむ分野では、そうした事例も生じやすい。

②グノーシス思想

『ナグ・ハマディ写本』をベースに、キリスト教のグノーシスから入ったので、ヘレニズム時代もしくはそれ以前からあったグノーシス思想については、今のところ、柴田本から知り得たものがすべてである。つまりグノーシス思想そのものは、キリスト教のずっと以前からあったのである。

その柴田本では、グノーシス主義が、①の星辰崇拝（の伝統）を、否定・拒絶したとみるわけである。そしてその背景には、ローマによる（重税等の）圧政があったとするのである。

ローマの支配体制は、伝統的な星辰崇拝にうまく融合したものだったから、星辰否定は、そのままローマへの反発であったわけだ。

それ以後の歴史の流れとも符合しているので、この解釈には妥当性がある。

だが、そのようなグノーシス主義の動きはあったとしても、グノーシス思想そのものの位置づけと解釈については、それとは別のアングルからも見ておく必要があるのであって、それについては後で述べる。

③古代宇宙論の継承者

柴田本は結論（p263）として、古代宇宙論の三様すなわち古代宇宙論を拒否したグノーシス主義、もともと思考の枠組みとしていたヘレニズム・ローマ思潮、それを継承したキリスト教の三者をあげた上で、――

「古代宇宙論はそれを拒否するにせよ、受容するにせよ思考の前提とされていた……これに対し、グノーシス主義者は拒否の思想を打ち出し、キリスト教教父は継承の道を選んだわけである」と書き、また「グノーシス主義は、宇宙論にから絡みついた体制イデオロギー、例えば皇帝の神化に対しては果敢な批判となりえた。しかし半面、宇宙論の良質な、つまり良質であり得る部分を受け継ぐ方途は、これを示し得ないままに終わっている。星辰を悪魔視し、ひいては造物主の創造行為自体の否定にさえ至るグノーシス思想の歴史は、それだけでは知識の蓄積・発展には結びつかない。これに対し、キリスト教が古代宇宙論を継承したことは、現実的には、妥当な態度であった」と書いている。

緻密に論証された上での柴田氏のこの結論は、しごく妥当なものであり、前節での荒井氏の指摘にあった（グノーシス側の）「星辰拒否」「星辰否定」に、ばくぜんとした違和感を感じつつも、筆者もやはり、両氏の見解を、ひとまず受容すべきだろうと思う。――だがそれは、あくまで古代の宇宙観もしくは星辰崇拝をベースにおいて眺めた場合の話である。

さて前章までの記述では、決して一方に傾いた書き方はしなかったが、それでもグノーシス主義のほうにより妥当性があるという印象はあっただろう。だがここにきて、攻守所を転じたというなら、これはまるで忠臣蔵のようだ。敵役《かたきやく》の吉良《きら》が、ご当地では名君とされているというのとあまり違わないからである。

おそらく柴田本だけでは、話は完結していないのであろう。われわれはここでも、二種類の「グノーシス」があったことを、是非とも知っておく必要がある。

また第三章には「グノーシス主義がキリスト教の装いをまとって」（p197）という表現も見られる。これは、キリスト教以前、したがってイエスが歴史に登場する以前からあったグノーシス思想が、キリスト教に入り込んだという想定でのものだろう。

だがイエスという存在を軽んじて、グノーシスを理解することはできない。

グノーシスという語をどう定義するかにもよるだろうが、仮に、そこに恒久的な永遠の真理といったニュアンスを持たせるとするなら、かつてのグノーシスが、時間経過とともに変貌し、時には誤解・曲解された部分を、イエスは、更新・リニューアルしたものと考えられるからである。

つまり、過去から継続される要素ばかりをつなげてみても、文字をはじめとする文物に残されるのは、枯れ木であってすべてではないからである。またさらには、その時々において、今まさに生起している事柄というものがあるはずである。（前にもふれたが、福音書がそれにあたる。だがその詳細は、次章で解明していくこととしたい。）

ここでは、かつてあったグノーシス思想も、やはり変化しつつあったという一例として、次に示しておきたいと思う。

ヘルメス文書

柴田氏はその第一章で、古代ヘルメス文書中の一冊子である「ポイマンドレース」を中心にして、グノーシス思想の分析をし、その結果、右記のような星辰拒否の要素を見出している。そのヘルメス文書について、続く解説から抜粋してみる。（p3〜6）（文責筆者）

・思想の性格で見ればこの作品（ポイマンドレース）は、ヘレニズム文化の精神風土に芽生えた毒麦のようなものである。

・ヘルメス文書は、エジプトの港都アレクサンドリアやそれと類似のナイル沿岸都市を母胎として生まれた。それは原則として導師ヘルメス・トリスメギストスが弟子に教えを伝授する形式で書かれた、匿名《とくめい》の作品である。

・膨大な分量のヘルメス文書……これらの作品はある意味でエジプト的……ヘルメス・トリスメギストスという名がすでにエジプト起源である……今日、ヘルメス文書がエジプト起源であることを疑う研究者はいないと言ってよい。

・だが、エジプト起源であることは必ずしも思想の質までそうであることを意味しはしない。実際、ヘルメス文書として結実したエジプト文化は、……ヘレニズム・ローマ世界の普遍的基盤によって支えられているのである。……ヘルメス文書の大部分の冊子に認められる宇宙論はエジプト起源ではなく、外来の、普遍的文化の一部なのである。

・それ（「ポイマンドレース」）は普遍主義に対する一つの「否」であり、少数者の声なのである。多数のヘルメス冊子・断片の中で、こういう主張を持つものは五指に満たない。

・勿論これらのグノーシス冊子（右の少数者のこと、小丘注）にも他のヘルメス文書との共通点はある。例えば啓示者がヘルメスとされている点。「ポイマンドレース」は、ヘルメス・トリスメギストスなるポイマンドレースが求道者との対話の中で教えを伝授する形式を採っている。にもかかわらず、「ポイマンドレース」は普遍的ヘレニズム文化と鋭く対立した思想と見なさざるを得ない。なぜなら、それは普遍的宇宙観を否定しているからである。

ヘレニズムはヘブライズムと対比した語で、ギリシア精神を意味し、時代としては、アレキサンダーの紀元前四世紀以降、広範囲に普遍化された文化を指す。

柴田本はこれをあくまで作品として、また文書史料として扱っているが、ここの部分を読んで、その「導師ヘルメス・トリスメギストスが弟子に教えを伝授」したという様子を思い浮かべてみる読者も少なくないのではないか。そしてそれがたとえ一つの作品だったとしても、まるまるの創作されたストーリーとしてでなく、前提として、そうした事実があったのだろうと解する人もまた少なくあるまい。

この、文書史料とみるか、事実ベースとみるかの分岐は、ヘルメス・トリスメギストスという名の人物をどう受け止めるかによって変わってくるだろう。

さて、そのヘルメス・トリスメギストスである。

トリスは数字の3を意味するので、一般には「三倍も偉大なヘルメス」を意味する名前だとされることが多い。つまりトリスメギストスはヘルメスの修飾語になる。

ところが、『エメラルド・タブレット』（トート著、ドリール訳、霞ケ関書房）の解説によれば、トリスメギストスとは「三度生まれのトート」の意味だという。メギストスのトスは、トトもしくはトートからの転訛だろうから矛盾はない。またトートはエジプトの知恵の神であり、ある意味、太陽神ラー以上に重要な神でもある。

要するにこの名前は、「ヘルメスは、トートが転生した者」だと言っているのだ。

ここからひるがえって考えてみるに、偉大さを言い表すのに「三倍」と限定せねばならない謂われは見当たらない。あとで五倍・十倍偉大な者が出てくれば、たちまちかすんでしまうのは目に見えているし、神を賞賛する場合、たいてい「最高」の讃辞を贈るのが常であるのはご存じのとおりだ。
ちなみにわが国の古い文献（いわゆる古史古伝）の一つである「ホツマツタヱ」に、トヨケ（タマキネとも）という神が出てくる。そのトヨケの神の言葉に「われ、三世《みよ》お（を）知る」というのがあるが、ここでの三世は、「自らの前世を承知している、それも三回分にわたって」の意味である。（東興書院『ホツマツタヱ入門』p160〜162参照）
前世については、現代でも、退行催眠を使った治療が効果を上げているので、もはや信じる信じないを問う必要はなくなりつつあると考えていいだろう。
前世を言うにしても、これを「三度」と指定するのに何か意味があるのかどうかまでは分からないが、符合する二つの事例があるなら、後者は前者の傍証たり得る。

「鍵」と「ポイマンドレース」

柴田本は、ヘルメス文書中の「ポイマンドレース」を、分析の主たる対象としているが、他にも同文書中の「鍵」をあげて、比較対照している。その中で一カ所、気になる箇所があるので、そのことを書きたい。ただし筆者は、ヘルメス文書をすべて掌握してはいないし、情報源の大部分は、何を隠そうこの柴田本だ。だがそれでも、この箇所は明瞭なある事実を浮き彫りにしているので、あえて触れる次第である。

まずは柴田本『グノーシスと古代宇宙論』（p76〜77）から引用しよう。

「ポイマンドレース」(CHI)の前提として私は、『ヘルメス選集』第X冊子「鍵」を挙げたい。両者の基本的モチーフがきわだって共通ないし類縁していると思われるからである。しかも両冊子の成立は、ひとしく後二世紀前後のエジプトにおいてであった。けれどもこれは、「ポイマンドレース」が「鍵」を直接グノーシス化したとまで断言しているわけではない。とはいえ、以下で明らかになるように両者が同一の思想圏に属していたことは疑えない。そこで少なくともいえることは、「鍵」で代表されるような思想・表象圏を前提にして、そこからグノーシス化して行ったのが「ポイマンドレース」である。

氏は「ポイマンドレース」をして、グノーシス思想(ただし、氏の解釈によるグノーシス)を特徴付ける文書と位置づけているが、「鍵」についてはそうでない。この「鍵」をベースにして、グノーシス化したものが前者だと言っている。

それは分かるが、では、その「鍵」自体はどう位置づけているのだろう。これだけでは明らかでないが、《ひとしく後二世紀前後において》とあるのを受けて、「鍵」もまた何者かによって創作されたストーリー(作品)だとお考えなのだろうか?

だが内容のリアリティさから見て、「鍵」はもっと重要視されてよいように思う。

続けて引用しよう。前にCHXとあるのが第十冊子「鍵」であり、後にCHIとあるのが「ポイマンドレース」である。

A　幻（啓示）を見る前後の状況

（A1）一種の眠りに引き込まれ、身体と離脱して、観照に至る

CHX5――「しばしば眠りに陥り、身体を離脱して、……絶美の眺めへと至る」。

CHI1――「食事に満腹したり、肉体が疲れて眠りに引きずり込まれる人のように、私の身体の諸感覚が停止した時……」、4――「私は測り知れぬ幻影を見る」。

（A3）沈黙の中で受ける啓示

CHX5――「それ（美）の認識は神的な沈黙であり」。

CHI16――「いや、沈黙していなさい。私はまだ最初の話を語り明かしてはいないのだから」。（傍点も原文のまま）

Aおよび（A1）の小題をみると、これがいわゆる「幽体離脱」に似た状況の描写であるのは、ほぼ確かだろう。幽体離脱とまではいわなくとも、まるで座禅修行の場などを描写しているかのようでもあり、そのようなものを想定してみたとして、そう外れてはいないだろう。という前提で読んだ場合、前者CHX5の記述は、簡潔だが当を得た表現であるのが分かる。だがCHI1のほうはというと、持って回った書きぶりである上、満腹と眠りとを並べることで、眠りはただの比喩もしくは形容句として使われている。CHI1を書いた者は、明らかにCHX5の意味を取り損なっていて、自分なりにつじつまが合うと思える言い回しに置き

換えたように見えている。（もっとも必ずしも意図的な改ざんとは限らず、善意から丁寧な解説を試みたということだったかもしれない。）

そのことは、つづく（A3）を読むと、より明らかになる。

CHXでは、《神的な沈黙》とあるが、これがCHIでは《沈黙していなさい》となっている。前者は状態の説明であるのに、後者では、弟子への命令語として使われているのであって、この歴然とした違いの持つ意味は大きい。

つまり、状態としての「沈黙」とは何を指しているのかである。それによっては、CHIが書いているような記事も何らの意味をなさなくなる。

先に、《「幽体離脱」に似た状況の描写》と書いたが、実は筆者も軽い幽体離脱を経験している。すでに脱稿済みの草稿の中で、たまたまその経験をふまえた論考を書いていて、それが大いに関係するようなので、その部分を、先行してここに抜粋してみよう。

（神足通に関連して）

便宜的に、神足通＝テレポートであるかのように記しておいたが、われわれからみた場合の神足には、二種類の意味があるように思う。その一つは身体ごとの瞬間移動を意味するいわゆるテレポートであるが、まだもう一つありそうだ。それはいわば、タマシイだけの移動といったニュアンスのものであるが、といっても突拍子もない話ではなく、タマシイが全部ぬけだしてしまうわけでもない。そのことは、われわれが毎日行っている睡眠やそのさいに見る夢のことを分析してみれば、比較的容易に理解されるだろう。かんたんにいうと、睡眠中のわれわれのタマシイは、その半分だけがぬけだしているらしい。

（幽体離脱に関連して）

ささやかながら筆者は、軽い幽体離脱の経験をもっている。といっても一寸したアクシデントからほんの短い間失神したことにつづく、わずかな間の出来事であり、ここにおおげさに取り上げる程の経験ではない。……長々書くほどのこともないので、のちにその時の経験から得たものを、結論としてかいつまんで記そう。

次に記すのは、当時の経験（その状況は割合はっきり記憶している）を思い起こしながら、その後の知識や理解をもとに、データとして利用可能な形に再構成してみた結果である。要点は二つある。

一つは、一時的にせよ肉体的な束縛《そくばく》から離れたのだから、精神が活発に働くだろうと想像しがちだろうけれども、実際には何ということのない静かなもので、いわば時間感覚がなくなった、とでもいうのがもっとも近い表現だろうか。肉体から離れるというのは、（地上的な意味での）時間という制約から遊離することのようだ。言い換えれば誕生から成長、成人から老成、そして老衰から死という、肉体的な栄枯盛衰こそが時間であり、すなわちそれが「コトブキ」（事吹き＝寿）だということになる。少なくとも生命にとっての時間軸とはこれである。

だがそれは肉体からの完全な遊離ではなかった。幽体離脱はしても死んではいないし、天井あたりから（下方に）見えているもう一人の自分、というよりも肉体的には本体であろう自分が、介助してくれている者と、ごく簡単な会話をかわしていたらしい。ここで「らしい」といったのは、意識本体としての自分はいま現に遊離しているこちらの方なのであるが、あちらはあちらで状況から外れない範囲の、というより答えられる範囲での応答をしていたのが、あとで分かった。

なぜ分かったかというと、意識の戻ったあとで、その介助者が会話の続きをしてきたのに対して、大きな違和感もなく対応している自分がいたからである。それは以心伝心というほどだたいそうなものでもないが、状況が状況だから肉体的な本体であった方の私の口数も、必要最小限の受動的なものだったのだろう。

今だから分かるのは、その時の静かでフワッとした感覚というのは、脳との接触を失った意識本体が、なすすべもなく眼下の情景を眺めている、という感じだった。そしてそこから類推するに、意識本体が抜け出したあとの肉体側は、いわば「一寸の虫にも五分の魂」的な、生物生命として最小限の保持をしていた、ということになるだろうか。つまりどちらも機能的には不完全な状況下にあった、ということになる。

ここからもう一つの要点が導かれる。

二つめは、のちにタマシイや霊の存在も含めた視野で考えられるようになってからのことであるが、タマシイとはコン・パクの結合であり、二つそろってのタマシイだ、ということである。コン・パクというのは中国式の、漢字で書いた場合（魂魄）の言い方であり、古史古伝の一つである「ホツマツタヱ」では、その言葉通り、「タマ」と「シイ」がペアで「タマシイ」だという表現の仕方をしている。

言い方としてのコン・パクはよく知られていても、あのような経験でもなければピンとは来ない言い回しである。だがそう解釈するだけでも、霊魂に関するいくらかが理解されて来る。例えば脳死の問題など、医療的にどう扱うべきかはさておくとすれば、いわゆる植物状態は、タマ（コン）だけが長期的に抜け出ている状態であり、シイ（パク）はまだ体内にとどまっていることを示している、と解せば得心される。（『千年の箱国Ⅲ』、第一章六「役の小角と蔵王権現」より）（プレアデス出版より、三月刊行予定）

幽体離脱といえば、ベトナム戦争で重傷を負った兵士の実体験などが知られており、またいわゆる臨死体験は緊急事態がさらに進んだ危篤状態下で起きるものだ。

もっとも、役の小角のような行者の神足通《しんそく》（神通力の一。身体ごとの瞬間移動いわゆるテレポートと身体は地上に残した滞空的なものの二種があるようであり、ここでは後者）の場合は、何らかの行法に則った上でのそれ（幽体離脱）であろう。

ここで注目してほしいのは、離脱時の「なんとはない静かなもの」と書いている部分である。それは見方を変えれば、完全な受動的状態にあったことを意味している。

そのことは、自力と他力の別を考えてみるとわかりやすい。

一方でいくら自力の必要性を言おうとも、それは自分にできる範囲の中での話であり、明確に人間の身の丈を超えた事柄まではがんばりようもないのであるなら、「人事を尽くして天命を待つ」の言葉もあるように、他力の枠の中での自力であろう。右の受動状は、そうした前提としてある「他力」状とも矛盾していないのである。

要するに、「鍵」の引用部分にある「沈黙」とは、この幽体離脱時における受動的状態を指して、修辞的な言い回しでそう表現したものかと考えられる。またこのように「鍵」に書かれてある記事は霊的事柄とはいえ、現代の人間も現実に体験している内容と符合している。ヘルメスの弟子であれ現代人であれ、同じく人間には違いないのだ。

ということはつまり、柴田氏の言う「意図的グノーシス化」どころか、「ポイマンドレース」では、元の意味も理解しないままに、筆記者の中にあらかじめ前提としてあったであろう結論(目的)に向けた牽制《けんせい》付会《ふかい》で記述されているわけである。

そうなると、そこに前提とされたであろうグノーシスの意味そのものが、そもそも怪しくなってくるのである。そしてこのことは、ひいては柴田氏がこれこそグノーシスを代表すると断じた「ポイマンドレース」由来の理解の仕方そのものが、ヘルメス・トリスメギストスと呼ばれる賢者が本来意図したであろう教説とは大きく外れたものだったということになってくる。

ペイゲルス氏が、グノーシスを「神認識としての自己認識」と定義づけた背景には、時間や特定の人物を越えたところで、一貫して脈打っている真理のようなものが存在することへの確信があるようであり、筆者もまたそう思いたい。

すなわちイエスの説くところも、ヘルメスの説くところも、源は同じだろうから、イエスの教説の中にグノーシスの本質を見出したのなら、ヘルメスの教説の中にも、同質の教説が含まれていておかしくない。


だがまた、「ポイマンドレース」にあるような解釈を、これこそグノーシスの真髄かと早まって考えた者は多かったとすればそれと識別する意味でも、あえてこちらは「グノーシスもどき」とでも呼ぶべきところなのかもしれない。そしてそれと同様の状況はキリスト教グノーシス主義においてもあったであろうし、そういう解し方のほうが、むしろ多数を占めていたようである。

だから仮に「グノーシスもどき」と呼んだからといって、グノーシス主義というものの（人数的な）大勢としてグノーシスを定義するなら、柴田氏が「ポイマンドレース」で代表させたものもまた、グノーシスといって誤りではない。だから重々、ここのところを、論そのものの是非として判断してしまうことはできないのである。

すなわち、縷々《るる》述べてきたごとく、両者（ペイゲルスに代表される見方と柴田氏に代表される見方）には微妙に、だが明瞭なアングルの違いがある。だからそこを誤認したままで、両者の是非を論じると迷い込んでしまう。となると両者はいったん分けて論じねばならない。

なお、先に挙げた「鍵」「ポイマンドレース」の該当箇所一点のみをもって、これを論じることに危惧を感じられる向きもおありかと思う。だがあいまいな複数の論拠よりも、明瞭な一つの論拠のほうを重視したい。

それに本書のメインは「トマス福音書」にあって、そこでは複数の事例をあげて論じる予定にしている。

ちなみに、（A1）で「一種の眠り」ともあったように、幽体離脱と睡眠とは当然ながら同じではない。私見ではあるが、前者は文字通りタマが幽体を伴って離脱した状態であって、後者の睡眠では幽体は身体と同じ場所に残ったまま、タマだけが抜け出すのであろう。

幽体離脱はいわば特殊なケースに入るが、眠りは誰もが日々経験しているという意味で普遍性があり、むしろこちらのほうが重要かもしれない。前掲拙著ではその睡眠についても言及しており、また幽体そのものについてもある程度までは解明できたと思うので、機会があれば参考にしていただければと思う。

四　時間線上の「タテ」

ヘルメスと呼ばれた人物

ヘルメスといえば、ギリシャ神話に旅人の神として出てくる、足に翼の生えた俊足の神である。神だから最初から伝説的な存在だったわけだ。ギリシャは、トロイ（トロヤ・トロア）戦争後に覇権を握ったと考えられ、また、トロイやクレタなどの、それまであった地中海文化を取り入れたとも考えられるから、ヘルメスは旧文化においての実在の人物だったのかもしれない。トロイの文化は紀元前三〇〇〇年まで遡る。またトロイ戦争は紀元前一二〇〇年頃のことだから、ギリシャ世界にヘルメス神が、リニューアルされて登場したのはその後のことだ。

このヘルメスとヘルメス・トリスメギストスが同一の存在かどうかは確かめようもないが、その名前が前記したごとく「三度生まれのトート」の意味ならば、こちらのヘルメスは何度も転生をしているわけだから実在である。だが先の引用中にもあったように、ヘルメス文書中の彼は、この世からは超然とした、いわば異次元的存在であり、そのため柴田氏は、そしておそらく他の学者方も、これを小説のような創作された作品だと見なしているのだろう。

また一方で、柴田本によれば、ヘルメス文書の（文書としての）成立時期は紀元後二世紀頃とあるから、キリスト教グノーシス派の活動が目立った時期とも重なる。

　さて今、トロイ文化の原ヘルメスと、トートの生まれ変わりのヘルメスとを重ね合わせてみると、ヘルメス文書が成立したとされる紀元前二世紀に実在していた人物とは少なくとも考えられない。

　これらのことと、異次元的存在のヘルメスとを考え合わせて得られる帰結は一つしかない。すなわち、霊的な存在として弟子に現れたヘルメスが弟子に示した導きを、あとで弟子が文字にして残したのである。ただしその文字にして残したのが紀元前二世紀のことかどうかまでは何ともいえない。翻訳本あるいは写本として成立したのが紀元前二世紀だった可能性も大きいからである。

　だが、キリスト教グノーシス文書のほうの成立時期については、イエスが紀元前後に実在していたからには確定されたも同然である。もっともこれについても、イエスの死後百年以上も経っているので、後に創作されたものと見なされているわけであるが、前記したように、この時期おそらくは「トマス福音書」を皮切りにして、もしくは相前後して、霊的にメッセージがもたらされたものという前提で話は進める。

　すなわち、預言あるいは福音というのは、いわゆる霊示・霊告・霊言のような、霊的存在からのメッセージのことを指しているという解釈である。

　右の解釈が妥当かどうかを、ここでいくら力説したとて押し問答にしかならないだろう。そういう前提で話を進めていった場合に、これまでになかった、より妥当で適合した展望が現れてくるかどうかでその判断をしてもらうのが、結局は「急がば回れ」だろうと思うし、またそれを順を追って明らかにしていきたい所存である。

ここで確認しておきたいのは、確かな証拠だけを求めて、それだけに頼って推論を重ねてみても、文物などに残される、いわゆる物的証拠には限界があるだろうから、結局は偏った結論しかだせないだろうということである。いわばそれは言葉は悪いが、〔針の穴から天井を覗く〕のようなものにしかならないのではあるまいか。

ここで思い出してほしい。イエスの復活が肉体での復活だったか、それとも霊的存在としての復活だったかが、大論争の筆頭命題だったことを。

実際はどうだったかが、今問題なのではない。もし復活が霊的存在としてのものだったならば、それは「いつ」「誰にでも」現れうるものであり、それでは教父たちの企図する教会の権威が成立しないことを正統派の教父たちは恐れたのであった。

言い換えれば、霊的なメッセージは、いわば何もない地面から水が湧き出して泉や温泉になるように、たとえ何百年も前の人物であろうと、求めに応じて、また所縁《ゆかり》を求めて伝えられてくるものである。それはあたかもタケノコが地面からニョッキリ生えてくるようでもあり、それは地下茎ならぬヒト内部の霊的要素でつながっている。

そして何より、その教えの中身において、ヘルメスの説いたであろう原型（例えば「鍵」にあるような）と、イエスの説いたであろうグノーシス（ペイゲルス氏のいう「神認識としての自己認識」の意味での）とが、全く矛盾しない同根の教えとして受け入れることができるのである。なぜなら、ヘルメスと弟子とは、あくまでもマン・ツーマンなタテ糸の関係であり、「神認識としての自己認識」もまた、個々のタテ（ミクロコスモス内の天地）を鼓舞する、イエスから個々への教えであるからだ。

すなわち誰が説こうと、教えの根本は同じであり「もとは一つ」なのだ。

さて、だがまだ話は終わっていない。

こと本章においては、ここから先がいわばキモにあたる部分になる。

「コトブキ」を愛でる

時間とは「今」の連なりにほかならない。何を今さら、と思われるかもしれないが、この一瞬一瞬の今を、ついわれわれはそれが連なったものとして把握している。それは記憶装置としての脳、そうした脳が持つ機能ゆえの宿命であるのかもしれない。

だが今まさにある「今」が連綿として生起しているというのは、考えてみれば不思議なことだ。もしかすればこれこそ奇跡中の奇跡かもしれない。

その一瞬一瞬の「今」において、ヒトの天地たるタマとシイとは融合している。

人間の細胞体における「今」は、シイの所轄範囲であり、脳はそれをデータ的に支援する。そうして生じる時間線に乗っかって、タマは時間を有するのである。タマそのものは、本来、地上的な時間経過の枠外にあるものだからである。シイもまたそうだが、細胞体的な時間経過を掌握するによって、シイは時間経過と一体にある。

そしてその連なりの中の、ある「今」において、霊的存在からのメッセージは、今度はタテの主役としてのタマを焦点とし、幽体を通じて送り込まれる。つまり時間線上に湧いて出るかの如きタテのラインであり、先に述べたのもこれであった。

霊的な高位の存在からのメッセージがタマを介して伝えられるので、ともすればタマが優位でシイが劣るかのようにも解されがちだが、シイが時間線（そのヒトの座標軸）を保持していなければ、それも叶わない。

いやそれどころか、古来わが国では、この時間線すなわち細胞体的な寿命、言い換えれば誕生から死へといたる個々人のドラマを、〔コトブキ＝事吹き＝寿〕として愛《め》でたのである。そうした誕生から成長、成長から死へと至る、いわば栄枯盛衰のドラマがあるからこそ、人間相互のつながりもまたあるわけだからだ。

したがって本来をいえば、タマ・シイ（霊的側面）のタテも、コトブキ（地上的な実体）のヨコも、そのいずれに優劣を付けることはできないし、それどころかタテあってのヨコであり、ヨコあってのタテなのである。

だがかつては（また現代でもしばしば）、いたずらに優劣をつけんと争ってきたのである。しかも一番の問題は、優劣を付けられないハズのものに優劣をつけようとしていることを、その争いの双方が気付いていなかった点にあり、それが一つの陥穽《かんせい》もしくは盲点となっていたことにある。

そのような状況を踏まえた上で、それでは次節へ話を進める。

五　タテ・ヨコの「ヨコ」

ペイゲルス『禁じられた福音書』

『ナグ・ハマディ写本』のペイゲルス氏は、二〇〇三年に『BEYOND BELIEF』（邦題『禁じられた福音書』青土社）を出しており、その冒頭には、不治の病にかかった二歳半の息子のことが書かれている。著者が女性であるということもあって、うっかりするとわれわれはここのところを、私情が前面に出てやや客観性に欠けているかに感じ、したがって本全体の流れも、学者としてのスタンスをいくらか失したものであるかのように受け取ってしまうかもしれない。そうであろうか？　どんなに悲しい出来事であろうともそれは個人的な事情でしかないのであるから、学問に私情をはさんだのでは、まともな論や判断ができにくくなる、と見なしてよいのであろうか？

実はこの本の前（一九九五年）に出した『THE ORIGIN OF SATAN』（邦題『悪魔の起源』青土社）でも、「二十年の間連れ添った夫が、ハイキング中の事故で死んだ」という旨の文章から書き起こしているから、たとえ好意的であろうとも、なおさらそのように受け取る人は多いかもしれない。

誰に強制されたでもなく、著者自らがその心の中を、いわば手のうちを、しかもはっきりと分かるように冒頭に置いて書き始めているのである。

このことをもって、ひとりの妻あるいはひとりの母としてのペイゲルスが、情に流されて学者としての本分を忘れている、もしくは客観的な判断がにぶっているなどと受け取ることはできない。深い悲しみの底にある一人の人間の、心のよりどころとなってこその宗教ではないのかという問いかけであり、それこそがその後の本論へと進めるにあたっての問題提起だったのであろう。

すなわちこれらは彼女自身の赤裸々な《信仰告白》だったのである。

そのことは、夫が死んだあと「同じ悲しみのただ中にある多くの人々と同様、この時から私は、自分の生が不可視の存在とともにあるということを実感するようになった――すなわち私は生活の中で亡夫の臨在を鮮明に感じていたのだ。それから何年もの間、私はそのことについて深く考え続けた」とあることからも明瞭に理解される。

告白とは、内面の真実を吐露することであるから、「キリスト教信徒の信仰告白」というと、キリスト教徒でない門外漢の筆者など、キリスト教徒はみんないきなりそんなすごいことから始めるのかなどと思ったものだ。だが実際には、結婚式での誓いの言葉と同様、形式化していて、最初から告白として口にすべき文章は決まっているらしい。だから信徒もあまり深く考えたりせず、まして詮索したりすることなどもしないらしい。そうした儀式化された要素というのは、どの社会にあっても大なり小なりあるものだから、それをとがめ目立てては筋違いだろう。だがしかし、形骸化しているというよりは最初から形式化（または強制化）していたらしい事実は否定できない。

彼女は、この冒頭のくだりの真意が、一般的には、同じような経験を持たない人には、容易に理解してもらえないだろうことをおそらく承知していただろう。

同じような経験を持つかどうかということは、つまり分かる人には分かるだろうというニュアンスでもある。

要するにこれはある意味、彼女自身のアポクリュフォン（秘書）なのであり、仏教でいうところの「自内証《じないしょ》」にあたる。ナグ・ハマディ諸文書でも、アポクリュフォンと題される文書は多いし、何より本書の主役となる「トマスによる福音書」がそもそも「これは隠された言葉である」で始まっている。

むろんこれらが本来意味したものは、特定の相手以外に「隠すための暗号」ではなくて、誰であれ、分かる人には分かるであろう「開かれた暗号」の意味でということであった。

個人の内面において、もしくは内面を通じて感じ取られるもの、すなわち「タマシイのタテ」であって、これは個々人の「タテのライン」の話なのである。

そしてそのように自らのスタンスを明示した上で、正統派が構築することとなった教会中心のキリスト教の存在意味をも自らに問いかけているのである。それが証拠に、『禁じられた福音書』では彼女自身の理解によるグノーシスから見たコメントの量に勝るとも劣らないスペースを、正統派側からみたコメントに費やしている。筆者もこれによって、正統派側の心情も、そのいくらかは理解できたかと思っている。

わが国におけるナグ・ハマディ文書研究の第一人者でもある荒井氏が、『ナグ・ハマディ写本』の翻訳者として、著者ペイゲルス氏に、意見の異なる部分を問い合わせたと「訳者あとがき」にあるから、ペイゲルス氏はこのような反論のあるのも、重々承知していたわけである。だからある意味でこの二冊は、荒井氏の問い等に対する、一つの回答のような性格をも有していたかと解されるのである。

といって、すでに論じてきたように、ペイゲルス氏のホーム・ポジションが「タテ」にあるのに対して、柴田氏の見方のホーム・ポジションは、基本的には「ヨコ」にある。そして立ち入った感想をお許しいただくなら、荒井氏はおそらく、ペイゲルス氏の見解に理解を示しつつも、学問的には柴田氏の論を首肯《しゅこう》するという、かなり微妙なスタンスにいらっしゃるのではないだろうか。また彼女としても、正統派のスタンスについては、結局は間接的なコメントしか出し得なかったように見受けられる。

だが、その部分こそが本章のテーマであるなら、なおさらに掘り進めねばならない。

二元論という袋小路

一方に、「星辰拒否」（＝創造神の否定）というスローガンに走ったキリスト教グノーシス派分子がいて、他方に、それを「（見えない）悪魔のそそのかし」と断じて反撃した正統派がいた。この正統派のいう「悪魔の概念」とは、自分たちに敵対するものを悪魔とみなし、最後は、神の側にあるこちらがそれに勝利するのだ、という考え方だったようだ。

ここまでくると、どちらが神でどちらが悪魔かなのではなく、勝ち残ったほうに神がいるということである。これはアレかコレかの二元論的発想にほかならず、自然界の弱肉強食と何ら変わらないものである。ただあえて、そこに自然界と異なる部分があるとすれば、こちらが悪魔（もしくは悪魔にそそのかされた輩）からの侵害を受けているという被害者観点から出発している点であろうか。

その意味ではグノーシス派分子もまた、旧来の創造神への信仰のあり方によって迷わされたきたという被害者観点があったのだろう。

いずれにしても、こうした（正邪・善悪・強弱・大小といった）二元論的な把握の仕方は、二次元的な意味での目に見えて現れる力的な勝利でしか、その妥当性は判定されない。そして正統派が勝利した。つまりこちらが「適者生存」したわけであるが、果たせるかな世界の大勢は、弱肉強食のままに進展しており、それは今日に至るまで継続的に拡大してきた。だがさて、その現状にどれだけの人が納得できているだろう。

むろん、といって革命を起こしてみたところで、ただ攻守が入れ替わるだけだから、世界は何も変わらない。一過性の一部の勝利は大多数の不幸を招来して終わる。

ここでわれわれは、そもそも幸不幸とは何なのかを、ひとつじっくりと考えてみる必要があるだろう。

事故や病気、戦争や飢餓など、不幸は形に現れてやってくるものだ。

だが幸せは、心が感じる、きわめて内面的なものである。

と、言葉にして言ってしまえば、そのようでもあり、またそうでないようにも感じられるかもしれない。しかし何らの具体的なアクシデントもなしに不幸を感じるのは、まずたいていは認識不足やわがままからきている。つまりはそれも心の問題から発している。だから全く同じ状況であっても、「めでたさも中くらいなり　おらが春」という一茶の句が示すような心の満足はあるのである。

また一見、地位を得たり、ご馳走にありつけたり、宝くじなどで大金を得るといったいわば突発的な具体性をもって、幸せがやってくることもありそうに見える。だが地位や大金そのものがイコール幸せとは限らないのは、今さら言うまでもないだろう。メーカーの不祥事が相次いで、一流企業の社長がテレビカメラの前で深々と頭を下げる場面を見るのも、さほど珍しくなくなっている。大金をあてた当選者が、その後に生活が乱れたり、あるいは盗難への恐れで毎日眠れなかったりなど、地位や大金も、人がそれを生かせてこその話であり、生かし切れなければただの不幸のタネでしかない。

不完全なタテ・不完全なヨコ

そのように見てくると、形に現れない部分・目に見えない部分があるのを、認めるかどうか、あるいは受容するかどうかで争ってきたと言えなくもない。だが、心的ひいては霊的側面があるのを認めるかどうか、あるいは否定するかどうか、それ自体が問題の核心ではないのであって、大事なのはその先である。

あるとした場合でも、ではそれをどのように把握し、理解していけばかけがえのないこの生に反映して、活用できるかということであろう。ただ霊の存在を鵜呑みにするばかりで、それが何らの知恵につながらないなら、それもまた二元論の枠内に止まるものであり、その実、アレかコレかのもう片方でしかない。

だがにもかかわらず、一方は霊（としてのイエス）を認めない他方を非難し、他方は他方でそれは悪魔のささやきだと言ってただ感情的に攻撃した。

なるほど、霊的部分・霊的存在のあるなしだけを見れば、あるとするグノーシス主義者のほうに一日の長はありそうである。だがそのことだけで他方を批判するなら、五十歩百歩でしかなく、例えて言えば、「生兵法はケガのもと」だったようなものだ。だが相手は、例えでなく本気で宗教活動を戦いの場と心得て奮闘していたようだから、どう転んでも勝ち目はなかったということだろう。

ペイゲルス氏も言っているように、そうした存在を身近に感じるような経験があって初めて、ヒトは、ヒトの内部で、それを受け入れるのであるなら、その前は、どちらかと言えばあると思う、程度のものでしかなかったのである。だから彼女も、自分自身の経験として、つまりは自らの信仰告白として、ただ、あったままに語っている。

そういうものであるにもかかわらず、強固に「ある」を主張する場合があるのは、相手にこちらの正当性を認めさせたいからであり、つまりは相手の不当なるを断じているのと同じことにもなりかねない。——そしてそんなものが「ある」などとは考えたこともない者にとっては、それは寝耳に水であろうから、たぶん相手はいきなりケンカをふっかけられたくらいにしか思わなかったのかもしれない。

あるとした場合でもその先が大事なのだから、そこだけ鵜呑みにし、またそこだけを取り出して鵜呑みにさせようとするのは無意味である。

例えばディズニーランドを吹聴する者がいて、あまり関心のない者がそれをうとましく思ったとしても、ディズニーランドの存在そのものを否定するのは無意味なように、頭から霊性を否定してかかるのは単なる食わず嫌いと大差ない。いな、ムリヤリ食えと言うのではない。少なくとも、あると感じている者の存在していることは、これを事実として受け入れるべきであったろうと言いたいのである。

一方が二元論を前提としたタテであるなら他方は二元論を前提としたヨコであり、また一方を不完全なタテとするなら他方は不完全なヨコである。

では完全なタテとは何？　また完全なヨコとは何なのか？

今ここで、不完全なタテを補完するものは外ならぬヨコであり、また、不完全なヨコを補完するものとは外ならぬタテであるとするなら、両者がいかに不毛な争いをしてきたかが、ここに理解されてくるであろう。

神仏のムスビ

この地上世界（この世）が、神仏レベルのムスビによって実現していることについては、別のシリーズでも順を追って論じている。さすがに一度に述べられることではないので、できればそちらのほう（前掲書『千年の箱国』シリーズ）も参照されることを希望するが、本書だけでも、一応のあらましは分かるようにしておきたい。

仏典には多くの仏が登場し、仏はみな、それぞれにそれぞれの仏国土（浄土）を有している。そして仏国土には寿命がある。

誕生があるから死もあるように、仏国土にも寿命があっておかしくはない。だがそれでは、せっかくの浄土もいつも振り出しに戻されてしまう。前の浄土でのせっかくの成果が、うまく次の浄土に持ち越されないからである（浄土レベルの転生）。

ところが、ただ一つだけ例外的に、寿命の尽きない浄土（無量寿世界）があるのだという。それがすなわち、よくご存じの、アミダの浄土である。だがそれは、われわれのいるこの地球の浄土ではなく他土《たど》である。仏典では、この他土のことを、アミダ阿弥陀の陀をとって陀土《たど》と記す。

ならば、この地球でも、自前の無量寿世界を持とうではないかと、この星地球の親神は考えたらしい。だがどうすれば、そんなふうにうまくいくのか？

そうしてたどりついた結論というのが、神仏レベルのムスビだったようである。さすがにその中身の詳細までを、ここですぐコメントはできないが、法華経という経典には「半座《はんざ》（並《へい》座《ざ》）の法」として明記されているのが、おそらくはそのことであろう。

だがもう一方が陀土由来であるならば、両者はどこまでいっても混じり合えない。というよりも、そのままでは場を共有できないのでコミュニケーションすらとれない。

むろんこれが、浄土をテーマとするのでなく、直接に、意思の疎通をはかるというなら、何といっても神仏だから、いとも容易《たやす》いことだろう。だがそれでは、そこに衆生を包み込むスペースが取れない。逆に、だからこそ仏国土なのだろうと理解される。

神は上から下へ及ぼし、仏は水が沸するごとくに下から上へ昇る者の意だとすれば、一方の陽と他方の陰、一方の陰と他方の陽との間のムスビに始まって、この星オリジナルな浄土は産声をあげ、今まさに成長しつつあるのであり、そこの部分を取り上げて説かれる場合にはミロク（弥勒菩薩）と呼ばれる。ミロクは未来仏である。

さて神仏レベルのことは、それこそ神仏にお任せしておこう。

だがそれでも、ある一点だけは、しかと承知しておかなければいけないと思う。


ところでキリスト教関連の文献には、しばしば「真珠」が出てくる。そしておそらく、法華経の中に出てくる「襟珠《えりじゅ》」も実はこの真珠と同趣意のものだろう。

ご存じのように真珠とは、体内に混入した異物をいやがるアコヤ貝などが、分泌物によって自らを保護しようとし、それがゆっくりと時間をかけてなされた結果、分厚いコーティングとなって出来たものだ。

同じように、アミダといえども、この地球という生命体にあっては少なくとも初めは異物でしかないものなのであろう。つまり神仏レベルのムスビとは、とりもなおさず異文化コミュニケーションの最たるものであろうかと理解される。

だがここで、その異物とされるものが異物とされるのを承知でやってきたとするなら、それはなまなかの決断では成し得ないであろう。

そしてそのことはイエスが十字架に架けられたこととも無関係ではあるまい。

また近頃公刊された「ユダ福音書」によると、その十字架もイエス自身の意志によって、自らそうなるようにし向けたのだというから衝撃的である。


「天網《てんもう》恢々《かいかい》疎にしても漏らさず」という言葉もあるように、仏が持つ絹索《けんさく》は衆生の一人として逃さないと言うが、ここで〔神仏レベルのムスビ〕＝〔異文化コミュニケーションの最たるもの〕と置いて、これを右に当てはめてみれば、具体的にも納得されて来《こ》ようというものである。

先に神仏が、万難を排して敢行してのけた、始まりと終わり、頭と尾とのムスビが、すでにして成立しているというのに、ましてその間にある胴体、言い換えれば衆生の間でのいかなるコミュニケーションも、成立し得ないということがあろうかとその絹索は語っているように思われるのである。

タテ＝個、ヨコ＝世

タテだけでも不完全なら、ヨコだけでも不完全であり、大事なものはタテ・ヨコのムスビにある。

本書が一貫して論じているものも、結論として言えばこれに尽きる。

だが、ただ単にこういうだけでは、言おうとする主旨も伝わりそうにないので、さまざまなシチュエーションに当てはめては、なお、この結論に妥当性のあることを示そうとしているにすぎない。

まずもって、ヒト内部のタテ・ヨコのムスビ（タマシイと細胞体の関係）が基本としてある。

そこにミクロ・コスモスのあるを感得したなら、それこそが本来の「グノーシス」の意味であろうし、それはペイゲルス氏の言う「神認識としての自己認識」の意味でもあろう。そしてそれはヒト内部のムスビであるがゆえに、「個」を単位としたものでもあって、それは神仏と個々のヒトとの関係でもあるから、タテ糸に当たる。

次に、「個」は「個」のみでは意味をなさず、その存在も無きに等しい。何らかのヨコのつながりのあるによって、その無きに等しい「0」が、ヨコの中での「1」となる。つまりヨコあっての「個」（ヒト）である。

またこれをヨコから見れば、ヨコ糸（ヨコのつながり）がかかるによって、やがて見事な織物ともなる。

だがこれが単にヨコ糸をめぐらすだけなら、中身の伴わない「0」ばかりをつなごうとするにすぎないから、見掛けは織っているつもりでも織物とはならない。したがってタテあってのヨコ糸であり、タテ（個）あっての世の中である。

つまりタテとヨコとは補完関係にある。

タテは、タテのみでは、ある程度から先に成長しない。

またヨコは、ヨコのみでは、有名無実な組織形体から脱却できない。

さてでは、本来あるべき「ヨコ」とは、言い換えれば「世」としてのあるべき姿とはどのようなものか。

そしてそんなものは果たして実現可能なのか。

ところが実は、古代において、それはすでに実現していたのである。

そして、何度か名前をあげた『千年の箱国』シリーズでは、それこそをテーマとして論じてきている。確かにそういう文化圏は存在していた。筆者はそれを両系文化もしくはムスビ文化と呼ぶが、それは「尊重と共存」を旨とする文化であった。

ここで同じだけのスペースをさいて論じるわけにもいかないから、詳細はそちらをご覧になっていただきたいと思う。

いま言う古代の部族共同体とは、家族や家族が集まってなる氏族や部族、そうした部氏族単位の結婚（ムスビ）すなわち「姻族」を基本的な母体として成立する共同体である。だがそれは血縁のみの直接的な姻族関係には留まらない。せまい意味での血筋《ちすじ》（狭義の同胞《はらから》）をこえた、より広い意味での霊筋《チすじ》、すなわち御子を中心とし、その御子は天の分霊であるによって、ひとしく天なる親神に連なる者としての「ハラカラ」意識が底流にある。そしてそのタマシイのハラカラを補完するものとしてまた、母系氏族と父系氏族との間の姻族（結婚の契り）関係もあるのである。

言うまでもなく、そこでは、共同体の全員が家族なのである。そういう文化があったのである。

詳細は分からないので原始的と見られがちだが、いわゆる倭《わ》（輪・和）国がそれであり、そこでの倭王は、通常にいう王様とは違って、自ら率先して共同体に貢献する者のことであった。またそうした文化は、飛鳥・奈良時代まで現存していた。

むろん古代と現代とでは、人口ひとつとってみても事情は違うが、そうした人口などのせいにしてしまう前に、なぜそうした文化がその時以来絶えてしまっているのか、なぜ定着できなかったのかを問うてみる必要もあるだろう。

人口などのせいで徐々に消滅したのでなく、律令制定の頃を境に、気がつけば人々の意識下に埋没してしまって行ったようである。

そしてそのことは、ナグ・ハマディ文書が明るみに出るまで、グノーシスなるものの本質が埋没してしまっていたのと時期こそ違え、軌を一にしているのである。

参考までに、ここで「世」というものについて筆者がイメージする概念図を掲げておく。

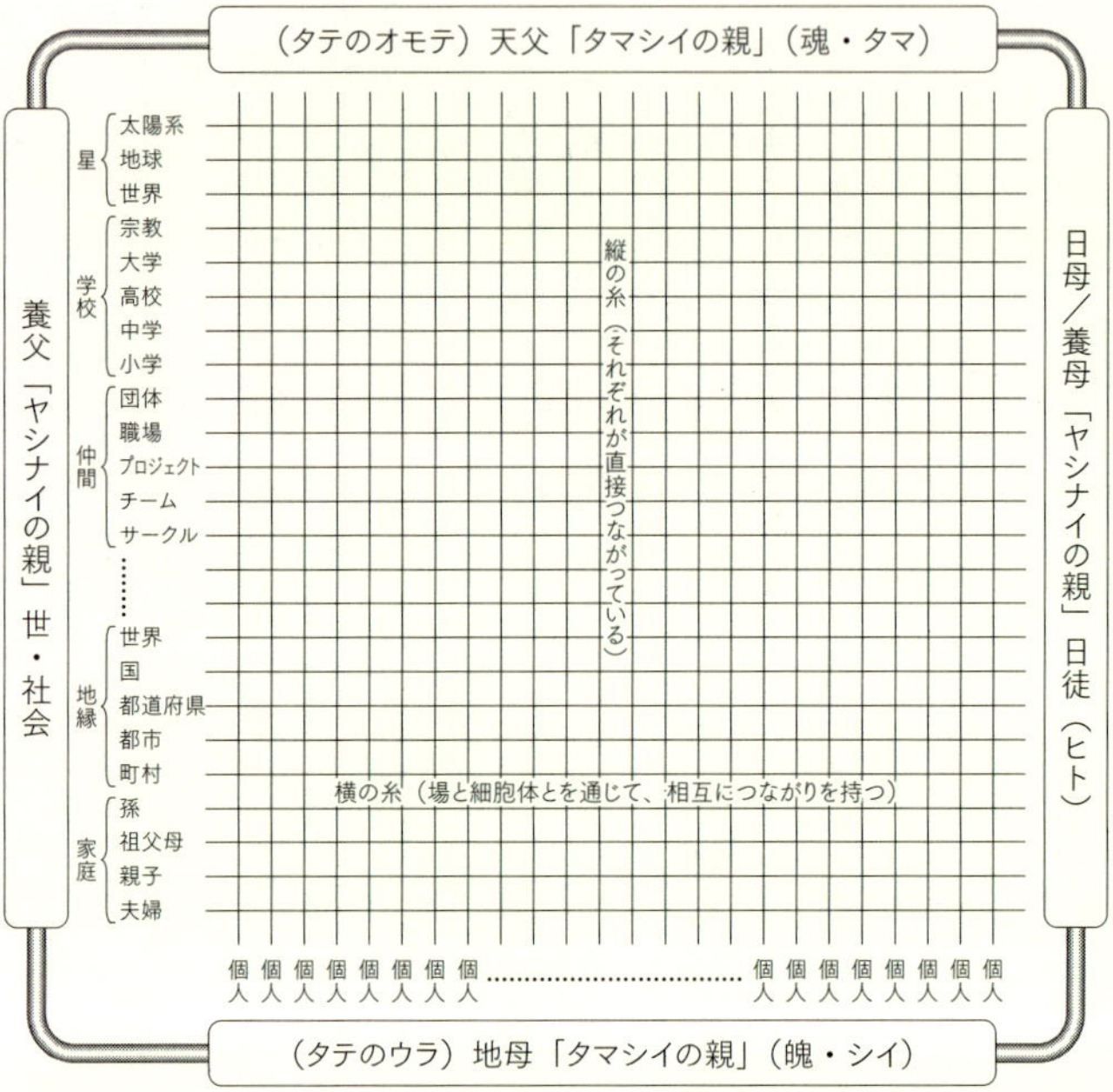

女神の機織り（概念図）

なお（ヨコのウラ）にあたるのがアミダであり、そのシンボル（日父）としてキリストがいる。

1. 機織り図は、あくまでも著者が想い及ぶ範囲の中での概念図である。当然ながら、精霊たちがこれを見ながら働いているわけではない。彼らには彼らにしか分からない仕組みやルールがあるだろう。

2. 左側に並べた名称の列は、小（家庭）から大（地球）へ向けての、様々な形態のヨコのつながりを、思いつく限りで列挙してみた。

3. その中で宗教が学校の中に含まれているのを不審に思われるかもしれない。本文の中でも触れたように「分からない」ことを「分からない」として認識するのが「知的探求」の出発点であるならば、「信じる」ことから始めるのはいわば「方便」（便宜的な方向付け）である。だから現代的な、いわゆる団体・組織・権威としての「宗教」は、卒業を前提とした学校の中に含めるべきだ。
もちろん実際にも卒業しなければならないというわけではない。要はココロの問題だから、その基本も目的も一人のヒトとしての認識（タテの糸）にある。

4. 下に並んでいる数多くの「個人」は、ヒトのそれぞれが本来的に「神の一人子」であることを表したものであり、これが両系文化的な世界観の基本である。
ヒトは皆、本来身一つで生まれてくる。孤独なように見えて実は、一人の人間としての自覚を持ったときはじめて、慈父悲母たる天地のココロ（メッセージ）が分かるようになってくる。そしてそこからすべてのヨコのつながりである「ヒトの世」（日・日徒）も広がっていく。

「一人子」すなわち「リセット」であり、つまりは「我は神なり、汝も神なり」なのでありまた「わたしはヒトだ」ということである。人は本来孤独な旅人であるが、それが自分だけの例外ではなく、みんながそうであるところに共感の余地が生まれる。それが仲間（ハラカラ）だ。

5. タテ糸・ヨコ糸の中に、動植物などの自然界は入っていないが、この図はあくまでも人間の世界（ヒトの世）の成り立ちを表したものだ。

自然は、ヒトとの関わりにおいて、養いの土台もしくは支援背景として密接につながっている。

「女神の機織り」（『千年の箱国Ⅱ』p320～321より一部省略して転載）

第三章　「生けるイエス」「死せるイエス」

これは、生けるイエスが語った、隠された言葉である。そして、これをディディモ・ユダ・トマスが書き記した。

（『トマスによる福音書』荒井献著、講談社学術文庫より）

「トマスによる福音書」は、この〔序〕から始まる。そして「トマスによる福音書」に含まれる謎も、すべてここから始まる。本章ではもっぱら、この序を中心に話を進める。

一　生けるイエスが「語り」、双子のトマスは「書く」

言葉と文字

これは、「生けるイエスが語った、隠された言葉である」

そして、「これをディディモ・ユダ・トマスが書き記した」

序とされるくらいで、短く簡潔な前書きであるが、ここに「イエスが語った」に対応して「トマスが書き記した」という構図があるのを見のがしてはいけないと思う。

言葉と文字については、以前から、

「言葉は心を運ぶ容器であり、それは発せられると同時に風が運び去っていくもの」

「だから、中身の伝わり方次第では、如何様にも変容させて小回りがきく」

「文字は、いわば言葉の亡きがらであるから、それ以上変容しないが、その代わりいつまでも、書かれた時点の姿のままにある」

「言葉の基本は一瞬一瞬の今にあり、それはマン・ツー・マンな、意思の疎通から始まったものである。だから同じ言葉も、時・所・相手が変われば通用しない、いわば《生《なま》もの》のようなものだといえるだろう」

「それに対して文字は、時・所・相手を選ばずそこにあるから、いわば長期保存が可能な《干《ひ》もの》にたとえられよう。そしてここに、文字の長短・得失がある」

「一方は、小回りはきくが一過性であり、他方は、融通はきかないけれども普遍性がある。要は、一長一短なのである」

「したがって、その取り扱いも、それぞれに対応したものでなければならない」

というような見方をしており、また書いたりもしている。

このような見方を前提として、この序を読むとするならば、わざわざこのようなもったいぶってさえみえる書きぶりにして前置きしたトマスの意図がどこにあったのかが、いささかならず気になってくる。


生けるイエスが言葉で語ったというのは、言葉を生もののようなものと解する上からは、全くそのままであるから何も問題はない。ところが、文字を干ものととらえるならば、トマスが文字にして書き記したとしてあるのも、そこに何通りかの解釈ができてくることになる。

すなわち、以下のように考えられる。
①イエスの弟子トマスが実際に見聞したものをイエスの死後に筆録した。
この解釈の場合、イエスが十字架に架けられてからトマスが筆録するまでの間に時間の連続性を、言い換えれば、トマスを基準とした場合には一貫してトマスが生きている間の出来事ということである。そしてこれは従来、ナグ・ハマディ文書以前からごく通常にされてきた解し方であって、それを「トマス福音書」にも当てはめて解したものである。だがこれだと、「生けるイエス」だの「隠された言葉」だのとあるもったいぶった序が、わざわざ置かれている意図が不明だ。

結局のところ、この序にはあまり大した意味はなかったという結論しか残らない。可能性としてはそれもあり得るだろうが、別の見方もみてみよう。

②イエス死後のずっと後に、別の誰かによって創作されたとする。

これもまた、理論的にはあり得るシチュエーションであろう。例えば、キリスト教グノーシス派のある者が、自説を強化するために、生前のイエスがそのように語ったことにした上で、生けるイエス＝永遠のイエスであるから、この文書も生前の言葉と同等の重みがあると主張したものと想定するわけである。

だが、あり得るシチュエーションとはいえ、言葉を換えれば、現代のわれわれにも類推が可能なという意味では、ありきたりのシチュエーションの一つ、ということでもある。ありきたりであっていけないというわけではないが、そうだとすると、もったいぶった字句が言葉通りに、ただもったいぶっただけの字句ということになってしまい、序全体の意味もまた軽薄なものでしかなくなる。

「生けるイエス」「隠された言葉」「ディディモ」といった字句相互の関連性も希薄なものでしかなく、これまた、通り一遍の解釈しか導き出せないのである。

だがここでもし、いくつかの字句が脈絡のある意味を成しているという解釈も成り立つとするなら、話も変わってくるのではあるまいか。

ただしその解釈には、ある意味で飛躍した状況を、まずはその前提とせねばならないのであるが、そこでその前提をどう判断するかなどは、あとでゆっくり考えればよいことである。

③イエスの弟子のトマスが、その死後に霊能者を仲介者とした自動書記という形で自ら、この福音書を記した。

詳細は順を追って述べるとしても、ともあれこのように想定してみると、序の文章もにわかに意味を帯びてくる。そしてそれが時を越えて、われわれにも訴えかけてくるものであったならば、やはりこの序は、ここにこうして置かれねばならなかったものだった、ということにもなるわけである。

すなわち、イエスの直弟子であったトマスが、生前にイエスから直接受けた教えの中身を、トマスの死後にトマスがトマスの理解し得た言葉（トマスがイエスの真意とするもの）として、ゆかりの仲介者の身体を借りた上で自ら書き記したのである。

だがさすがにこれだけだと、この論に飛躍しすぎる感があるのは否めない。しかし一度には述べられないし、ここで最終的な判断を下しておかねば進めないというわけでもあるまい。

ともあれ本書は、③のシチュエーションをふまえて話自体は進めていくこととするが、その都度、整合性を検証しつつ進めるなら、いずれ答えは向こうからやってくることになるハズである。だからその時改めて、論の適否も確かめればよい。

むろん妥当性が認められなければ、その時はバッサリこの前提も解体されよう。

「ディディモ（双子）」について

筆者の考え方をベースとした話を進める前に、荒井氏の解説を一つの例解として参照させていただきつつ、読者とも、テーマの周辺を共有しておきたいと思う。

まずは、聞き慣れない言葉「ディディモ」から。

ちなみに、ナグ・ハマディ文書発見後の、クィスペルによる最初の翻訳「これは隠された言葉である。これを生けるイエスが語った。そして、（イエスと）双子の（兄弟）ユダ・トマスが書き記した」を見たペイゲルスは、「イエスに双子の兄弟がいたのであろうか、このテクストは、イエスの語録の真正な記録と見てよいのだろうか」という感想を、『ナグ・ハマディ写本』の序章で述べている。れっきとした宗教史学者がこう言うくらいだから、キリスト教に詳しい者から見ても「イエスの双子の兄弟」は、いわば突拍子もない表現だったのである。なお外典の中に「メシアの双子」なる呼称もある由（左の⑤）だが、ナグ・ハマディ文書出現の前は、何といっても外典でしかなかった。

荒井本『トマスによる福音書』から、該当部分（p31〜33）を箇条書きしよう。（文責筆者）

① 共観福音書では、トマスはいわゆる十二使徒のリスト中に登場するだけである。ところが、ヨハネ福音書において彼は、またの名を「ディディモ」と呼ばれている。

② 「ディディモ」はギリシア語で「双子」を意味する。他方、ギリシア語の「トマス」は

アラム語「トーマー」のギリシア語形で、アラム語では（シリア語でも同様）「双子」を意味するのである。したがって、ヨハネ福音書のシリア語本文の一部では、ギリシア語本文の「トマス」に対する形容句「ディディモと呼ばれる」は削除されている。ここでは「トマス」が固有名詞としてではなく、「双子」を意味する普通名詞として用いられたらしい。

③ ここから、普通名詞としての「トマス」が他の固有名詞と結びつく可能性が生ずる。実際、ヨハネ一四・二二の「イスカリオテではないユダ」が、シリア語本文の一部では「トマス」または「ユダ・トマス」となっているのである。

④ なぜユダとトマスが結びつけられたかは必ずしも明らかでないが、とにかく、『トマス行伝』一をはじめとして、『アッダイの教え』五、アフレム『信仰論』七、一一、つまりいずれもシリア起源の外典ないしは文献では、使徒トマスが「ユダ・トマス」と呼ばれることが多いのは事実である。

⑤ さらに、『トマス行伝』三九（シリア語本文）においてユダ・トマスが「メシアの双子、至高者の使徒」といわれ（ギリシア語本文の一一をも参照）、ナグ・ハマディ写本IIの七に当たる『闘技者トマスの書』においては「私（イエス）の双子の兄弟」と呼びかけられている。つまり、これらの書においてトマスはイエスの双子の兄弟に昇格しているのである。

⑥ 右に引用した「序」の「ディディモ・ユダ・トマス」が少なくともコプト語の読者に

とってはすべて固有名詞であるが（それ故に私は「ディディモ」を「双子」と訳出しないでおいた）、語録一三と一〇八から判断すると、「ディディモ」でイエスの「双子」を示唆している可能性が十分にあるからである。

正典とされた四福音書のうち、毛色の異なる「ヨハネ」を除いて、共通性の多い「マルコ」「マタイ」「ルカ」の三つを共観福音書という。「ヨハネ」については気になる重要要素がいくつかあるので、章のおわりで考察したい。

右の解説で「ディディモ」についてのおおよそは把握していただけたと思う。要するに、「ディディモ」も「トマス」も、もともとは双子を意味する語だったのであり、それがコプト語に翻訳された時点で、固有名詞のような扱いを受けるようになったものらしい。あるいは「大師は弘法、太閤は秀吉」と類似のパターンだったかもしれない。

そうなると、残る「ユダ」が、もともとの個人名だったことになる。キリスト教の部外者からは、ユダといえば、あの裏切り者のユダ（イスカリオテのユダ）が思い浮かぶので、なぜ裏切り者のユダと同じなのかという印象はあるだろう。

気になったので少し調べてみると、十二使徒中でもトマスのほかに、タダイもやはりユダという名前のようだし、そもそもユダヤ人社会でのユダという名は、さほど珍しくなかったらしい。それに考えてみれば、紀元前九三二年、ヘブライ王国が分裂して北イスラエルと南ユダに分かれているから、あるいは、その南ユダ王国内のユダ族ゆかりの家系の出身というほどの意味なのだろう。

さてここでいやでも目を引くのは、それがただの双子でなく、イエスの双子とされている点だろう。順に考察していきたいと思うが、その前に「序」の、その他の箇所についての荒井氏によるコメントも、オーソドックスな学術サイドの見解として、ここでご紹介しておくべきだろう。(同書p120, 121より。文責筆者)

A「これは隠された言葉である」について。

——以下に収録されたイエスの言葉の意味は、一般大衆には「隠され」ている。それは、イエスによって「覚知《グノーシス》」を得る用意のある宗教的エリートにのみ保留されている。これがグノーシス主義の根本的立場といえよう。

B「これを生けるイエスが語った」について。

——「生けるイエス」あるいは「生ける者」というイエスの呼称は、トマス福音書で繰り返して用いられているが、これは前述のように、トマスにとってイエスは、はじめから死を超えた、言葉の中で「生ける者」であり、それは地上のイエスの本質であることを示唆するものであろう。

Ａでは、誰が誰に対して「隠した」あるいは誰が誰から「隠された」のかが、具体的に記されていないので、いきおい、コメントにあるような解釈ともなりがちだし、また神秘思想系の解説書でも、「○○を得る用意のできた者」「○○を受ける準備が整った者」というような言い回しは、しばしば出てくる。だが右の語句にも、この言い回しは当てはまると考えてよいだろうか？

Ｂでは、《死を超えた》と《言葉の中で「生ける者」》とを並置した上で、解釈されている。これだと、通常の文学でも用いられる修辞的表現の一例ということになるが、前節で述べたような「意味ありげな、もったいぶった書きぶり」との整合性がつかないのである。

「隠された言葉」について

この章のはじめで述べたごとく、言葉は生もののようであり、文字は干もののようである。前者において人は、言葉という受け皿に乗せ、ココロを運ばせ合っては、心を通わせる。そこでの話し言葉とは、基本的にはマン・ツー・マンなものである。

だから、あくまでも原則としての話であるが、マン・ツー・マンの当の相手にしか、より正確には通じないものであろう。とすれば、それは通常の暗号のような、意図して隠されたものなのではなくて、隠すつもりはなくとも、当の相手以外には、幾分なりとも、必然的に隠れてしまうものなのである。（cf.訳語以前の原語の段階から、すでにして「隠さ・・・れた」の意味に採られていた可能性もうかがえるが、あるいはもともとからは、むしろ「隠れた」のニュアンスでもあったのではないだろうか？）

そしてこのことは、身近の話題にもある、さまざまなよく知られる事例と考え合わせてみれば、より納得されるのではあるまいか。


「英雄、英雄を知る」という言葉がある。

敵対する対照的な立場の二人が、実は気心を通じ合っていた、というのも、それほど珍しくないシチュエーションとしてあって、例えば戦国の武田信玄と上杉謙信がそうだろうし（敵に塩を送った話）、南北朝時代の楠木正成《くすのきまさしげ》と足利尊氏《あしかがたかうじ》もそうだ（尊氏は正成に敬意を表して自ら、彼の首を敵陣に送り届けた話）。このような通常ならあり得ない状況が英雄同士には成立する。また、西郷隆盛と勝海舟の二人の話し合いによって無血開城に導き、江戸を災禍から免れさせた話もある。日本史でなくとも、相対論の親玉アインシュタインと量子論の旗頭だったボーアが、互いに信頼し合った親友だったというから面白いが、事実である。探せばきっとほかにもあるだろう。

これらは英雄や偉人の間でのみ、起こる出来事なのであろうか。


仏教に「仏与仏《ぶつよぶつ》」という言葉がある。

通常は「仏のことは仏にしか分からない」のような否定文的に解され、「一般の衆生に仏のことはうかがい知れないものなのだから、いたずらに疑わず、ただただ信じて頼りなさい」のようなニュアンスで説かれたりする。これが同じ意味でも、肯定文として表現すれば「仏には仏のことがよく分かる」となって、ここで仏と英雄を入れ替えれば右と同文になるわけである。英雄の場合と違い、仏の場合に否定文でいうのは、仏への尊崇と衆生への戒めの意味も込められているからだろう。

要するに、同じレベルの者、もしくは似た志や性格の者には、相手の心内《こころうち》が手に取るように理解されるということであろうから、むしろよくあることだといえよう。

また「類は友を呼ぶ」という言葉もある。

もともと類似した部分があるわけだから、それを共通要素としたベースで、個性がうまくかみ合えば、そこに自ずと、ある何らかのサークルが生ずる。苦楽をともにした仲間であったり、ともに死線をさまよった戦友であったり、いやそれを言うなら、長年連れ添った夫婦や生まれたときから一つ屋根の下で暮らす家族がすでにしてそうだ。

それが仏であれ、英雄であれ、友達であれ、そこに明瞭なレベルやステージの違いはあろうが、同じステージ内では意思の疎通も容易であり、そこに自ずとムスビ的なつながりも生じる。だが誰もが、誰とでもの間に、親密な信頼関係が生まれるわけではない。というより、少数の友人といくらかの知人を除けば、誰もに圧倒的な数の他人がいる。

だから「気心の知れた友達関係」というものも出てくるわけで、それは特定の相手との間で芽生える信頼に起因するから、他人のそれをうらやんでも詮《せん》ない。

またそれは、こちらが誰かを信頼し、同時に相手もこちらを信頼するという双方向関係があって成立するものであろうから、間違っても、相手にこちらを信頼させ、相手がこちらを信頼させるといった関係ではあり得ない。

要するに、通常言われるような、世間一般のコミュニケーションのほかに、古来言われている「以心伝心」そのもののような関係もあり得るということである。

むろん世の中を考える上では、これを基準とすることはできないし、たとえ個々の間であっても、以心伝心は一時的に気心が通じ合うこともあるという形容である。ベースでは比較的通いやすいということはあっても、決して定常的に気心が通い合っているということではあるまい。むしろだからこそ人と人とのつながりにも意味が出てくる。

このような信頼関係の理想状は、まずもってタマとシイの関係にあった。

だがこれは、もともとヒトの内部にある対であり、わざわざとりたてて言うまでもないことであるが、それとほぼ同等とも呼べるような信頼関係が、自分と他者との間でも成立するとすれば、それは滅多にないことであり、もはや奇跡と呼ぶべきだろう。

だが唯一の例外がある。それは双子の場合である。

双子が示す神秘的なほどの融和状《ハーモニー》は、不思議ではあっても周知の事柄である。同年の同月日時に、同じ母胎から生まれているから、占星術的に言えば、同じ運命を有しているわけでもあって、言うなれば運命共同体のようなものということになる。
あるいは、トマス福音書の序が言いたかったのはこのことだろうか。
なるほど、それでディディモと自署《じしょ》したものであろうか。

「生けるイエス」について

トマス福音書を後世に創作された文学作品と見る限り、この「生けるイエス」という語を、言葉の中で永遠に生き続けるイエスのこととする解釈は誤りではないし、また誰が試みたところで、そのような解釈しか採りようがないだろう。

だがこの「生けるイエス」が、それとは対の「死せるイエス」を示唆する語であったとすれば、かなり事情は変わってくる。

先に、あり得る可能性として、イエスの弟子のトマスが、その死後しばらくしてから所縁《ゆかり》の者の身体を借りて（いわゆる自動書記）、トマス自身が書いたのが「トマスによる福音書」ではなかったかと書いた。

言うまでもなくトマスは生きてある間はイエスの弟子であった。書き記された福音書によってであれ、そのトマスが自分をイエスになぞらえたのであれば、いかにもな大言壮語《たいげんそうご》であって、何たる思い上がりかといった印象はあるだろう。そして実際、正統派の正典においても、トマスは最後までイエスの肉体での復活を信じようとしなかった、出来の悪い弟子として録されている。

だが、しばし待たれよ。結論は急ぐべからず。

今仮に「生けるイエス」の語が、対句の「死せるイエス」を示唆するものであったとしよう。トマスは序において、その生前からイエスと同等だったとは書いていない。死後にイエスに準ずる認識のステージに達したと言っているのである。

トマスがそう書いているのであって、いわばそれはトマス自身の自内証にあたるものだ。他人のわれわれがそれを詮索したとて始まらない。われわれとしては、「トマスによる福音書」の本文を読むことで、そこに、ああなるほどと思えるだけの内容が記されているか否かを探った上で、それを判断するよりほかないのである。

そしてトマスも、これの真偽については、「続く本文を読んだ上で判断してくれ」と言っているようなものだ。だからこその序なのであろう。

さてこの先、論を進めるにあたって、ここで二つのキーワードを確認しておく。

一つは、死後に、所縁の者の身体を借りてなされた《自動書記》という点、

もう一つは運命共同体としての《双子》という点である。

前者が意味するものについては後回しにしよう。ここでは後者について、少し補足しておきたい。

「運命を共にする」という観点からは、通常の双子、つまり肉体上の双子であったかどうか

は、もはや優先して考えるべき要素ではなくなる。

　時間経過にともなう細胞体の成長と老衰と、それにシンクロしてある経験知見と精神的な円熟すなわちコトブキ（事吹き・寿）であるが、それはこの地上時間を共有することによって生じる時の運びすなわち運命でもある。


　占いというものについての根拠が、まだあまり解明されていない現在にあっては、鑑定者の個人的な説明だけを持ちきたって論じるのは控えめにすべきだろう。だが、科学や学問がどう言おうと、多くの人々が関心を寄せるものであるなら、むしろ一般の興味のおもむくままに任せるのでなく、学問的な体系を求める動きがあってもいいのではないだろうか。

　筆者も若い頃のほんの一時期、占いの基本ともいうべき四柱推命《しちゅうすいめい》に手を染めたことがあった。だがあらかじめ未来を知りたい、あるいは他人の内面を手っ取り早く知ろうとするような姿勢に疑問を感じたので、以後は一切やっていない。それでも、この地上世界の有りようを、大まかにでも把握する上では大変勉強になった。というより占いは、学問としてまじめに対峙すべきものだとも感じた。少なくとも、手っ取り早く他人に答えだけ教えてもらおうというのは、時間そのものへのマナー違反だろう。むしろわれわれはそこに、大きな流れとしての時の営みがあることを、まずもって感じるべきではないか。

　占いには大きく分けて二種類ある。

四柱推命を代表とするタイプは生年月日時を基礎として、その人の持って生まれた宿命《しゅくみょう》を知る手がかりを得るものであり、八卦《はっけ》（ぜい竹を使って占う）を代表とするタイプは、占いをするというただ今のこの瞬間に、今に至った昨日と今に続く明日が現れていると観じて行うものである。いずれも《時間》と関係している。

そして面白いことに、六神通（六種の霊能）のうち、大事なものとされる三明（宿命・天眼・漏尽の三つ）は、いずれも時間と密接に関係している。すなわち、漏尽《ろじん》（現在の自分を知る）を軸として、宿命《しゅくみょう》（これまで生きてきた過去）と天眼《てんげん》（このまま進めば訪れるであろう未来）とを理解することである。

そういえば日本書紀などにも、ある人物が生まれたと同じ時刻に、やがてその人物を助ける存在となる人物も生まれていたという記事があったりする。つまり運命を共有する者だと言っている。そしてこの類話はこれに限らず、世界に広く分布している。

誕生には、細胞体へのタマシイの降臨が前提としてあるから、それはタマシイとコトブキとの融合でもある。言い換えれば、タマシイがコトブキ（地上時間）の流れに預かることによって誕生（アレ）がある。

結局のところ、イエスとトマスとが、通常のような双子であったかどうかを探る決定的な証拠などはないだろうし、また肉体としての双子であったからとて、だからどうだと言ってしまえばそれまでのことだ。

その意味でも、ディディモを単に双子と解するのでなく、ここでは運命共同体のことと解しておくのがより賢明であろうかと考える。

「生けるイエス」と「死せるイエス」

書名が衝撃的だったので、ご存じの方も多いと思うが、山根キク著の『キリストは日本で死んでいる』（たま出版）という本がある。考えるヒントとしては多くの示唆を含んでいるものの、論の大半が直観によって構成されている上、細部の出典が記されていないので追認のしようもない。ここでは勝手ながら、右書中から一カ所のみを取り上げ、参考にしたいと思う。（なおこの本の時点では、ナグ・ハマディ文書もまだ日の目を見ていない。）

それは、「キリストは、十一カ月違いで生まれた弟イスキリを、十字架への身代わりとした」という説である。浅学の筆者は、イスキリなる弟が、いかなる出典に拠る人物なのか寡聞《かぶん》にして知らない。もし山根氏が、ディディモ・ユダ・トマスのことを知っていたなら、トマスこそ身代わりだとしたところかもしれない。

だが「身代わり」をキーワードとした発想は、戦国時代の武将ならいざ知らず、仮にも聖者たるイエスの判断としては、そぐわないものだ。それに自分は死ななかった理由が、日本の天皇から「絶対に死ぬな」と言われていたから、というのであっては、そこには単なる戦国絵巻物のような状況しか浮かんでこない。

ここで右のシチュエーションから敷延《ふえん》して、あるいは抽出・単純化して、「イエスが実は二人いた」とするならどうであろうか。

もっとも、筆者の論においても生けるイエスと死せるイエスとが、歴史上、同時に存在していたわけではないから、これをもって「イエスが二人いた」とするのは、正確ではないかもしれない。だがそれでも、イエスの登場からキリスト教成立にいたるスパンで考えるならば、この「二人のイエス」というモチーフは有効である。

それに加えて、右書でのイスキリという名前である。

文字に書くとイエスだが、カトリック系幼稚園の園児が口にするのを聞くと、「エス様」あるいは「イス様」と聞こえる。とすればイスキリとは、すなわちイエス・キリストその人の名前ではなかっただろうか。

結論として、山根本から導き出される展望（示唆）とは、通常に知られているイエス・キリストのほかに、もう一人のキリストがいたということになるだろう。

だがここで、イエスやイスキリといった名前に拘泥《こうでい》して、これを把握しようとすると混乱してしまうだけである。ここはパターンとして認識するのが賢明だろう。

要するに、十字架には架からなかったイエスと、実際に十字架に架けられたイエスとがいたということであり、前者を「生けるイエス」とするなら、後者は十字架に架けられた後に、イエスと同等の者となったいわば「死せるイエス」である。

キリスト教グノーシス派が霊的存在としてイエスを認識する一方で、正統派は生身のイエスが十字架に架けられ、さらには肉体として甦ったとして、双方、抜き差しならない抗争を演じたことを思い出してほしい。

復活して弟子たちの前に現れたイエスがどちらのイエスだったかはさておくとすれば、より霊的な存在としての死ななかったイエスもいたが、また十字架に架けられて死んでしまったイエスもいたわけである。だから両者が、互いに互いの見解を尊重して、真実の探求に当たったのであったならば、どちらかが壊滅するなどということもなく、やがては共存できたはずなのであるが……。

「語る」と「書く」（時間差《タイム・ラグ》の意味）

言葉は《生もの》であり、文字は《干もの》である。

鮮度が命の言葉は、小回りは効くが、たちまち風が運び去るによって一過性である。一方の文字はというと、融通性はないものの、良くも悪くも時間経過に対しては耐性がある。だから複数の者の目にも、同じ条件の下《もと》で触れることが可能だ。

したがって、言葉と文字との間には明瞭なタイム・ラグが存在する。

そして、「生けるイエス」は言葉を語り、「死せるイエス」は文字に記した。

さてこのことが一体何を意味しているのかを考えてみねばならない。

そこに重大な何かがあるなら、トマスがもったいぶってでも書き記した理由もまた、それであろうし、何よりも死後に記されたものとはいえ、これはほかならぬ、死せるイエスの（ということは二人のイエスの）遺言書である。また、あの世（この地上世界とは異なる時空世界）のイエスからのメッセージでもある。

そうだとすれば、十字架に架けられてまで、あの世へ往《い》ってまで、記しておかねばならなかったというその状況や背景を、われわれも把握しておかないことにはメッセージの真意を読み取ることもおぼつかないだろう。

第一に、文字に書き記されたそれは時代を越え、誰でもない現代のわれわれに向けて書かれたメッセージではなかっただろうかということ。

生けるイエスのみでは、イエスがそこにいる間だけの説教であっただろうが、死せるイエスを仲介することによって百年ばかり後のみならず、二千年の時を経てなお、われわれの眼前に出現し得た。すなわち、本来普遍的な真理であったものが、普遍的な教説として文字に定着されたのである。

第二に、イエス自身は聖者でも、その説くところに、どうアングルを変えてみたところで、常に隠れてしまう部分が出来てしまうのは避けられないとすれば、同等の、しかし前者からは独立したもう一つの視座（座標軸）が必要だろうということ。

第一については、次章以降で順次に述べることになるが、あらかじめこの章で論じておく必要があるのは第二についてである。なぜにもう一つの視座を必要としたか、またそれはどのようにして得られたのか、さらにはその結果どのような効果がもたらされたか、などである。

それを探るには、いったん「トマス福音書（の序）」を離れ、またさらにはイエスの説教そのものからもアングルを引いて、キリストが説いた教えの性格（あり方）そのものを、展望してみる必要がある。だが何らの物差しもなしに展望するのは、ただ焦点がぼやけ、細部が見えにくくなるだけのことでしかない。

それには時代もそう離れていない、シャカ説法のあり方と比較してみるのが適当だろう。それに何よりイエス死後にグノーシスの機運が起こり、やがて正統派との対立へと発展していく過程と、シャカ入滅後に何度かの仏典結集を経て、大乗仏教が勃興して形を整えていく時期とが、奇妙に同期（シンクロ）しているのである。

当時、パレスチナとインドの地との往来はあったようで、外典「トマス行伝」によれば、インド方面の布教を担当したのはトマスだったというから面白い。

だがキリスト教と仏教とを、直接的に結びつける要素や証拠などはない。その意味でも、アングルを引いて眺める必要があるのである。

二　イエスの何を信じたのか？

反目する二者と、その共通点

キリスト教グノーシス派（正確にはその中のある部分）と教会主義の正統派教父たちとは、相互に相手の存在そのものを否定する形で、泥仕合を演じた結果、後者が前者を封じて終焉を迎えた。ところが実際には、反目の象徴である、霊的イエスも十字架に架けられて死んだイエスも、両方存在したのであれば、互いの主張するところも、実は根本からすれ違っていたわけである。

だがそうは言うも、たとえ両者がそうしたすれ違いに気付いていなかったにしても、互いの存亡をかけてまで対立したからには、同じスペースに立とうとしたからこその事態でもあったのである。それは二者で一つの座席を取り合ったようなものだからだ。

ではその座席とは、ここでは何に当たるものだったのだろう。

と改まって問うのも大げさだが、要するに両者とも、イエスの偉大さに立脚し、それに拠って立っていたということである。その解釈の仕方と、したがってそこから導き出される方向は違っていても、イエスの偉大さという、その一点に関しては一致していた。だから、そのイエスという存在を、いずれが取り込むかが争点となったのであり、つまりは一つの座席を争ったということであったのだ。

さてそこで、いま《イエスの偉大さ》と書いた。数は多くないにしても、後世偉人と呼ばれるような人物は、いつの時代の、どのエリアにあっても、何人かいる。だがイエスに対して、当時の人々が抱いたであろう偉大さは、それとは違う。

現代のわれわれからは、世界の三大宗教の一つに数えられるくらいだから、その偉大さもある種の既成事実として受け入れられるが、当時にあっては、いわばカルト宗教の一つくらいの位置付けだったという側面もあったのである。

そうした中にあって、イエスが、ある意味飛び抜けた存在として人々から見られたのは、ほかでもない、数々の奇跡を示現したからである。（そしてそこが、仏教とは大きく異なる部分でもある。あともう一つ、預言者を軸としている点でも異なっている。われわれとしては、その意味も、あとで考えてみなければならないだろう。）

現代でも、いわゆるカルト宗教を左右する要素は、教祖の霊能力であり、たいていのそれでは、それがインチキだったことが明るみにされて終わっている。

だがイエスのそれは、本物だったらしい。（見たわけではないから、《らしい》としか言えないが、特に異論はないだろうと思う。）

つまり端的に言えば、人々は、イエスが行った奇跡を通じて、それを行ったイエスを信じたのである。

今日の論争でも、何かというと、証拠うんぬんの方向で展開しがちだから、目の前で起こされる奇跡があれば、当時にあっても分かりやすかっただろう。そしてこの点に関しては、グノーシス派においても、正統派においても同様だったのである。

ただ違ったのは、前者にあっては、自らも奇跡を行う存在であろうと望み、後者にあっては、並はずれた霊能力を有するイエスを特別の存在として、絶対的に崇める方向で進んだのである。

グノーシス派のある部分という意味での、前者において。

そこでは、ペイゲルスの言う「神認識としての自己認識」も、奇跡に直結する霊能力に置き換えて解釈される傾向があったようである。だからこそ、教会を中心に、組織力としての団結を優先して考えたらしい後者においては、イエスが霊的存在であると前者が主張する点を過剰にクローズアップしてとらえたのではないだろうか。

いつあるかもしれない、帝国的な圧力に互するには、それに対抗しうるだけの、何らかの力が必要と考えた正統派では、旧約における神に代わる存在として、最大の奇跡を示現したイエスを認識したのであろうとすれば、それは唯一絶対の存在でなければならない。なぜなら、もしそうした存在が、いつ誰の体を介してでも出現するのであれば、最勝最強が保証されないことになるからである。（ちなみに、たとえメッセージの発信源が同一であろうとも、それを奉ずる者はいくらでもいるわけだから、地上にあっては対抗勢力となりうるのである。）

すなわち、両者のいずれにあっても、その出発点には、イエスが行った数々の《奇跡》があった。そして霊能力もまた、広い意味での力の行使であり、その意味では地上的な権力をも凌駕《りょうが》し得る力と認識されただろう。言い換えればこの両者は、イエスの教えを一つの力に置き換えることでイエスの存在を認識し得たということになりそうだ。

だが、能力は何であれ、ボディに由来するものである。(ここでいうボディは、脳も含めた身体であり、また細胞体のみならず、いわゆるアストラル体なども含めたボディをも指しているが、話が複雑になるだけなので割愛する。)

だからたとえ、その能力が奇跡を現すものであろうとも、それ＝イエスの教えというわけではないのである。

ところが、教えの本質は伝わりにくくて、一方、奇跡は一目瞭然《いちもくりょうぜん》であるなら、ここに奇跡というものが、むしろ一人でも多くの耳目《じもく》を集めるような形で示され、現された意味もあったのではないだろうか。

だがそこの部分は、前記した如く、仏教とも照合して考えたほうが分かりやすい。

シャカの出家と成道

シャカ(シッダールタ)は苦行を捨てたあと、菩提樹(ピッパラ・無花果《いちじく》)の下で瞑想し、悟りを開いたとされる。そして、きっぱりと苦行を捨てたことが、そもそもシャカにとっての悟りの原点であったともいえる。シャカの成道《じょうどう》に至る道筋を追ってみよう。要旨は、把握の容易な『図説　地図とあらすじで読むブッダの教え』（高瀬広居監修、青春出版社）を参考にした。（同書p12〜　文責筆者）

(1)《誕生》　母マーヤー夫人は、六牙の白象が天よりおりて、右脇より胎内に入る夢をみて身ごもった。そしてシッタールタ太子（シャカ）は、生まれるとすぐ四方に七歩めぐって「天《てん》上天下唯我独尊《じょうてんげゆいがどくそん》」と宣言した。（誕生偈《げ》）

(2)《快楽》　父シュッドーダナ王は、アシタ仙人の予言通りに、太子が出家してしまうのをおそれて、宮殿をしつらえ、あらゆる贅沢と快楽とを与え、さらには兵士に監視させた。

(3)《四門出遊》　ある日、郊外の御苑に行こうと東門を出ると、ひときわ醜く老いさらばえた老人（というもの）に出会い、意気消沈して城へ戻る。またある日、南門から出て病人に出会い、城へ戻る。またある日、西門から出て葬列に出合って帰る。さいごに北門から出たところ、すがすがしい出家修行者に出会った。老人も病人も死人も、そして出家修行者も、実は浄居天《じょうごてん》が変身してみせた姿であった。

(4)《出家》　すがすがしい出家修行者とは、すべてを無常と知り、親族を捨てて修行を積んで苦悩から超越するための法を実践している姿を言っている。太子はそれを見て出家修行の決意をかため、ある夜、それを実行した。

(5)《禅定》　ヴァイシャーリー郊外にアーラーダ仙をたずね、こころをしずめて徹底した無執着の境地（無所有処《むしょうしょ》）を実現するための技法を教わるが短期間で習得した。だがその境地が、自分の求める最高のやすらぎとは思えなかった。次に、何かこころのなかに思っているのでもなく、思っていないでもない境地（非想非非想処《ひそうひひそうじょ》）を禅定によって体得し実践しているというウドラカ仙をたずね、これも短時日で修得する。だが、技術によって一時的に到達できる境地ではなく、真のさとりを求めて、さらに先へ進んだ。

(6)《苦行》　苦行による修行者の集まるセーナ村の森で、ほかの者とはくらべものにならないきびしい修行を始める。彼のまわりには、のちには最初の弟子になる、五人の修行者も集まって一緒に修行した。六年の歳月が流れたが、求める理想に達することはできず、「禅定と苦行をぼろきれのように捨て去った」と仏典は記す。苦行を捨てたことを、五人の仲間は堕落したと非難し、離れていった。

(7)《菩提樹》　森を出たセーナ村で村娘から乳粥《ちちがゆ》を受け、沐浴《もくよく》し、対岸のガヤーへ向かう。そして菩提樹の下に結跏趺坐《けっかふざ》して深い瞑想に入り、開悟《かいご》して仏陀となった。

　生まれてすぐ七歩めぐって偈《げ》を宣した〈(1)〉とあるが、そのままの事実だろうか。だが上位天ほど、ある年齢で生まれてくるという概念（倶舎論《ぐしゃろん》）はあるので、いわば誕生時のタマシイ・レベルというべきものを、このように表現したものだろう。偈《げ》の「天上天下唯我独尊」についても、一人の人間の宣言としては、あまりにも思い切った宣言である。だが自ら宣したにせよ後世の加筆であったにせよ、外ならぬ天（天神・天父）の分身・分霊であることを、やはりこう言い表したものと解される。

天の分霊＝神子であるから、イエス・キリストが神の一人子であるというのと、同じ意味になる。それにキリスト教でいう天なる父も、二柱とはいないはずであるから、どちらも実は同じことを言っているのであるが、これについては後で述べたい。

また、シャカの悟りの前提に、右の偈《げ》のような認識が不可欠だったとすれば、これを根拠として、単に特別な存在の意と解釈するだけでは不十分だろう。

そこから敷延して考えてみれば、誰もが自分という存在、つまり「自己認識」を持つべきことを示唆していると解されるのである。つまりこの点においても、イエスの教えとしてのグノーシス、すなわちペイゲルス氏が言う「神認識としての自己認識」とも、不思議な一致を見せているのである。


苦行を捨てた〈(6)〉というも、正確には快楽〈(3)〉と苦行という両極端（二辺）を捨てて「中道《ちゅうどう》」を見出したのであるなら、これが悟りの原点であり、また出発点でもあった。菩提樹の下での悟り〈(7)〉というも、これをベースとした瞑想により、それまでの知見や理解とも照らし合わせながら反すうすることで、体系的に検証し直したということだったのだろう。（ちなみに反すうといえば、シャカの名前ゴータマ・シッダールタは「もっともすぐれた牛」と「目的を達成する」を意味する、ともある。）

正確には、シャカは苦行そのものを否定したのでなく、そこに求めるものはなかったからそれを捨てたのであるが、では、そのシャカがいったんは範を得ようとした苦行者たち、彼らはいったい何を目的としていたのであろうか？

シャカは、苦行の前に禅定の修行もしている〈5〉。こちらは短期日にマスターしているので、うっかりすると見過ごしてしまうが、シャカが心の中で求めたもの、ひいてはシャカが求めなかったものを知る手がかりになりそうだ。

「禅定＝定」と対にあるのが「念力＝念」であり、成功や願望成就の秘訣としてアピールされることが多いので、あるいはこちらのほうが馴染みがあるかもしれない。

だが念の前提には定がある。念は一過性の作用であって、単なる方法論にすぎない。つまり定が基本で、念は補助だ。今ある欲望がそのまま満たされれば、それでよいというわけではないのは明白だから、その前に、何をもって目的となすかなどを、心静かに、自分自身の胸に問うて見定めねばならない。それは「定《じょう》」である。

その意味でも、禅定は仏教の重要な要素である。だがシャカが師事した仙人たちの求める禅定はシャカが最終的に求めたものではなかったのだろう。

現代でも、インドにおける信仰の主流はヒンドゥー教であり、また尊崇の対象はヨーガ行者だ。そのヨーガは、行法（ポーズ）と瞑想の二種類に大別されるが、前者が苦行で後者が禅定にあたる。

だが何もヒンドゥー教に限らず、宗教の大きな流れの一つに、霊能力の獲得を目的とするものがあるのは、説明を要しないだろう。確かに単純に考えれば、霊能獲得は魅力あるものに見える。筆者とて若い頃には、そうしたことへの憧れも少しならあった。

だが霊能による救済は、いわば対症療法にも似たものから出ることはなく、根本的な解決にはならないようである。

あるいはシャカが師事したという、仙人の行ずる禅定にかぎっては、霊能獲得を目的とした技術的な瞑想だったのかもしれない。

だとすれば、禅定も苦行も等しく霊能獲得を目的としていて、シャカもそれはマスターしたのだ。だがそれを目的として出家したのではなかったのである。

ではシャカは、そもそも何を求めたのであろうか。

先ずもって、右の場合の禅定も苦行も、いずれも個人の能力に帰される。そして一般の民衆は、そうした能力による恩恵を求め、それにあずかって安堵《あんど》する。単に「世の救い」というだけならば、そうした「癒やし」もまた救いであろう。

だがヒマラヤの聖者が、ふもとの村人の病気や飢餓を解決したところ、村人たちは次第に生きる意欲をなくし、働かなくなっていったという話（『ヒマラヤ聖者の生活探究』霞ケ関書房）もある。そののち聖者はさらに山奥へと退き、二度と村人の前には現れなかったそうだ。むろん、世の中に「癒やし」は必要なものであるが、それが超絶的な能力による一方的な癒やしならば、いわば応急処置のような、一時の対症療法としかなり得ない、ということだろう。（つまりシャカは、そんなものでは飽きたらず、根本的な解明をこそ求めたということになる。）

　では、衆生のすべてが霊能者になればよいのか？　なるほど、それも一つの解決ではあろうが、衆生の大半が救われることを望んでいて、自分が救うほうにまわるなどという大それた考えを持たないのなら、それはほとんど現実性のない見通しである。それに、そんな大それた考えは持たなくとも、身の丈に相応した中での相互扶助のココロは持ち合わせているだろうし、他方で人を救うというのも実際には野心の一つの顕れと見なせる部分も少なくなかったりするのである。だとすれば右の想定は、世の中の現状を置き去りにしたものでしかない。


　次に、求道へのきっかけとなった四門出遊《しもんしゅつゆう》〈3〉がある。

　城の東門を出て醜い老人に会い、南門を出て病人に会い、西門を出て葬列に出合い、最後に北門から出て、すがすがしい出家修行者に会って、すべてを無常と知って自らも出家を志すという話であるが、これは出家を意味づけるために、あとから加えられた説明だろう。

　東門・南門・西門にあたるのが、それぞれ老・病・死であるなら、北門にあたるのは生老《しょうろう》病死《びょうし》のうちの「生」であろう。つまり老・病・死という何人も避けられない、いわゆる四苦八苦があってなお、この世に生を受けて、生きるべく定められてあることの意味を、シャカはシャカ自身に問うたのだと、筆者は解したい。すなわち、シャカにとっての「生」とは、この時のシャカを取り巻く状況下での、城の中にはなかった。つまり、出家するよりほかに選択肢はなかった、ということではないだろうか。
「この世に生を受けて生きる」という意味においては、仙人も聖者もない。衆生はみな等しく、それぞれに生きているのである。そしてさらに、そこから発展して、世の中の有りようを憂えたものではなかったかと思う。もしそうでなくて、おのれの心の安心のみを求めたのならば、禅定と苦行とによってもそれは十分満たされたはずなのだ。

ここにおいて、(5)での禅定も、(6)での苦行も、つまるところ、自分自身の救い（＝ここでは能力獲得）がその出発点にある。だがシャカの場合は違っていたらしい。

他の宗教の開祖と違って、仏教に特徴的なのは、今回の生の前に、それへと至る多くの転生（ジャータカ・本生経《ほんじょうきょう》）が語られていることである。話の題材は他の民話などとも共通するものがあるらしいが、一貫したシャカの過去世として語られるところに特徴がある。それらの転生の中で、個人的な解脱《げだつ》なども、とうにクリアしていたものと考えるべきだろう。だとすれば(5)でも(6)でも満足しなかったのは当然だろうし、言われるように聖人は、衆生の苦しみをわが苦しみと観じる者なのであれば、それは大きく相手次第のことなのである。だからたとえシャカといえども、そうおいそれとは行くはずもなかったということになって来る。

すなわち、シャカは、世の中＝地上世界が、その全体として解脱することを願ったのである。地上世界の解脱とは、つまりは、この世を浄土と成すことにほかならない。まただからこそ、その後の浄土思想的展開や未来仏としての弥勒経もあったのである。

だが衆生の関心は、今も昔も、そんな壮大なものでは到底なかった。そのことを踏まえ、さてでは、そもシャカ説法とは何であったか？よく「縁なき衆生は度し難し」といい、また「釈迦説法にもれた衆生」などともいうが、シャカがよもや右のような状況を承知していなかったはずはあるまい。

「火宅」の喩え

人々のある者は霊能獲得を求め、人々の多数は霊能力による恩恵を求めた。だがシャカは、そうした（禅定や苦行による）霊能獲得では意に満たずにそれを放棄した。

一つの現象もしくは現証として、（自分が）目に見えて確認できる、もしくは（他者に）見えるように現すことができるという意味では霊能力もまた具体的な一つの「力」である。内面の得心（自内証）に対して、力は他者に行使できるという点で、明瞭に異なっている。多くの人が霊能に関心を寄せる理由もそこだろう。

だがシャカは、それは本当に求めるものではないとしたのである。ではそうしたものを、シャカは何と呼んだのであろうか？

今この点に的を絞って、思いを巡らせてみるとき、大乗経典に記された一つの比喩にどうしても行きあたってしまう。序章でもご紹介した法華経がそれであり、一般にも「火宅の喩え」として知られるが、このたとえは漢訳経典での「比喩品」にあたる。（ちなみに筆者も、若い頃から仏教にはなじみのあった者の一人であるが、とりたてて法華経だけに関心があったわけでもない。だがここにきて、にわかにこの経とも度々関連付いてくるならば、私事ではあるが、何らかの縁《えにし》を感じざるをえないというのが正直なところである。)

・長者の家が火事になった。そしてこの邸宅には狭い入り口が一つあるだけだ。
・自分だけは、戸口から無事に逃れ出たが、子どもたちはおもちゃで遊ぶのに夢中で、火事にも気付かず嬉々としている。
・長者は力があったので、子どもたちをまとめて抱え連れ出すこともできたが、戸口はせまくて一人しか通れない上に閉まっている。そこで長者は、子どもたちに注意をうながした、家は火事だから出ておいでと。
・だが子どもたちは火事の意味がわからず、それぞれに散らばって父の顔を見るばかりであった。
・そこでやむなく、長者は、巧妙な手段を用いて彼らを誘い出すことにした。
・すなわち、長者は子どもたちの望みを知っていたので、それぞれが好む「牛の車」「山羊の車」「鹿の車」を戸口の外に置き、こっちへくればどれでも欲しい物をあげよう、と声をかけた。
・前々から欲しがっていたおもちゃがあると聞いた子どもたちは、元気よく先を争って家から飛び出してきた。そして口々におもちゃを下さいと言った。
・そこで長者は、皆に等しく、七宝作りの、風のように走る牛の車を与えた。

・その心は、「子どもたちに他の車を与えて、どうしてよかろう。どの子もみな大切な子どもであるから、差別をつけられない。私は長者だから、すてきな乗物をいくらでも持っているので、なにほどのことがあろう」というものであった。

――『仏教聖典選〈第4巻〉大乗経典（一）』（岩本裕著、読売新聞社）を参照、文責筆者。

これが「火宅の喩え」である。

このあと「さて、長者は三種の乗物を約束しておきながら、最も勝れた乗物しか与えなかったのは、嘘を言ったことになるであろうか」というシャカの問いに、弟子シャーリ＝プトラは「決して嘘を言ったことにはなりません。それはなぜかといえば、かの人はかつて、『巧妙な手段を用いて、これらの子どもたちを大きな苦しみから解放してやろう』と考えたからです」と答え、シャカは「よく言った」とほめ、話は結ぶ。――右は要するに、「方便はウソか」と問いただしているのである。してみるとこの仏説の時点で、すでに「方便ならウソをついてもよい」という俗説は出来上がっていたのかもしれない。

さてこの比喩品（前掲書では「たとえ」の章）は、その前段にある方便品（「巧妙な手段」の章）を承《う》けてなされた喩えである。つまり「方便」の意味を、さらに具体的な喩えにして説明したものなのである。

ここで、先に述べた事柄を再掲するので、思い出していただきたい。

――つまり端的に言えば、人々は、イエスが行った奇跡を通じて、それを行ったイエスを信じたのである。

今日の論争でも、何かというと、証拠うんぬんの方向で展開しがちだから、目の前で起こされる奇跡があれば、当時にあっても、分かりやすかっただろう。そしてこの点に関しては、グノーシス派においても、正統派においても、同様だったのである。

ただ違ったのは、前者にあっては、自らも奇跡を行う存在であろうと望み、後者にあっては、並はずれた霊能力を有するイエスを特別の存在として、絶対的に崇める方向で進んだのである。――（p275〜276）

すでに繰り返し論じてきたように、かつて泥仕合を演じた、グノーシス派のある部分、および正統派は、本来的にイエスが説いたものとおぼしき「グノーシス」つまりペイゲルス氏コメントによる「神認識としての自己認識」から見て、いずれもが微妙に、かつ明確に、本質からは外れていた。

だが右の再掲部分からも分かるように、彼らも、もとはといえばイエスの行った「奇跡」を目《ま》の当たりにして、それに続く互いのコンセプトこそ違えど、それぞれなりに、それを火宅から抜け出す方法と信じ、かつ行動したのは間違いないであろう。

ここでイエスの「奇跡」を、大乗経典にある「方便」に重ね合わせてみたとする。すなわち、イエスの奇跡は、大乗の方便と、ぴったり一致しているのが分かる。

また「長者は力があったので、子どもたちをまとめて抱え出すこともできた」とは、何らかの力の行使による一方的な救いを意味しているだろうし、「戸口はせまくて一人しか通れない」は、子どもたち自らが《単独者》となり《一人で立つ》こと、すなわち《覚知《グノーシス》》に至るべきことを意味しているだろう。ここで《単独者＝一人で立つ》は「トマス福音書」におけるキーワードの一つである。

だとすれば、われわれはここに「大乗思想」と「グノーシスをめぐる解釈」との接点を見出すことができるのである。

だが、ここで即座に、これを結論とするのはまだ早い。

これを一つの重要手がかりとし、他のアングルからも見直してみた上で、ということでなければ、納得のいく結論に達したとはいえないからである。

だが、以後この手がかりを前提として話は進めるので、論そのものも含め、右の適否は、考察の過程でその都度、判断していただければと思う。

三界は火宅の如し

サンスクリット語訳「たとえ」の中に「燃えさかる家にも似た三界」といったフレーズがあり、これを漢訳由来の比喩品では「三界は、なお火宅の如し」と訳す、有名な部分である。

三界とは、広辞苑によれば、「①欲界・色界・無色界のこと。……③過去・現在・未来のこと……」となっている。

宗教的には、欲が、さも悪しきもののように言われたりするが、この世に生を受けて生きている以上、誰もがこの身体を養わねばならず、そのこと一つをとっても、欲そのものが悪しきものであろうはずはない。だからここでいう欲界の欲とは中道としての、また自他としてのバランスを欠きながらなお、偏ったほうに欲を求めることを指している。

また色界という色とは、「色に出にけり」ともいうように形に顕れて残留せる、いわば結果の状を指している。そして無色界というのは、未だ形に顕れざる、「人」で言えば心の中の想念(希望的観測など)、「世」で言えば、未だ来たらざる未来(すなわち「絵に描いた餅」のようなもの)を指している。

これを整理すると(広辞苑の①+③)、

欲界　色界　無色界
現在　過去　未来

ということであって、いずれも必要なものであるのが分かる。

つまり「三界はなお火宅の如し」というも、三界そのものを否定しているのではなくて、それが燃えさかる火宅同然であるのを憂えている、ということなのである。

ちなみに、火宅の喩えは、大乗仏教の主流の一つである浄土教で言う「厭離穢土《おんりえど》　欣求浄土《ごんぐじょうど》」とも対応しているので、これにも触れておこう。

厭離穢土とは、この世を穢《けが》れたる世界と見てこれを厭《いと》い、ここから離れんと願うこと、欣求浄土とは、西方の彼方で、すでに実現してある浄土へ生まれて往くことを、よろこび求めることである。浄土教で言う浄土とは、西方浄土＝阿弥陀世界のことにほかならないから、このスローガンも必然的な帰結である。

だがさて、仏典にしばしば陀土（他土＝この世界ではないという意味で）という表現が出てくることからも推察できるように、いかに理想世界といえども、西方浄土はこの世界の浄土ではない。そして、その一方に、観音浄土や弥勒浄土があることからも分かるように、仏教の最終目的は、この世界が自前の浄土を持つこと、もしくはこの世界が未来において浄土に成長することにあると理解されるのである。

ということは、「厭離穢土　欣求浄土」の矢印の先にある阿弥陀世界というのも、首尾良くこの世界が浄土として実現するまでの間、とりあえずこの世界のタマシイが身を寄せる先という解釈もなされてくる。むろん、個々的にはそのまま西方浄土の住人になってしまうということもあるだろうし、むしろそれが主体かもしれない。だが、より広い意味で考えるなら、これも方便の一つと言えなくはない。

要するに、西方浄土は「今現にある浄土」であり、われわれのこの世界は「やがてなるであろう浄土」ということになるのである。

だが、西方浄土についても考慮に入れてしまうと、話が複雑になってしまいそうだ。ここでは指摘するだけに留め、この件は後の宿題としておきたい。

順路の整理

前項までの前提をふまえて、「火宅の喩え」を、キリスト教における同時期の状況に当てはめてみよう。

グノーシス派のある部分へは、「霊能獲得」という車を用意した。

正統派へは、奇跡を示現《じげん》する者としての、「崇拝の対象」という車を用意した。

そしてそのいずれもが「方便」だという。

方便というと、現代ではあまりいい意味では使われないので、この両者を方便だと言ってしまうことに、とりわけキリスト教サイドは抵抗を感じるかもしれない。

だが後でも述べるが、シャカ説法においても、イエスの説教においても、方便こそが教えの命であったと理解すべきだ。もしかすると、われわれは方便というものを見くびっているのかもしれない。

その一方で、シャカの説法やイエスの説教を、何か深遠で到達しがたいものとして仏壇の奥あるいは神棚の上などに祭り上げたがるという矛盾した行為を日常的に行っている。確かに簡単に到達はできないだろう。

そして現代の社会においても、宗教の主流は、一方的に神仏を崇拝することであったり、超能力に対する憧れであったりするのであるなら、方便とはいえ、それが如何に、人々に必須のものと思われていたかが分かるだろう。

ところで法華経は大乗経典の一つである。その法華経をグノーシスに照らし合わせて考えるには、いくつか問題がある。主なものをあげると、

一 グノーシスの思潮がイエス死後にわき起こったのと同様、大乗思想もまた、シャカ滅後数百年を経て勃興している。これら大乗経典を、そのままシャカ直伝の説法としてよいのかという問題であり、

二 キリスト教がインドに伝わっているのは確認されているので、キリスト教の影響を受けた結果として仏教の中に大乗（とりわけ浄土思想）の動きが生じたと従来は解されている。だがそうだとするには、大乗経典の量はあまりに多く、いうなれば、あたかも子が親を産んだかのような感があるのはどういうわけかという問題である。

これらの整理を付けないまま、両者を照合することはできない。

だがそれを考えるには、まだ準備不足だ。

その前にわれわれは、新たなキーワードとしての「方便」を取り入れるについて、ここでぜひとも、今少し踏み込んだ考察をしておく必要がある。

三 「仏の三身」と「三猿」

「巧妙な手段」

把握を容易にするために「たとえ」の章から述べたが、方便そのものについては、その前に置かれた「巧妙な手段」の章（漢訳仏典での「方便品」）で語られている。

岩本氏の『大乗経典（一）』を参考にしつつ、例によって要所を箇条書きしていこう。

シャカが樹下に悟りを満了したことにふれるくだりがあるので、まずはそこから。

① 仏であり、この世の指導者である余は、いま、人々を安楽にさせるために、この世に現れた。幾千万億通りにも種々に敷延して、余はこの仏の「さとり」を完全に示そう。

余は人間どもの信心の意向と心の動きを知って、多くの種類の教えを示そう。種々の手段を用いて、彼らの心を奮いたたせよう。これが余の独自の知恵の力である。

② 余はまた、理智が劣り福徳から離れた、貧困な人々を見る。彼らは生と死の回転に陥り、苦難の道に閉じこめられ、さらに苦悩の連続の中に留まっている。

ヤクが尾で繋がれるように、彼らは喉《のど》の渇きに似た欲望に執着し、常に愛欲のために盲目となり、苦悩にさいなまれながらも、偉大な威光のある仏を求めず、教えを尋ね求めない。

彼らは六種の運命に閉じこめられて、心いやしく邪悪な思想にとどまって動かず、苦悩を背負うて苦悩の後を追いつづけている。余は、彼らに激しいあわれみを持つ。

③　余はそのことを知り、「さとり」の壇上に三七日（二十一日の間）を満了するまで留まり、そこにある樹木を見上げつつ、実にこのようなことを考えたのであった。

余はかの樹木の王をまたたきもせず凝視し、その下を歩きまわった。そして『この知恵は不可思議ですぐれている。人々は愚痴のために盲目となり、無知のままでいる』と考えた。

そのとき、梵天も、帝釈天も、また四天王も、大自在天も、さらに自在天も、幾千万億の天神衆も、余に『教えを説け』と要請した。

彼らは、すべてうやうやしく合掌していた。『余は何を為すべきか』と、そのことを考えた。余が「さとり」の功徳を語っても、これらの人々は苦悩に打ち負かされている。愚かな彼らは余の教えを捨てよう。彼らは余の言葉を捨てて、不幸の土地に行こう。余にとっては、何も語らないのが一層よい。今日こそ、余は安らかな平安な境地に入りたい。

④　過去世の仏たちを思い出し、彼らの巧妙な手段を思い浮かべて、余はこの仏の「さとり」を三通りに説明して、この世に弘めよう。

余がこの教えをこのように考えたとき、十方における他の仏たちが、そのとき自身の姿を余の前に現し、『それはよい』という声を挙げた。

『それはよい、聖仙よ。世間の指導者の第一人者よ。この上ない知恵に到達して、巧妙な手段を考えて、仏たちの模倣をされるとは。

われわれも、そのとき仏の勝れた言葉を三つに分かって世に弘めよう。劣った教えに甘んじている無智な人々に「人間は仏となりうる」と言っても、彼らは信じないであろう。

こうして、われわれは原因をよく理解して巧妙な手段を用い、果報を得たいという希望を宣言して、多くの菩薩たちに勧めよう』と。(以上、p54〜56)

①について。
自分(余)のことを仏と言っているが、ほかの箇所では如来という言い方も出てくる。従来は、同じ意味の言い換えのように解されているが、少なくともこの経典では、明確に区別して使い分けられているようだ。重要な部分なので解説しよう。

水が百度で水蒸気になるのは沸騰だが、その沸を人間に置き換えたのが旧字の佛＝仏である。また前にもふれたが、如来は「如如として来たり、如如として去る」からきた語で、それは「時」を意味しているから、この世の時間線上の存在、つまり事吹《コトブキ》きの細胞体を有するを意味して、人間をも指している。

すなわち、《仏》はこの世ならざる存在、いわば霊的存在を指していて、《如来》という場合は、天の分霊が地上の母胎に宿って誕生した者を指して言うのであり、いわゆる神子《みこ》(御子)を意味しているのである。だから「天上天下唯我独尊」というのも「如来たる」を宣した語だったのである。

またそれはキリスト教における「神の一人子」とも同義である。

もっとも、そうだとすると「神の一人子」は二人いることになってしまうが、実はそのことを探ろうとしている。だが、これは順を追って述べねばならない事柄である。大事なことは結論そのものではなく、そうだとした場合の整合性にあるのであるから、それには、他のアングルからも検証していかねばならない。

とはいうものの、ここで結論そのものの是非を押し問答してみたところで話は先に進まないから、仮の結論として、例えば〔二人のメシア〕とでもデータ登録しておくこととするので、一応そのことも、頭の隅には置いておいてほしい。

さて、ここで注目すべきは、この経におけるシャカが「自分は仏である」つまり「この世ならざる存在だ」と、自ら言っていることである。

いきなり尋常でないことを言い出したように聞こえるかもしれないが、仏=佛が沸騰の沸からきていることは説明を要さないだろうし、コトブキ（細胞体）が時間軸上に乗っていることの意味については『千年の箱国』シリーズでも、また本書でも、度々論じているところであり、神子や如来の概念についても述べてきた。そこからすれば、仏と如来とは、たとえ本来は同一の意識存在であろうとも、その態様の異なることは明らかであろうし、ここを心して読み分けなければ、経の真意も読み取れないのである。

経は何も隠し立てはしていない。ただわれわれが読み違えていたのである。

整理してみると、この大乗経典において、説法しているシャカは、現世において樹下に悟りを開いたシャカではなく、入滅後に仏となったシャカつまり応身仏である。ここで応身仏とは、かつて人間として生を受けた者が、その死後に仏と成った存在のことである。

従来ここのところは、現世において悟りを開いたので、生身《しょうじん》のままに仏となった（そしてここから生き神ならぬ生き仏の概念も生じた）の意味に解釈されがちな部分であるが、それだと何もかもがないまぜになってしまって、全く文意を成さない。

だから③で、「実にこのようなことを考えたのであった」と過去形で表現しているのも、現世にあった時のことを回想して、そう言っていることになる。

さてここには、トマス福音書の序の場合と、よく似た状況のあるのがみてとれる。それには「生けるイエスが語った」ことを「双子のトマスが書き記した」とあった。このパターン上の類似は、あとで重大な意味を持ってくるので、記憶しておいてほしい。

考えられる可能性としては、シャカが入滅後に仏となって、さらに、そこから新たに再生（つまりリニューアル）した存在、それをトマスは「生けるイエス」と呼んでいるのではないかということである。だがそれはまだ、単なる一つの可能性にすぎない。（むろん、奇をてらうのでもなければ、読者を驚かすのが目的でもない。また、自分が何を言っているのかもよく承知している。だからこそ早めに、問題の焦点を共有しておこうとするものでもある。）

それでも、最終的にそこへ持っていこうとするのであるなら、簡単にはいかない。もとより、そのことを分別するに具体的証拠などがあろうはずもないし、事はすでに単なる謎解きの範囲を越えつつある。されば整合性を求めつつ順次に進もう。

「仏」と「仏たち」と

②で、「生と死の回転に陥り」とあるのは転生一般のことではなく、輪廻（輪廻転生とも。いつまでも同じところをグルグル廻るかのような転生の仕方）を指している。分かりやすく言えば、男に生まれては女を卑下し、次に女に生まれては男を軽蔑するといった転生を繰り返す場合があったとして、これは輪廻と呼ぶことができよう。

転生そのものは必要なものだ。もしこれがなければ、すべての人間が、たった一度の人生のうちに、この世のありとあらゆる事柄を、ことごとく悟り尽くさねばならなくなる理屈である。だがシャカだって、シャカの説法に洩れた衆生もあると言われるくらいで、すべての人に当てはまる説法は不可能だったのだから、ましてわれわれ衆生で、一度にクリアできる者などは皆無だろう。

③の、「……の壇上に三七日（二十一日のあいだ）を満了するまで留まり」とあるのは、苦行を捨てて森を出てのち、ピッパラの下に瞑想したことを言っている。そしてすでにふれたが、「そこにある樹木を見上げつつ、実にこのようなことを考えたのであった」とあるのも、これが仏（霊的存在）としての回想シーンだからだろう。

むろん霊的存在とまでしなくとも、晩年の説法場面という想定で創作された経典という解釈もまた可能であろうが、それだと「如来」と「仏」の区別がつかなくなってしまうのである。（もっとも、最初から如来も仏も全く同じで、区別などないと言うのであるなら、もはや何か言わんやであって、ここで話も終わりとなる。）

ちなみに筆者の想定では、大乗経典（少なくともその基本的なもの）は後世の創作なのではなく、霊的存在となったシャカが、かつての説法を継承する弟子たちの前に出現し、いわば霊言として、直接に生前の説法の補足的もしくは補完的な解説を施したものだったと解している。それが一つの引き金となって、仏教における「大乗」の大きなうねりが生起されたのである。所縁の弟子たちにとっては、まぎれもなくそれがかつてのシャカと同一の存在なのは明らかであったろうから、かつて人間であった者が死後に仏となった存在、すなわち《応身仏》だと認識したのである。

だが生前のシャカあっての応身であるのに、詳細は知らない一部には、グノーシスの一部における場合と同様、こちらのほうが偉大だと考え、生前の説法を信奉する伝統的上座部を、小乗として非難した者もいたのである。現在では、大乗も初期仏教（大乗はこれを小乗と呼んだ）を見直し、初期仏教も大乗の考え方に歩み寄る方向にあるというから、本来の軌道に修整されつつあるということだろう。

つまりすでに述べた如く、トマス福音書において、イエスの直弟子であったトマスが、その死後にイエスの説教の真意を改めて解説（補完・補足）せんとして、後継者たちの中の霊能者に現れたのと全く同じパターンが、ほぼ同時期に（順序としては、シャカの方が先だろうが）生じていたのである。そして、一方に大乗のうねりが生起したのと軌を一にして、こちらには、にわかにグノーシスの機運が勃興したということになってくるのである。

——ようやくというか、何とかここまで、話をこぎつけることはできた。ここからは右の線にそって進めていくが、今から構えられても話が進まなくなる。適否のご判断など、話が最終的に出そろってから、なされればと思う。

——くどいようだが、ここで論の是非や真偽を詮索するには及ばない。ただ、整合性の検証も含めて、おいおい、論も進めていくので、ここは一つの可能性として受容していただくなら、書くほうとしてはベストである。

それはさておき、順路に戻ろう。

「梵天も、帝釈天も、また四天王も、大自在天も、さらに自在天も、幾千万億の天神衆も、余に『教えを説け』と要請した」とあるあとに、「余にとっては、何も語らないのが一層よい。今日こそ、余は安らかな平安な境地に入りたい」（③）と言っている。

ところが、ここの部分は、通常の解釈では順序が逆で、「何も語らないのがよい」と考えるシャカに、梵天が「中には、この説法で救われる者もいるから、是非、説法してほしい」と願い、シャカもその懇願を受け入れて教えを弘めることにする。いわゆる《梵天勧請《ぼんてんかんじょう》》であり、これが《初転法輪《しょてんほうりん》》だとされる。

だがこの順序の違いがあることによって、結果としては、次の《巧妙な手段》が導き出される前振りとなっている。すなわち、梵天らの要請があったからといって、シャカが考えを翻したのではなく、「何も語らないのがよい」とする見通しに変わりはないが、巧妙な手段（方便）によってであれば説きようがあると考えたのである。

そして④では、その巧妙な手段は、過去世の仏たちによるものだという。シャカはそれにならって、それを三通りに整理した上で世に弘めようと考えたと言っているのであるが、①では「これが余の独自の知恵の力である」とも言っているのである。

では、そのどの部分がシャカのオリジナルだというのだろうか？

この仏たちは当然この世の存在ではないが、本書の立場では、ここでのシャカも入滅の後に出現したところの霊的存在である。だが同じく霊的存在（仏）であるとはいえども、両者が同一のスタンスにあるというわけでもないようである。

そして、この過去世の仏たちは、いわば常套手段のようにして、巧妙な手段を用いていたものらしい。その常套手段を説法の中に取り入れたことが、シャカのオリジナルだといっているのであり、それで仏たちも「それはいい」と応じたようである。

状況を整理すると、問題は〔常套手段としての巧妙な手段〕と〔説法としての巧妙な手段〕との違いにある。

①に「仏であり、この世の指導者である余は、……」とあったから、これがそれだろう。

《この世の指導者》とは、端的に言えば《天の分霊》であり、地上にあっては《神子》のことだ。「星の中心者」と呼ばれることもある。（ちなみに前に述べたように、星辰否定とあったのも、実は星辰そのものを否定したのではなかった。だが星辰そのものを否定する意味に受け取った者もいた一方で、それに反発した者もいたのである。そしてここで言う「星の中心者」とは、どこかの星の中心者の話ではなく、この星・地球の中心者の話なのである。その意味では正統派の反発にも理解は浅いが、柴田説が言うような一理はあったわけである。）

また「幾千万億通りにも種々に敷延して」ともあり、その上で仏の「さとり」を完全に示そうというのである。

われわれがとりあえずここでしておくべきは、常套的巧妙な手段の仏たちと説法としての巧妙な手段のシャカ仏との違いを、いくらかでも把握しておくことであろう。

少なくとも、二種類の仏があると言っているのだが……。

仏法（大乗）では、「仏に三身あり」と言われる。

法身《ほっしん》・応身《おうしん》・報身《ほうしん》の三身であり、文献には、自性《じしょう》身・受用《じゅよう》身・変化《へんげ》身として解説されたりするが、概して「三身仏」は分かりづらい仏教語の代表格であろう。

ということは、実は二種類どころの話ではなかったのであり、先にこれに照合して考えようとすると混乱するのは目に見えている。

といって素通りはできない。

幸いなことに、「三身」のほかにも三のつく語はいくつかあって、前出の「三明」(六神通力のうちの大切な三つとされるもの)や、方便の「三乗」などである。そして、そのどれもが微妙に関連し合った意味を有しているのであるなら、これらを手がかりとすることで、より具体的な把握が可能かもしれない。

さて次項以降に述べるものは筆者の思考モデルにすぎない。

言うまでもなく、霊能者でもない筆者は霊界の実際を見ながら書くのではない。

だが何事にも一長一短があるとすれば、霊的な事柄を霊的な知見によって書くということには、ある種の限界もあるだろうと思う。むしろ、言葉や文字では表しがたい部分のほうが多ければ、いきおい現証(実際の証拠を示す)方向に傾くのはやむを得ない。だから結果としても、体系化はされにくいのである。

そして本書のような論の立て方が存在する意義も、一にここにあると思える。

そういうわけでもあり、また学術的にも反論はあろうかと思うが、論の放逸と煩雑とを避け、あえて筆者流のやり方での解説を試みたい、と考える次第である。

順路としては、三猿《さんえん》から始めて三乗《さんじょう》・三明《さんみょう》と〔起承転結〕風にたどっていき、最後に右の「三身説」とも首尾良く照合できればと考えている。

【起】三猿のたとえ

それぞれ両手で、両目・口・両耳をふさいだ姿態の三猿はご存じだろう。東照宮陽明門にある甚五郎作の眠り猫の近くに三猿もあるので、存外これが始まりかもしれない。日光東照宮は、言わずと知れた東照権現家康を祭って建てられたものだ。ところで七福神を広めたのは、その家康と縁の深い天海僧正だというから、三猿を言い出したのも彼だったのだろうか。誰が言い出したかはともかくとして三匹の猿をモチーフに選んだのが、かなり意表を突くものだったのは確かだ。

「見ざる」「言わざる」「聞かざる」の意を寓したものというが、意外とそれ以上の意味はよく分からない、不思議な像だ。そのたったこれだけの造形も、じっくり眺めてみると、これでなかなか味わい深いものを含んでいる。

ただ単に身体機能として、見た通りの「口で言う」「耳で聞く」「目で見る」だけのことならば、「だから何？」と聞き返したくなるところだろう。だがそうは思えない。折角だから、さらに詮索してみると、この例えが二つの部分から成り立っているのが分かる。

一つには、なぜ「見る」「言う」「聞く」の三つの要素を選び出したか？

二つには、なぜ「……ざる」という否定形にして示したのか？

「見る」は、目で見るのであるから、目の前の様相、ありのままの姿を見るの意と解せる。

「聞く」は、耳で音や声を聞くだが、それは何らかの対象あってのことだから、より具体的には、他者の言を聞くの意と解すべきだ。そして「言う」は、ただ言うだけなら何ということはないとすれば、自分の感じや思いを表現し、それを相手に伝えるの意味だろう。

ところで、目も耳も二つある。両目があることで対象の遠近を測ることからも分かるように、この二者は何らかの対象あっての機能である。だが口は一つであり、内側から発せられる機能なのであって、右の「感じや思いを表現する」にも符合している。

要するに、見る・言う・聞くの三つは、自他つまり人と人との関係における必要にしてかつ十分な三要素なのであり、おそらく寓意が示唆したいのもこれだろう。

次に、そのまま見る・言う・聞くとはせず、わざわざ否定形に直したのかである。ただ単に、猿（サル）と「……ざる」とを掛けただけのことなのだろうか？

人と人との関係を、三つの要素に集約した上で、その否定形を示すということは、実はそれ以外の残る二要素を示したかったのではあるまいか。つまり、

「見ざる」は、〔言う＋聞く〕（Aタイプとする）であり、

「言わざる」は、〔聞く＋見る〕（Bタイプとする）であり、

「聞かざる」は、〔見る＋言う〕（Cタイプとする）ということである。

仮にこれで合っているとしても、はてこれは何の意味か？

何となくは伝わってくるものはあっても、さて改めて文章にして表すとなると、これがなか

なかうまくいかない。

そして糸口となったのは、あの「三人寄れば文殊の知恵」ということわざだった。もしかすると三猿の寓意は、このことわざを、さらにかみ砕いて表現したものではなかったか。

それらが必須の三要素であるからには、そのうちの一つだけに突出した才があっても、生きてはいけない。といって、それらのすべてに、万遍なく熟達している人というのも存在しないだろう。たとえ、いかなる天才や聖人を持ってきたとしてもである。なぜならもしそんな人がいたとして、とっくにこの世からも昇華した、仏的存在になっているはずだからだ。誰であれ、地上に生あるのは何かが足りないからであり、足りないからこそ、それを学びに生まれてきているのだと理解すべきである。

整理しよう。

一つだけ突出しても不十分なかわりに、誰もが三要素をいくらかずつは有しているものとした上で、うちの二つをある程度まで身につけた状態をサンプル的に想定してみたとしよう。

たいていの人は、大なり小なり、A・B・Cタイプのいずれかに当てはまるだろうから、この想定には根拠がある。ただし、ちまたで流行《はや》りの血液型占いのようにはいかない。血液型は生まれつき固定されたものである上、もっぱら相手を、その固定された分類に当てようとするので、高じれば単なる決めつけに陥りやすいものだ。

それに比べてこの三つのタイプは、学びの基盤ではあっても、その学びは現在進行中のものでもある。だから自らの心がけもあれば、影響し合い、また切磋琢磨することもあるなら、年々歳々、変化していくものであろうから、他人から見て型に当てはめても、実際には、ほとんど適合していないだろう。――むしろ自分を知るには役立ちそうだ。

だがそれでもなお、大まかなアウトラインとしてなら、この三タイプに分類してみることで、世の中総体のおおよそではあっても、ある程度の概観として把握することはできるだろう。

さてそこで、Aタイプでは、ある程度まで「言う」(相手に伝える)と「聞く」(他者の言に耳を傾ける)とは身に付けていて、「見る」(ありのままの現実を受容する)はあまり身に付いていないとしよう。ここで得手な「言う」と「聞く」とをさらに伸ばそうとしても、ある程度からは伸びないとしよう。それを伸ばすカギはおそらく、現実を見直すことにあるのではないか。(筆者自身もそうだが、また読者の方々でも、そうしたことの一度や二度は経験されているはずである)

同様にBタイプでは、ある程度まで「聞く」(理解)と「見る」(観察)とは身に付けていて「言う」(表現)はあまり身についていないものとする。誰だって得手不得手はあるから、それ自体はよくあることだ。だが観察と理解とをより精緻なものにしたいとすれば、最低限必要な分の表現もしてみなければフィードバックされない。(話のとおりをよくするために、ここで筆者の今行っている「書く」を、広義の「言う」に含めるとして述べてみる。もともと書くのはきらいではなかったから長じてこのようなこともしているが、以前はこんなテーマは書かなかったから、とりわけ、このような論理に傾いたものを書くようになるなどとは思ってもいなかったことである。だが振り返ってみれば、ただ書くのが好きなだけでは一歩も進めなくなるというような状況にも再三再四、出くわしてきた。現に、この三猿を採り上げるにつけても、相当に悩んだばかりだ。だが結局のところ、「書く」ことを再開させてくれたのは、やはり「聞く」「見る」の要素つまりは、資料や原稿を何度も始めから見直すことだったのである。）

そしてCタイプでは、観察・表現は身に付けているとしよう。だが「見る」に長じて現実を見極め、「言う」に長じて意思の疎通をはかるにしても、「聞く」（受容）が表面的な範囲のものなら一方的なものか、そうでなくとも、それなりの意思の疎通しか達成されない。そうであるなら、他者の言も耳に入れ、その心情を知る心がけもあってはじめて、ただの独りよがりではなくなる道理である。

ここで、くれぐれも言っておきたい。世の中に何十億という人がいるのを承知で、あえて、たった三種類に大別しているのである。実際のヴァリエーションだって何十億通りもあるはずなのにである。だが逆にたった三種類だからこそ、大まかにであれば、このどれかに当てはめてみることもできるのであり、それでも世相を知るなどの場合には、かえって好都合だったりもするのである。つまりは世界観のようなものだ。

だから自分以外の、個々の誰かに当てはめようとして、このような分け方・解し方をしてみたのではない。また、こうした分け方が本当に役立つのは、占いもどきな他人への当てずっぽうでなく、むしろ自分自身にとって、今、何が必要かを考えたい場合などであろうし、そうした場合にこそ力を発揮してくれると思われるのである。

さて、三猿の話を持ち出したのはほかでもない。例えば簡略化して、A「見ざる」＝〔言う＋聞く〕としたように、三要素の中の一つが否定形であるということは、他の二つはある程度有している。だが、その二つがある程度から先へ進むためにも、否定形で示された第一の要素を取り入れねばならない。

そしてこのことは、B・Cの場合にもいえることであるなら、この三要素とは、〔人相互の関係〕つまり〔世の中の成り立ち〕において、補完関係にあるといえる。図示してみよう。

A「見ざる」＝〔言う＋聞く〕……補完性……現実を知る＝「見る」を学ぶ者
B「言わざる」＝〔聞く＋見る〕……補完性……心を伝える＝「言う」を学ぶ者
C「聞かざる」＝〔見る＋言う〕……補完性……相手を知る＝「聞く」を学ぶ者

三者直接の関連は把握しづらい。だが否定形を置くことでその中に二者を含め、否定と肯定すなわち課題と学びの関係として整理し直したのが、三猿の例え、ひいては三人寄れば文殊の知恵だということのようである。

三者が補完関係にあるなら、例えば、見るを学ぶ者は同時に糾《あざな》える縄の如くして、言うを学ぶ者・聞くを学ぶ者でもあるわけだが、ともあれ、ひとまずは要素としてとらえてみたことで、それをふまえてここに〔補完性〕という新たなキーワードを得た。

【承１】方便の三乗

大乗思想の流れの中でいう三乗とは、菩薩《ぼさつ》・縁覚《えんかく》・声聞《しょうもん》のことである。

乗り物に例えて三乗というのは、一つには、三車のおもちゃに由来してのことだろう。だが、チベット仏教に時輪乗の語もあったりするので、乗り物に例えること自体が仏教の特色ともいえる。

その三乗のうち、縁覚は、特に独覚《どっかく》とも辟支仏《びゃくしぶつ》とも呼ばれる。

というのも、大乗思想の要は菩薩にあり、菩薩は利他行《りたぎょう》を本旨とする者だからである。大乗での菩薩は、他者との関わりにおいての菩薩であり、ひたすら他者につくす者をいうのであるから、自分だけの悟りを求めるのは独覚だといい、そうしたやり方で果を得た者を辟支仏だとして非難したようである。

もっともな理由ではある。だが菩薩がそれだけの意味であるなら、それは世間によくある、単なるワガママとオヒトヨシの違いでしかない。少なくともシャカの出現と開悟を待たなければ知り得ないような種類のものではないと思える。とすれば菩薩の意味、ひいては縁覚や声聞の本来の意味も、洗い直してみる必要がありそうだ。

それともう一つ気になるのが、僻支仏とも呼んでいることである。僻支の意味が何であれ、仏とつくからには、あるレベル以上に達した者を指しているのだろう。

ここで、その僻支仏の得た仏果というのが、超能力あるいは霊能獲得のことだったとすれば、まずもってそれは自身の能力獲得であり、確かに「独《ひと》り覚《さと》る」者でもある。

そしてこれは、グノーシス派の一部がイエスを霊的存在としてのみとらえ、奇跡を現出する霊的能力を重視したのとも同じである。果たしてこれは偶然だろうか？

そうなると次に、声聞つまり「声を聞く」者のことも気になって来る。

今この（声を聞く者）もしくは（声を聞いてさとる者）を、「聞く」ことで学ぶ必要のある者の意と解して、その補完性を考慮すれは、「聞かざる者」だからこそ「聞く」を学ぶ必要のあるケースを示しているようである。つまり耳では聞いても、その言わんとする内容（言い分）には関知せず、もっぱら現実的な勝利を求める傾向が、その前提としてあるだろうことを示唆している。だとすればこちらは、力業《ちからわざ》でグノーシス派を押し込めようとし、結果的にも勝利したという正統派とも、ぴったり重なってくる。ここまでくれば、偶然で済ませるほうが、むしろ不自然ではないだろうか。

そこで改めて、先の三猿とも照らし合わせてみたとしよう。

パターンで見る限りは、かなりの部分で符合しているのであるが、一つだけ、根本的に異なる大きな差違がある。

大乗の流れの中での通常的解釈では、菩薩を重んじて、その下に縁覚・声聞を置く。というより、菩薩のみを重視して、縁覚・声聞は批判の対象とされている。

ところが、三猿の例えでは、そのような上下はない。

試みに縁覚＝一部グノーシス派、声聞＝正統派としてみた上で、三猿を三乗に当てはめてみる。前者は霊性を重視し、その反作用として現世を軽んじる傾向があったから、言わば現実を「見ざる」者と言い得るだろう。そして後者は右記のごとく、他者の言の意味する中身を「聞かざる」者であった。

とすれば、残る「言わざる」者は菩薩のことになるわけであるが、「利他」は行為と結果とを伴って初めて意味有りとするなら、つまり基本的には不言実行ということでもあろうから、矛盾もない――より正確には、利他行為＝主体の前提として、実際の姿を如実に理解し把握するのに、禅定＝客体に身を置く、つまり「言わざる」がある。そしてその上での「言う」（参与・関与）にも意味が出てくることになる。書き加えておこう。

A　「見ざる」＝〔言う＋聞く〕＝「観察」を学ぶべき者……縁覚（客体）
B　「言わざる」＝〔聞く＋見る〕＝「表現」を学ぶべき者……菩薩（主・客）
C　「聞かざる」＝〔見る＋言う〕＝「理解」を学ぶべき者……声聞（客体）

三猿では、見る・言う・聞くはいずれもが必要不可欠な三要素であった。ところが三乗にいたって、にわかに優劣の順位が発生している。

ところで、シャカは方便として、三通りに説くこととした。その三通りは、菩薩・縁覚・声聞のこととされる。ということはつまり、菩薩もまた方便のうちであり、方便に含まれるものらしく思われるのだ。どうやら問題とすべきは、この点にあるようである。そしてここから、かなり錯綜《さくそう》した誤解と混乱とが、生じたものかと考えられる。

【承2】菩薩の位置づけ

なるほど確かに、経の中に菩薩が最上と取れるような、それらしい箇所はある。

だがその部分だけを採り上げても、他の箇所との整合性が付かなければ意味をなさない。ためしに先の④（p295〜296）を、さらに整理してみよう。

（ちなみに、同じ箇所を漢訳経典からの翻訳と見比べると、確かに同じ文意ではあるのだが、ワンクッション置かれているせいもあってか、さすがに微妙なニュアンスまでは読み取りづらく感じられた。したがって本書の解釈が、全面的に岩本氏のサンスクリット語訳文に拠っていることを改めてお断りしておく。）

（また、すでにご承知と思うが、経文のすべてにわたって解説するなどは不可能なことだ。したがって留意点の抽出基準なども、あくまで筆者個人の選択による。）

〔シャカの言葉〕

④a1　過去世の仏たちを思い出し、彼らの巧妙な手段を思い浮かべて、余はこの仏の「さとり」を三通りに説明して、この世に広めよう。

a2　余がこの教えをこのように考えたとき、十方における他の仏たちが、そのとき自身の姿を余の前に現し、『それはよい』という声をあげた。

〔仏たちの言葉〕

④b1『それはよい、聖仙よ。世間の指導者の第一人者よ。この上ない知恵に到達して、巧妙な手段を考えて、仏たちの模倣をされるとは。

b2　われわれも、そのとき仏の勝れた言葉を三つに分かって世に弘めよう。劣った教えに甘んじている無智な人々に「人間は仏となりうる」と言っても、彼らは信じないであろう。

b3　こうして、われわれは原因をよく理解して巧妙な手段を用い、果報を得たいという希望を宣言して、多くの菩薩たちに勧めよう』と。

彼ら（過去世の仏たち）は、臨機応変でかつ多種多様に、巧妙な手段を用いて説いていた。シャカはそれを三種類に大別し、方便（巧妙な手段）として説くこととした（a1〜a2）。それを聞いて仏たちも、これからはそれに準じて、三様の説き方として分別して弘めることにした（b1〜b3）。

臨機応変な説き方というのは、世の中の実情に照らせば妥当であっても、その場限りの一過性のものであるから、その都度、泡沫《うたかた》のようにして消え去り、まとまった教えとしては成立しがたい。といって、それらをただ一つの結論に集約してしまうなら、あまりに多くが含まれてしまって伝わるものも伝わらなくなる。そこで、誤解を避けるに必要な、最少数の節目（通過点）を取り出し、三つに分けたと言っているのである。

仏たちの言葉に『無智な人々に「人間は仏となりうる」といっても、彼らは信じないであろう』（b2）とあるのは、彼らがさまざまに説いたものが、ひとえにこの「人間は仏となりうる」ことを覚らしむるための布石だったことを物語っている。

つまり仏乗である。（そしてこれこそが正法だと言うのである。）

だが、この「仏」という最も馴染みのある語が、実は最も難解な語でもある。

単純に声聞の上に縁覚があって、縁覚の上に菩薩があって、という解釈では割り切れないのと同様、菩薩の上に仏がいるという解し方では不十分だろう。（ちなみに「トマス福音書」でも、イエスはトマスを、同等・対等の存在として扱っている。）

菩薩に焦点を当てて考えてみるとして、もし声聞・縁覚の上に菩薩があるなら、菩薩になるよう勧めて然るべきだが、そうではなく「多くの菩薩たちに勧めよう（b3）」とある。そういうからには、ここでの菩薩たちはすでにして菩薩なのだ……。

となると、いよいよもって菩薩とは何なのか？

どうやらここが終盤の山場らしい。せっかくここまできたのだから、急がば回れだ。ともあれ、経中の混乱しやすく見える箇所を気のついた範囲で抜き書きしてみる。

⑤　正しい教えは推理することもできず、推理の範囲を超え、如来のみが理解するところである。それはなぜかといえば、如来は唯ひとつの目的・唯ひとつの仕事のために、この世に出現するからである。

⑥　如来がこの世に出現する目的となった、如来の唯ひとつの偉大な目的、唯ひとつの偉大な仕事とは、一体何であろうか。それは如来の智慧を発揮して人々を鼓舞するためであって、そのために如来はこの世に出現するのだ。

⑦　余は唯ひとつの乗物について、それが佛の乗物であると教えを示すのだ。しかも、第二あるいは第三の乗物は、全くないのである。（以上前掲書　p40〜41）（傍点筆者、以下同じ）

⑧　教えそのものは、この世の十方の何処にもある。それはなぜかといえば、過去世において、十方にある量ることも数えることもできないほどに多くの世界に、完全に「さとり」に到達した如来たちが世間をあわれんで、多くの人々の幸福と安楽のために、この世に出現したからである。

⑨　また、すべての尊き佛たちは、唯ひとつの乗物について人々に教えを説いたのであるが、それは一切を知る佛の乗物であった。また、人々のために如来の智慧の発揮を鼓舞し、如来の智慧の発揮を示し、また、それを理解し理解させ分からせるとともに、それを発揮するに至るまでの道程を理解させる教えを説いたのである。

⑩　この世の人々も過去の如来たちから親しく正しい教えを聴き、すべて、この上なく完全な「さとり」を得たのであった。（以上、p40～41）

⑪　未来において、……数多くの世界に……如来たちが世間をあわれんで……この世に出現するであろう。

⑫　また、すべての尊き佛たちは唯ひとつの乗物について教えを説くであろう……また、人々のために如来の智慧の発揮を鼓舞し、……また、それを理解させ分からせるとともに、それを発揮するに至るまでの道程を理解させる教えを、人々のために説くであろう。

⑬　この世の人々も未来の如来たちから親しく教えを聴いて、すべて、この上なく完全な「さとり」を得るであろう。（以上、p41～42）

⑭　現在、……数多くの世界に……如来たちがおり、……世間をあわれんで……教えを説く。

⑮　また、すべての尊き佛たちは、唯ひとつの乗物について教えを説くのである……また、

人々のために如来の智慧の発揮を鼓舞し、……また、それを理解させ、分からせるとともに、それを発揮するに至るまでの道程を理解させる教えを、人々のために説くのだ。

⑯　この世の人々も現在の如来たちから親しく教えを聴いて、すべて、この上なく完全な「さとり」を得るであろう。（以上、p42〜43）

⑤〜⑦は、唯ひとつの乗物という大前提を述べており、⑧〜⑩は過去世に、⑪〜⑬は未来に、⑭〜⑯は現在に、それぞれ敷延して述べている。

既述の如く、如来は地上に生を受けて、今まさに、「今」という時を刻む者であり、仏（佛）は、この世の存在ではない高次元の存在である。したがって、如来は時を行ずるが、仏は、いわば定常的な到達点に常住しているのである。

右のように、一連の続き文中でも、頻繁に両者が出てくるので、これがもし同じ意味なら、繰り返しがくどすぎて文章そのものが破綻する。だが、如来と仏とが使い分けられているとすれば、過去・未来・現在の三通りに繰り返しているだけのことだ。むしろその時間経過に、何らかの意味合いがあるとも感じられる。

また過去・現在・未来にわたって、「数多くの世界の如来たち」と「この世の人々」が出てくる。われわれの星・地球だけの話ではないわけであるから、ここで言う「この世」も、地球のこの世だけを指してはおらず、より普遍的にそれぞれの星での地上世界を指していると考えねばならない。そこからひるがえって考えれば、前出の「天上天下唯我独尊」というのも当然、この地球にかかわる「天上天下」の意味であって、この星の如来であることを宣したものだったわけである。

仏像で、仏様が蓮華に座し、菩薩が象・獅子などに座していることからも分かるように、仏教では、しばしば乗物が出てくる。そしていずれもが動植物である。

だが右に引用した分だけでもお分かりのように、人々への教えの場であるここでは、乗物は唯ひとつであり、それは仏の乗物だと繰り返して明言される。

つまり、「たとえ」の章（比喩品）に出てくるおもちゃの牛車・山羊の車・鹿の車のように、さも、菩薩の乗物・縁覚の乗物・声聞の乗物などがあるかのように説いたが、そんなものは実際にはないと言っているのである。

われわれは乗物について、あるいは何か誤解しているのではないだろうか？

また見のがしてはならないのは、「如来のみが理解するところ（⑤）」と言っておきながら、いとも簡単に「この世の人々も過去の如来たちから……教えを聴き……すべて、この上なく完全なさとりを得たのであった（⑩）」「この世の人々も未来の如来たちから……教えを聴き……完全なさとりを得るであろう（⑬）」「この世の人々も現在の如来たちから……教えを聴き……完全なさとりを得るであろう（⑯）」と結んでいる。

最初は如来のみが理解し得るのだとしても、その内容までが難解なものなら、それを聴いた人々が、すべて完全なサトリを得るのは無理だろう。だが、限られた少数の人のみがサトリを得るではないのだという。

われわれは、この「完全なさとり」についても、何か大きな思い違いをしているのではないだろうか？

ここはいったん、アングルを引いて考えてみよう。

【承3】ピラミッドの構造

一つのピラミッドを思い描いていただきたい。それは巨石を積み上げて出来ている。

最下層に巨石を敷き詰め、その上に第二層の巨石を並べ、順次に積み上げていき、最後に一個の冠石（キャップ・ストーン）を置いてそれは完成する。


企業など、人間がつくる組織をピラミッド式と称することがあるが、あれは軍隊式に、頂点にいる指揮官が全体を一手に掌握する様をそう言っている。生死をかけた戦いという、本来はやむを得ず発生した、一時的かつ一過性であるべき仕組みだ。ただ久しくそれが常態となっているがために、会社組織などもそれにならう形となっている。

だから、一般には、平社員であることを嘆き、社長たるをうらやむ風潮が、いつの間にか定着したようであり、必然的にも、ここでのピラミッド式では、最下層の石＝平社員である。そしてバブル崩壊以降の現在では、経費節減の緊急課題もあって、さらに下にアルバイトや派遣社員を置き、これを最下層とするようになっている。

だが、こうした様相をピラミッド式と称しては、本家のピラミッドは気を悪くするだろう。なぜなら世界遺産の巨石たちは、そんなふうには思っていないはずだからだ。

地球に重力がある限りは、最下層の石がそこに無ければ、第二層の石は第二層に留まっておれず落下して、そのまま第一層になるだけだから、第二層は第一層の存在価値をよく承知している。第三層よりあとも同様とすれば、単独の第二層・第三層などは、実質的には存在しないことになる。要するに、第二層とは、第一層＋第二層のことであり、第三層とは、第一層＋第二層＋第三層のことにほかならないのである。

通常は順位的なものと解釈して、声聞の上に縁覚があって縁覚の上に菩薩があって、というように暗黙裏に了解されてきたものが、実はそうではなくて、右のピラミッドの場合と同様の意味のものだったのではあるまいか。

実際にも、経典中に、菩薩乗・縁覚乗・声聞乗といった単独表現は一切ない。おもちゃの三車が、たとえとして出てくるだけなのである。

三猿において、「見る・言う・聞く」がいずれも必要不可欠な要素であったように、この三乗においても、「声聞・縁覚・菩薩」がいずれも必要不可欠な要素だとすれば、⑨⑫⑮に「それを発揮するに至るまでの道程を理解させる教え」とあったのが、まさしくこれに該当しているものと理解されてくる。道程＝プロセスである。

第一層＝第一層　　　　　　　　従来の声聞＝実は〔声聞（＋α＋β）〕
第二層＝第一層＋第二層　　　　従来の縁覚＝実は〔声聞＋縁覚（＋β）〕
第三層＝第一層＋第二層＋第三層　従来の菩薩＝実は〔声聞＋縁覚＋菩薩〕

すなわち、声聞は単なる声聞にあらず、やがては得ることになるαとβとを内在していて、いずれは縁覚へと至る者であり、縁覚は単なる縁覚にあらず、やがては得ることになるβを内在していずれは菩薩へと至る者と理解されて合点もいく。

そうすると同書（p58）に、

「余は彼らに最勝のサトリを勧めよう。彼らはすべて菩薩となり、余の弟子である声聞は一人もいない」とある一種不可解なくだりも、それとなく知れてくる。

たとえ、わずかばかりの早い遅いはあろうとも、その道程（レール）が確かなものであるなら、新大阪発の新幹線がいずれは新東京に着くように、α・βを経て、いずれそこへ届くのは約束されたようなものだ。

つまり、声聞が声聞＋α＋βであり、縁覚が声聞＋縁覚＋βであるなら、両者とも、菩薩となることを約束された者にほかならない。（ちなみに仏教の境地「流れに預かることを得た」

を意味するいわゆる「預流果《よるか》」も実はこれだったのだろう。）

それに時間がかかれればかかった分だけ、早ければ素通りしていた風景も経験もしているわけである。だがここで、従来の大乗が縁覚や声聞を非難したように、またキリスト教グノーシス派と正統派とが互いに互いを否定し合ったような単独の声聞・縁覚であれば、「それを発揮するに至るまでの道程」は延々確保されず、したがって菩薩に届く約束も反故《ほご》になる、と右のくだりは言っているようである。


そういうことであるならなおさら菩薩とは何かが、依然として気にかかってくる。

一見振り出しに戻ったようでもあるが、問題を絞り込めた分だけ前進はしている。というよりむしろ、われわれはここで一つの核心に迫りつつあるともいえる。

【承4】仏の乗物

「余は唯ひとつの乗物について、それが佛の乗物であると教えを示すのだ。しかも、第二あるいは第三の乗物は、全くないのである」（⑦）とあった。

つまり「ただ一つ乗物＝仏の乗物」といい、「第二・第三はない」と言っている。

従来の解釈だと、「第二・第三はない」のであるなら、残る第一とは菩薩のことになる。そこには仏乗は難解でも菩薩乗なら何とかといった空気もあっただろう。

だが、乗物は唯ひとつであり、それは仏の乗物（つまり仏乗）だとも言っている。ということは、声聞や縁覚の乗物はおろか菩薩の乗物などもないというのである。

声聞乗・縁覚乗の上に菩薩乗があるという概念があるからこそ、ひいては大乗という語も出て来たのであるなら、大きな誤解があった上での、大乗のうねりだったことにもなってくるわけである。だが、誤解や思いこみもなければ、うねりとはならなかったかもしれないから、これも一つのパラドックスだろう。


「三つとも無い」とは言わず、「第二・第三はない」という一見、矛盾するような言い回しがあるために、右のような誤解の生じる余地もあったわけであるが、見方を変えれば、あるいはこの言い回しこそが重要なヒントだったとも言いうるのである。

ここで改めて、「菩薩とは何」そして「仏の乗物とは何」から問い直してみると、右の二つの表現を満たす状況は、一つしか存在しないことに気付かされる。

要するに、**仏の乗物がすなわち菩薩**だったのではあるまいか。

つまり、**菩薩が乗物**だという意味に解されるのである。

ここで④にあった、十方の仏たちの言葉を思い出してほしい。

『菩薩たちに勧めよう』と結んでいるのであって、菩薩になるよう勧めているわけではない。この菩薩たちは、すでに菩薩としての存在である。つまり、仏の乗物として存在していたのであるなら、こうした言い方もまたあり得るのである。

これまでの流れからみても、直観としてはこの〔菩薩＝仏の乗物〕という解釈が合っているらしい感触はある。だがそのことを現時点ではまだうまくコメントできない。何より「仏の乗物」そのものをイメージするにもデータ不足だ。

どうやら、「仏」の意味を理解するには「菩薩」を理解する必要があり、「菩薩」を理解するには「仏」を理解する必要があるということのようである。そして同時に、このような仏と菩薩の関係に到達したことこそが現段階での大きな成果だ。

となれば、ここまできて急いでも仕方あるまい。どのみち、何もかもを解明するのは不可能なことだ。だからこそ、行ける限りはとことん行っておきたい。

それではアングルを変えて仕切り直すとしよう。

今度は、如来および仏のサイドから、考察の歩を進める。

【転】大切な三明

「漏尽《ろじん》」という語がある。この語が単独で採り上げられて字義解釈される場合、もう一つの語「解脱《げだつ》」と関連づけられて、コメントされることが多い。

字面《じづら》からみても、解脱はこの世界からの脱出を連想させ、また漏尽は、漏（つまり業・カルマ）をこの世に縛りつけている原因と解して、それが尽きて解放されることを連想させるので、要はこの世を否定することから出発した解釈である。（ここで、この世とは、この星・地球の地上世界のことであるから、グノーシス派の一部が星辰否定に傾倒したこととも、奇妙に相呼応《あいこおう》しているのである。)

だが本来の「解脱」は、「この世が火宅状であることからの脱却」を意味しており、したがって「漏尽」の語の意味も、この世界を火宅となしているところの、原因の解消を意味している。そしてその原因というのも、世の中を構成している人それぞれにあるわけだから、個々の「個人としての漏尽」と世々の「全体としての解脱」との関係を説明しているのである。そうであるなら漏尽は独覚ではないし、だからこその大乗だったのである。(すなわち「世」と「個」は連動していて不二である。)

そしてさらに、このことは前項での「仏と菩薩」の関係を探る上でも、重要な要素となるはずである。

前にも触れたが、その漏尽とはそもそも六神通力の中の漏尽通のことである。

その六神通について、ここで要点を記しておこう。——テーマの性質上から、『千年の箱国Ⅲ』ではかなり詳細に論じているので、気になる方はそちらでもご確認されたい。

・六神通の中、宿命通《しゅくみょうつう》・天眼通《てんげんつう》・漏尽通《ろじんつう》の三つはとりわけ大事なものとされ「三明《さんみょう》」と呼ばれる。

・その他の天耳通《てんにつう》・他心通《たしんつう》・神足通《しんそくつう》の三つは、必ずしも好ましくないものとされ「幻の法」と呼ばれる。そして、現代でもテレビなどで何かと取り沙汰されるのは、いずれもこちらの「幻の法」（以下、三幻と書く）のほうなのである。

・宿命通は過去を知る通力であり、天眼通は未来を知る能力であり、そして漏尽通は、現在を知る能力である。そしてこの三つはセットである。何となれば、絶えざる「今」は、その背後に過去という影（記憶）を残しつつ進み、また「今」は、現在時点から未来という次の第一歩（精霊の導きが示唆する陽炎《かげろう》でもある）を見通しつつ、進むものだからである。

・三明の三つは、セットであるによって大事なものなのだとすれば、残りの三つは、それ自体には主体性はなくて、それぞれ三明を支援する要素であるから幻の法というのだろう。すなわち、天耳は天眼に呼応し、他心は宿命に呼応し、神足は漏尽に呼応している。

・この関係を図象化して、三明を三角形とし、三幻をそれに呼応する三角形とすれば、これらを重ね合わせることによって得られる図象が、いわゆるダビデの星（六芒星）である。だがこの段階で形なされるのは場であり、まだ中心は存在しない。

図②にまとめておくので、それを見ながら述べる。

留意しておきたい事柄は三点ある。

一つは、三明と三幻の関係であり、二つは、六芒星の中心についてであり、そして最後に、時間との関わりである。

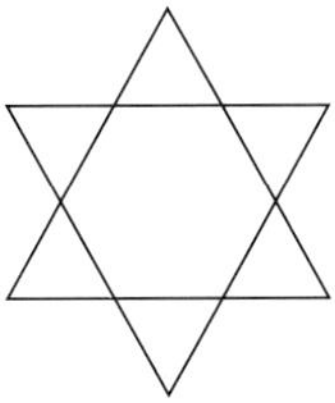

六芒星
（ダビデの星）

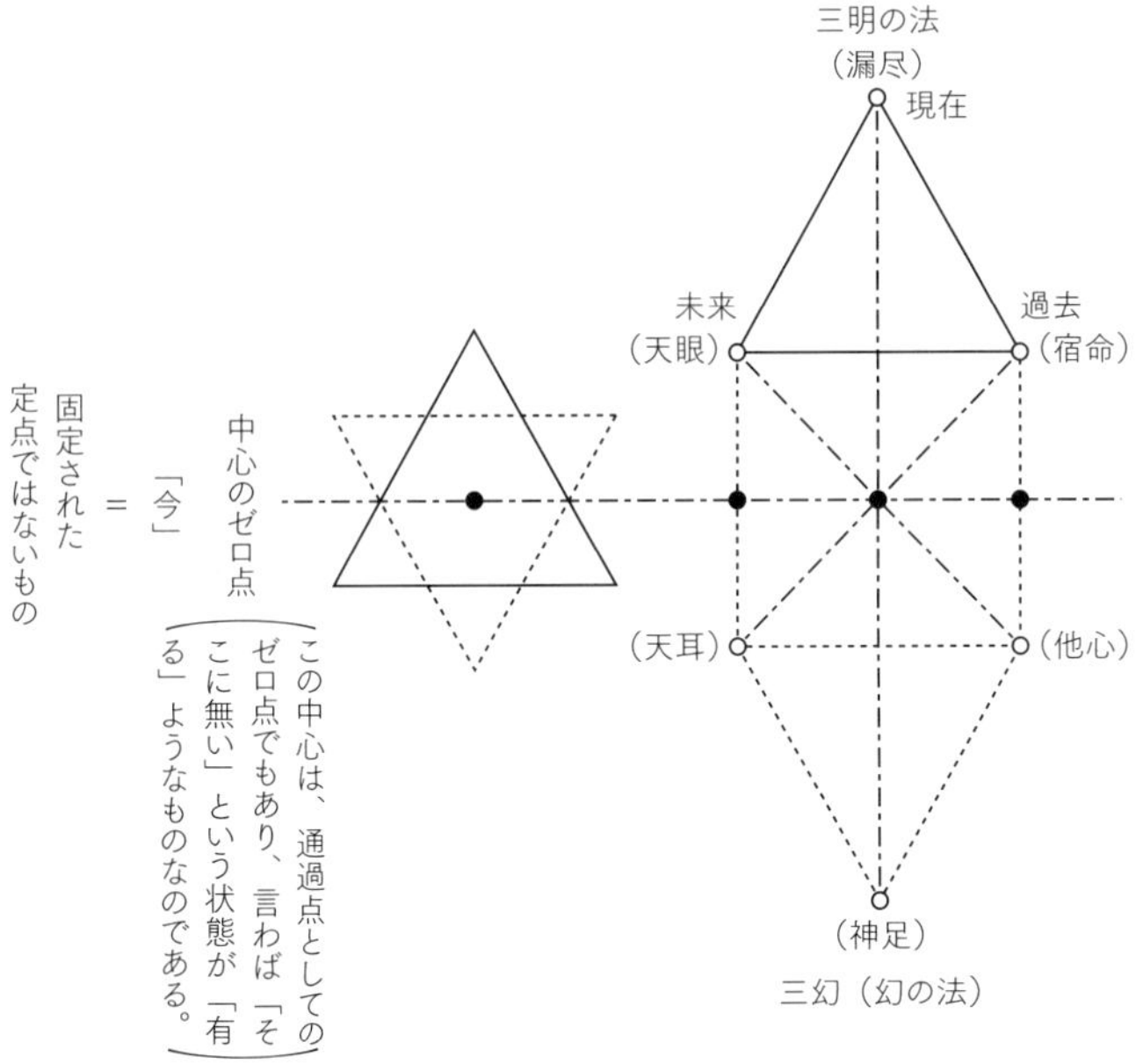
三明の法
（漏尽）
現在
未来
（天眼）
過去
（宿命）
（天耳）
（他心）
（神足）
三幻（幻の法）
中心のゼロ点
「今」
＝
固定された
定点ではないもの
この中心は、通過点としてのゼロ点でもあり、言わば「そこに無い」という状態が「有る」ようなものなのである。

図②

高林雪山著『新竹取物語』（島津書房）によれば「三明の法は正しい法で神仏に至る近道」であるが、「三明以外の法（三幻）は非常に危険で……悪用すると墓穴を掘る」ことになり、さらに「六神通力（三明と三幻）以外の通力は外道の超能力で……時に悪魔の法となる」となっている。

高林本は、神通力もしくは超能力として解説しているので、六神通力以外の外道の法は当然としても、「六神通力でも三幻は危険」とコメントしている。だがそうだとしても、三幻もまた六種の中に数えられるからには、それもまた一つながりのものであろうし、不可欠な要素であるには違いあるまい。

神通力や超能力といった人間中心の、人為的・個人的な概念から離れ、世界そのものを成り立たせているであろう要素としてとらえ直してみる時、シンボルとしての六芒星の意味するものも、それとなくイメージされてくるように思える。

三明と三幻のことは、続編〈2〉で「トマス福音書」を解読する上でも、重要なポイントになってくるので、その際にはまた思い出していただくことにしたい。

次に、漏尽を含めて形なされる六芒星に中心がないのはどういう意味だろうか。言い換えれば、六芒星に中心を求めるとすれば、その中心とは何なのだろうか。

「今」というのは不思議な瞬間である。と同時に、それは瞬間の連続体でもある。

過去も未来も、その「今」から発出して生起されるものであるなら、過去も未来も、「今」なくしては存在できない。時間は、累積された過去があってこその時間であり、同様に累積されていくであろう未来が想定されてこその時間である。「今」そのものは時を刻むもの（生ものの「時」「時刻」）でありこそすれ、その長さとともに認識されるところの「時間」ではないのである。

そういう「今」というものを、仮に〔時間のゼロ点〕または〔時間座標のゼロ点〕としてみれば、現在を知る＝漏尽とはこのゼロ点を知ることにほかならない。

ゼロ点についてはわが国でも古来、ことのほか重要視されてきていると筆者は推察している。だが、時間とかゼロ点とかいった言い方では表現されていないので、意味不明なものとしてとらえられてきたものである。

大嘗祭における悠紀殿《ゆきでん》・主基殿《すきでん》が示唆する「ユキ」「スキ」がそれであり、伊勢神宮における二十年ごとの式年遷宮《しきねんせんぐう》がそれである。これも拙著（『千年の箱国Ⅱ』第八章）で詳論しているところであるが、その推論プロセスまでここに掲げるとかなり長くなってしまうので、結論を述べると、「ユキ」「スキ」とは、簡潔に「行き」「過ぎ」であって、これから進む未来と、ここまでやってきた過去を表している（本書p346も参照）。それが大嘗祭での主要な施設であるというのは、皇位継承の主役である天皇は、古《いにしえ》の倭王を継ぐ者であって、本来は天の神の分霊であろう神子を代理する者だったからである。

また式年遷宮は、この土（地球の神）と陀土（阿弥陀の分霊）とのムスビを、いわば立体マンダラ様《よう》に模したもので、法華経中の「半座」とも対応している。

いきなり神道に仏教を持ってくるのは違和感があるかもしれない。確かにわれわれが通常知る範囲の両者は、むしろ水と油にさえ見えかねない。

だが、神道と仏教もそうだが、仏教とキリスト教でも、そのもともとが同じ地球という星の意思から出たものであるなら、元は一つだ。

知る範囲の中でヨコに並べてつながらなくとも、同じ根源もしくは宗元から出たものとしてみれば、見え方はがらりと変わってくる。いやそれどころか、そうすることでこれまで不明で難解とされてきた事柄の意味がすんなり通じてくるなら、たとえ断片でしか残されていないとはいえ、そういうもののあるのを想定した上で、考察を進めていくべきだろう。

それに私見では、今日のわれわれが知る具体的な神道のほうが実は新来の宗教であって、われわれがイメージしがちな、より古層の、原形的な「神ながらの道」は、そのココロにおいてはむしろ仏教とも近いのである。

「行き・過ぎ」すなわち「過去と未来」の発出点である「今」とは、それ自体が「行き・過ぎ」の波に乗って進行するゼロ点であり、移動する点である。

このゼロ点を考えるについて、一つの興味深いヒントがある。

局名・番組名などは記憶にないが、テレビで気功《きこう》の謎にせまる特集をやっていた。

気功師が、遠隔地にいる患者を、気功で癒す場面を見たことはおありと思う。その気功のパワーが、何か磁気に由来するらしいことは以前から言われていたらしいのだが、著名な気功師（確か中国だったかと思う）が、ある場所を探し当てて、ここは自分と同じパワーが出ている場所だと言ったのだそうだ。

そして多くの人が、効能のある温泉にでも行くようにしてそこを訪れ、また癒《いや》されているのだという。

そこで、さぞかし磁力に満ちあふれた場所だろうと考えたスタッフが、その地の磁力を測定してみたところ、あろうことか、磁力はゼロだったのだという。だがそれは、そこに磁気がないことを意味するのではなく、相反するベクトルにある磁気が、いささかの過不足もなく、ぴったり釣り合っているせいで、測定値がゼロを示したものらしいのである。つまり磁力ゼロのポイントで、そこから自然《じねん》に「気」が発露している。

これは気と磁力の関係であるが、「釣り合い」＝「平衡」といったものが重要なカギを握っているらしいことが、自ずから類推されよう。

そして、仏教の説く「中道」といい、聖書（旧約）で神のことを言う「ありてある者」（＝「存在の存在」＝「平衡の平衡」）といい、名だたる宗教の奥義もまたこの平衡の概念に深く関係しているのである。

では話を戻し、ゼロ点としての「今」について述べていこう。

こういう「今」を刻む存在を、如来と称したものかと思われるのである。すなわち、中心のない六芒星の中心にあるべき者、それが如来であろう。

そして、如来は時間と関係している。というより、時そのものを紡ぎ出している存在なのである。ただし、ここでいう時間とは、天体の運行を基準として、腕時計で見ている時間そのもののことを直接言うのではなくて、事象における、原因から結果への因果律を生起せしめているところの、順序的な意味での時間経過のことである。文章作法における起承転結を想起されれば、了解していただけるだろう。

ちなみに、「十方にある……数多くの世界の……如来たち」(⑧⑪⑭)という表現もあったが、この「如来たち」というのは、「数多くの世界に対応して、数多くの如来がいる」の意味に解すべきであり、同じ世界に、時の基準＝時間軸が複数あっては、混乱と混沌でしかない。だから一つの世界に如来は唯一人、つまり唯我独尊なのである。

そしてそれは、空間的な十方の世界のみならず、時間的な意味での過去・現在・未来にも、その「時」に対応した如来がいるのである。

より具体的に言えば、

・ある「過去世」における、その時点の如来(今＝現在)と、その如来を介して関連し合った、その時点からの過去仏と未来仏であり、
・ある「未来世」における、その時点の、如来と過去仏と未来仏であり、
・説法時点である「現在」での、如来と過去仏と未来仏である。

端的に言えば、如来は一つだが仏には複数の種類があるということになる。
時間との関連については、さらに「三身仏」との関係で考察するのがよいだろう。

【結】時の三身

三身仏は、直接的には、時間との関係で分類されていない。

本論に入る前に、平凡社『世界大百科事典』などを参照しつつ、先にオーソドックスな見解を一望しておきたい。

1　釈迦を超人視する考え方は時代を下るにつれ絶対化され、時間・空間の制約を超えた仏陀《ぶつだ》そのものが考えられるようになり、大乗仏教にいたって完成を見た。
（……在世時のシャカ自身は一人の人間だが、制約を超えて普遍化された「仏陀そのもの」が想定されたというわけである。筆者としては、単なる理想化でなく、そういう想定を希求することになったきっかけは何であったかに焦点をおいて考えている。）

2　仏陀（シャカ）の悟りの内容は、永遠不変の絶対理法であり、人間の思考のたどりうる最後のものでしかないが、これを仏そのものとしてとらえるとき「法身」と呼ぶ。このような仏は相対を越えていて対象を持たない。
（……いわば悟りの内容を神格化したとでもいう解釈であり、ある種、間接的なコメントである。このコメント自体が、人間サイドからのたどりうる最後のものといえるかもしれない。要はそういう存在を、思考・想像の産物とみるかどうかが分かれ目だろう。）

3　仏陀として他に働きかけていくという救済の側面が「報身」である。菩薩が救済の誓願を立てて修行し、成就して仏陀となる（＝果報）によって報身と呼ぶ。一切衆生が二世の願を成就するまで自らは成仏しないという誓願を発した法蔵比丘《びく》が、誓願成就して阿弥陀仏となったのが代表とされる。

（……衆生への誓願から出発するので救済側面とされるが、むしろ、先に到達目標を立てて、ひたすらその成就を待つというベクトル方向に着目したい。だからこその果報といえる。そしてこのことは、キリスト教での予定調和説とも軌を一にしており、阿弥陀を本尊とする浄土教とキリスト教との類似は、かねてより指摘されている部分でもある。）

（……ちなみに私見では、仏陀とキリストとの間には、神仏レベルのムスビがあったと考えており、拙著『千年の箱国』シリーズでも言及しているところである。そして本書でもこの「ムスビ」概念は、大いに関わっている。）

4　法身が絶対的存在であり、アミダを代表とする報身が浄土の存在であるなら、現実の生きたわれわれに接して直接救いの手をのべるものではない。そこで一切の生ある者に応じて現れる仏陀が求められ、これを「応身」と呼び、シャカを代表とする。

（……ここで、よくよく見過ごしてはならないのはアミダがすでに浄土を成就した存在であり、陀土（他土）よりその完成モデルをもたらす者であって、逆算方向のベクトルにあり、誓願～予定調和もここに立脚している。だがこの星ではまだ浄土は完成されていない。言い換えれば、完成へ向けて進行中にあるという見方ができる。）

その「三身」である。

三種の仏身を言い、〔法身・応身・報身〕〔自性身・受用身・変化身〕などの分け方がある。

後者の〔自性・受用・変化〕とする分け方では、法身は相対性を超えた絶対という意味で自《じ》性《しょう》だろうし、応身は人という制約を受用したという意味だろうが、報身に対応するポジションに変化身とある意味がよく分からない。

ちなみに〔法身・応身・化身〕を三身とする分け方もあって、ここでは報身は法身に含み、化身は人・竜などへの化身をいう。

この場合は、竜などを加える必要があると考えて化身を想定し、そのために報身を法身に含めたということかもしれない。

だが右の変化身の場合は、前二者が対応しているので、三身に報身を含める必要はないと考えたか、もしくは何らかの解釈によって報身は変化身に置き換えうると考えたかのどちらかだろう。

整理しておこう。

法身仏《ほっしんぶつ》・・自性身《じしょうしん》・・代表例、大日如来《だいにちにょらい》（ビルシャナ仏）
応身仏《おうしんぶつ》・・受用身《じゅようしん》・・代表例、釈迦如来《しゃかにょらい》（シャカ仏）
報身仏《ほうしんぶつ》・・変化身《へんげしん》・・代表例、阿弥陀如来《あみだにょらい》（アミダ仏）

なお習慣的に仏と如来は同じ意味に扱われ、ここでも両者の区別はしておらず、実質的にはイコールの意味に近いだろう。

三身仏についての、アウトラインとしては以上である。

さて、こうした分け方がある一方で、過去仏・未来仏の呼称もある。

過去・現在・未来という区分からすれば、間に現在仏という区分もあってよさそうなのだが、それはない。このことを先に述べてきた事柄とも照らし合わせて勘案すれば、この現在仏に相応すべき存在とは、ほかならぬ如来である。

「今」が過去を紡ぎ出し、未来を取り込んでいるとするなら、「如来」は、過去仏を生成し、未来仏を吸収していることにもなる。

ここで問題とすべきは、この「今」を過去・未来につなげる（現在の）今と見るか、一瞬一瞬の時のゼロ点の今と見るかで、面持《おもも》ちが変わってくることである。

前者が時間経過のヨコ方向に見る面持ちとすれば、後者は磁力ゼロ・ポイントで気が発露するのと同様、タマシイがその本来のポジションであるところの根源にアクセスするという意味での、いわばタテ方向の面持ちということになる。

すなわち「タテ」「ヨコ」であるが、かねてより論じてきたところである。

この座標軸のゼロ点から、ヨコおよびタテが生じているのを、ないまぜにして論じてしまうと、何もかもが意味不明なものと化してしまう。要はこれをいかに識別して認識するかということであろう。

だが形に現れた現象面からは、それらを明確に区別できないものでもあるなら、ひとえに脳のシミュレート機能を活性させ、これをイメージ的にとらえるほかにないものである。

で、改めて三身を見てみるに、人間として歴史に登場したシャカを応身仏にあてているが、生前・滅後の別はどちらとも取れて曖昧である。

だが人間のシャカは、如来ではあっても仏ではない。

そして如来が「今」を刻み、時のゼロ点から発して根源に直結する者であるなら、根源の法身と一体の者でもある。仏ではないから法身仏ではないが、地上で唯一、法身に対応する者である。だから現在仏とは言わず、特に区別して如来と呼んだ。人は皆、結果として法身に対応すべくある者ではあろうが、生まれながらに法身に直結している者という意味では唯一の存在であり、そうあることによって如来なのである。

現に細胞体（肉身）をまとって在る者、すなわち、細胞体のコトブキ（事吹き＝地上の時間経過）に重畳して、「起承転結」風な順序としての因果律（時の本質）を保持する者、それを「如如として来たり如如として去る者」＝「如来」と言ったものであろう。

したがって、地上的な時間経過を超えた次元世界に在る仏たちには因果律を説くことはできない。というよりもむしろ、時間経過の枠外にあるによって、人々に臨機応変な法、いわば多種多様な（方便の）法を示して間接的に導くということであるなら、前出のようなシャカとシャカを支援する仏たちとの関係も了解されてくる。

応身仏もまた仏であるなら、かつて人間として生まれた身に応じて、滅後に仏となった者の意味に解すべきであろう。

つまり、大乗思想勃興時に何らかの形で出現して、大乗と呼ばれることになる思想を説いたシャカが、すなわち応身仏なのである。そしてその思想は、新たな思想なのではなくて、生前に説法した内容を、補足・補完もしくは敷延するような形でなされたということになってくるわけである。

それにそもそも、大乗の語源であるところの、菩薩の乗物は存在しなくて、また小乗と非難された縁覚の乗物や声聞の乗物というのも存在しないのであるなら、なおさら、初期仏教と大乗仏教との関係は、右のようなもの（同源の説法）に解すべきである。

ところで、仏教の特色の一つに本生経《ほんしょうきょう》（ジャータカ）がある。シャカの過去世の話を集めたものであるが、多種多様な多くのエピソードに満ちており、そうした前世の修行を経てのち、シャカとして生まれて悟りを開いたとするのである。そしてそうした前世の修行を、悟りの前提＝菩薩行とするわけである。ところが、如来についての右の解釈を前提として考えるならば、一つ一つの人間としての過去世が、それぞれに如来だったと解することもできてくる。そして生まれるたびに、如来として新たな「時」を更新するのであれば、それまでの如来であった生《せい》での行跡は過去仏として引き継がれる。実際、経典中にもしばしば過去仏が語られる。かつての如来を引き継いだ分霊（もしくは仏身）が、今生の如来を支援・誘導するのはもっともなことだ。

つまり、大乗を説くシャカは応身仏であり、そのシャカを、過去世の如来を引き継いだ過去仏たちがその説くところを評して「それはいい」といい、認証を与えてサポートしたわけである。仏与仏という言葉の通り、仏を支援する者は仏しかいない。

では報身仏はどうであろう。

最初に基準としての法身を考え、次にそこから敷延して、過去とのつながりで応身を考え、さてその次に報身までできて、ここでガラリと雰囲気が変わっているのにお気づきだろうか？

従来の分類では、法身はそれ自身が絶対の存在であり、応身・報身は救済の原理に則った存在であるから、むしろ法身こそが特異である。だが言ってみれば、この分類法は人間からみた距離感によるものであって、手の届かない高みにいる法身と、こちらまで手を差し伸べて救ってくれる応身・報身という分け方にすぎない。そしてそこでの応身・報身も現実面の救済か死後の世界への救済かの差でしかない。

しかしながら、ここでひとたび、三者を有機的なつながりで把握しようと試みれば、法身と如来とが「今」において一体（タテの関係）であり、そこから派生して、過去仏の応身が生まれ出ている（時間軸上での、ヨコの関係）のであるから、この二者はシャカをキーパーソンとしてつながっている。だが報身はそう単純にいかない。

アミダは来迎《らいごう》の仏とも言われ、かねてよりナムアミダブツを唱えて結縁している死者のもとへ「お迎え」に顕れ、浄土へいざなってくれる仏であるから、なるほど死後の救済ではあり、通常はそう意味でしか馴染みが少ない。それだけだろうか？

では順を追って考察していこう。

すでに触れておいたものも含め、箇条書きにして掲げる。

一、報身とは、誓願を成就し終えた菩薩が、首尾よく果報を得て仏となった存在のことである。誓願の対象（一切衆生）に着目すれば救済と見えるが、到達目標を置いて成仏を待つ（……までは成仏しない）というプロセスに着目すれば、到達目標から逆算して対峙し、順次衆生が通過して来るのを待つ、という姿勢のあるのがうかがえる。

二、このあるべき結果からの逆算という大前提は予定調和説そのものであり、聖書系の宗教に特徴的な預言および預言者の存在を、不可欠な必須のものとしている。ここで仏教やキリスト教といった表面上の仕分けを離れ、宗元・根源は一つという、本書が基盤とする、基本の観点に立って洗い直してみるとしよう。

三、未来は途中の通過点を示すアウトラインではあっても、すでに定まってあるもの、なのではない。何となれば、無量寿経にもあるように、アミダの浄土は西方の彼方に、すでに成就されて、完成され完結された世界であるが、この地球では、まだ浄土は実現しておらず（なお火宅のごとし）、完成へ向けての進行途上にあるからである。

四、完成されてあるものをただ真似てみても、同じレベルの浄土とはならない。われわれの実社会においても、自分なりに体で覚えて身につけなければ「わがもの」とはならないように、求められる浄土もまた、地球オリジナルな要素を含んでこその理想世界であろう。それにその楽園は、そこでの住人が実感できてこその楽園だろうから、実社会におけるわれわれの学びの延長線上に、それはあるはずである。

五、ここにおいて、アミダ世界ひいてはキリスト者が提示するものは、いわば完成モデルなのであって、そのままでは適用されないものである。だからこそタテマエとしても、死後にアミダ世界に移籍し、アミダ世界の住人となるのを勧めるということなのだろう。つまり火宅の地球を厭って浄土へ移る（厭離穢土　欣求浄土）のであって、戦乱と飢餓の時代だからこその、いわば応急・救急の措置だった一面もある。その意味ではアミダ世界の完成度とは関係なく、この救済手段は一つの方便として出されたものだといえよう。また解脱や漏尽の意味を、地上世界からの脱出ととらえる見方も、このあたりから出たものであろう。

六、ちなみに法華経と浄土部経典とは、大乗経典の双璧であるが、古来どの寺院でもこの両者を備え、「朝に法華経、夕べに阿弥陀経」が読誦されてきたのである。そして方便というと、現代ではよからぬニュアンスにしか取られないが、大乗仏教の特徴は一にこの方便にあるとも言いうるのである。

七、気の遠くなるほど遠い未来ではどうか知らないが、アミダ世界とこの地球とは別の世界であり、経典中でしばしば陀土と略称するのも、存外、陀土＝他土の含みがあってのことだったろう。だが、この「他」は「別」を意味するものではあっても、赤の他人を意味する「他」ではない。（すでに触れたが、本書では、仏陀とキリストとの間には神仏レベルのムスビがあったと考えている。）

八、要するに報身とは未来仏（未来モデル）のこと、という点が重要なのである。未来がすでに定まっているのでなく、モデル（一種の旗《フラグ》立て）として機能しているということは、この星の実世界に取り込む上で、何らかの中間システムを必要とすることを意味しており、この点において、やはり如来が、中心の軸となっているのである。なぜなら、かつて法蔵比丘は誓願を成就して阿弥陀仏となったが、この地球では、今まさに如来によって誓願が立てられ、進行しつつあるものだからである。

仏の三身を過去・現在・未来にあてはめ、「時の三身」としてとらえ直そうとした意味も、これで了解していただけただろうか。

次に、報身に関連づける場合の如来について、さらに考察の歩を進めたい。

ではここまでの成果と対応関係を表にしておこう。なお便宜上、最下段はすべてシャカとして示したが、あとでキリスト教と照合して考えるためのもので、少なくとも釈迦在世時からイエスの登場を経て、大乗思想およびキリスト教グノーシスが生起興隆する時期迄においては、仮にシャカの名で示しても大きな支障はないはずである。

法身	自性身	根源の大日如来	現在	如来のシャカ
応身	受用身	如来の継承者	過去	応身のシャカ
報身	変化身	来迎のアミダ仏	未来	報身のシャカ

報身ベクトル（未来の記憶）

ベクトル関係は、図をまじえて説明した方がはやいだろう。

大嘗祭《だいじょうさい》の主要行事が大嘗宮の儀であり、大嘗宮の中心となる建物が「悠紀殿《ゆきでん》」「主基《すき》殿」である。儀礼が終わると、あたかも時が過ぎ去った如くに、建物は取り壊される。

　結論を言うと、ユキ・スキとは、単純に「行き」「過ぎ」であろう。

　すなわち「今」は、背後に「過ぎ」としての影を残しつつ、「今」自身は「行き」方

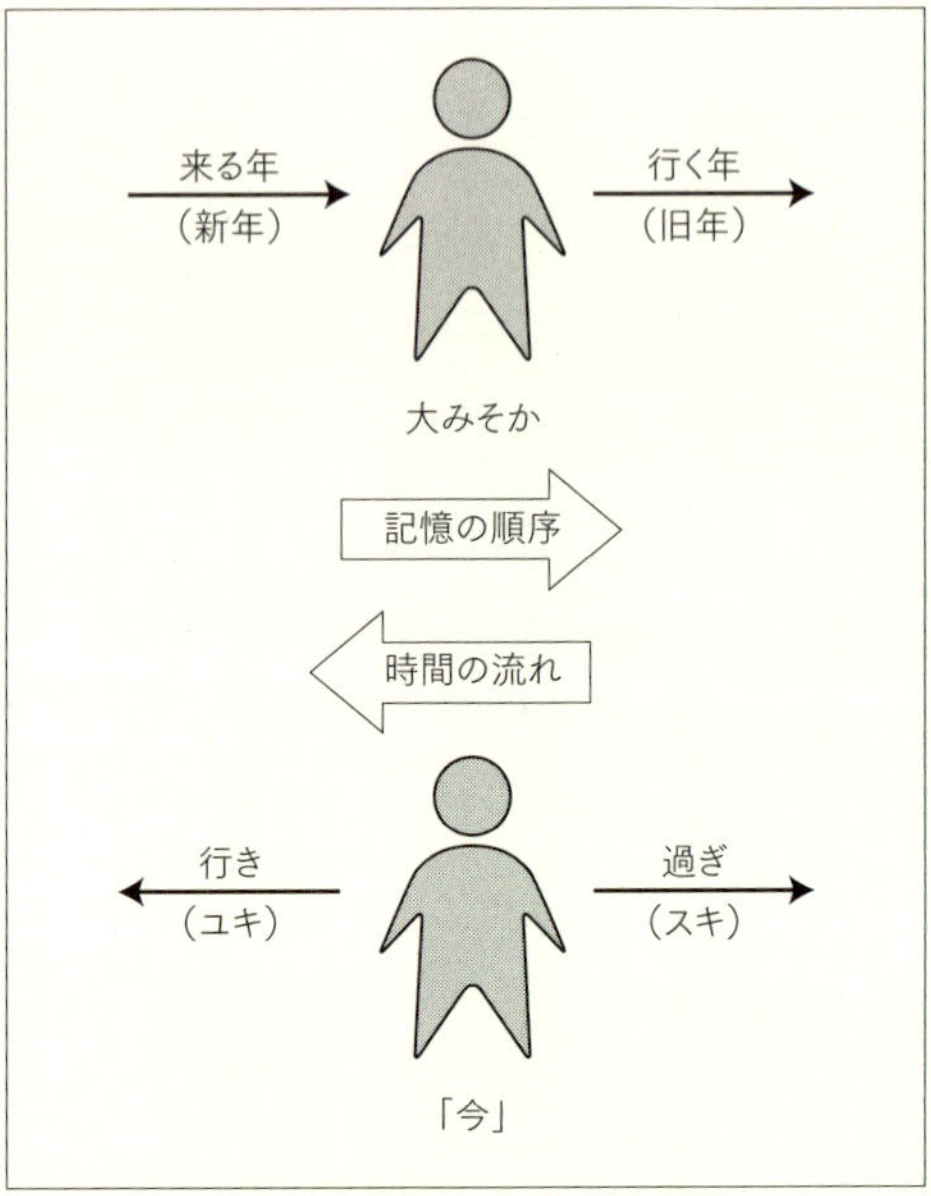

図③　「ユキ」「スキ」の概念図

似た表現であっても、使い方によっては、それが示している方向は変化する。上段の図では、「行く年」も「来る年」も同じ向きを向いているが、下段の図では、「今」を基準としていて、「スキ」は過ぎ去ってゆく過去であり、「ユキ」はこれから進んで行く未来を表わしている。拙著「千年の箱国 II」p294より。

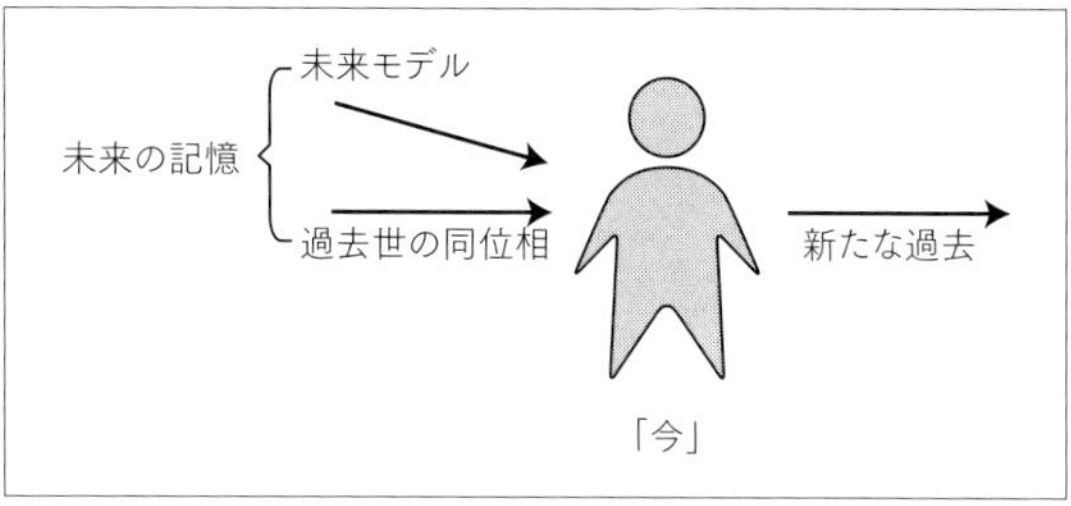

図④　未来の記憶

向に属して前へ進む。

ところが大みそかの「行く年」「来る年」などを考える場合、未来から「来る年」も、過去へ「行く年」も、どちらも同じベクトル方向の中にある。この未来から今へ向けてやって来るものこそが、いわば「未来の記憶」に当たるものなのであろう。

その「未来の記憶」とは、「今」そのものにおいて、「過去のサイクル（過去世）」における同位相の事象が生起するのに合わせて「未来モデル（予定調和）」の要素が融合する。その結果、未来の記憶は（相殺されて）変容するのである。

すなわち、「今」基準で紡ぎ出されるであろう「行き」と、この「未来の記憶」とは同じではない。《過去世の同位相》と《未来モデル》とが「今」に流入して融合し、「今」自身は、新たな「過ぎ《スギ》」を残しつつ、自らは進む（「行き《ユキ》」）ものである。

「未来」プロジェクト

釈迦説法の因果律が説くところによれば、過去に思いをはせて考えることは大事である。良くも悪くも現在の有りようは、すべて自分の過去に起因しているからであって、「すべては自分から始まり、自分に還ってくる」と説く高僧もいらっしゃる。

だがそれ以上に人はたいてい、未来のことが気がかりなものだ。だから占いや予言には人が群がるし、当たれば当たったで、未来があらかじめ定まっているかの如き見方の生じるのもまた必定である。それではいかんというので、未来の何もかもが定まっているのではないといったコメントも出され、なんとなく落ち着いているようである。

では一体、未来のどの部分がどう定まっていて、どの部分がどう定まっていないと考えるのが適当であろうか。いや、この設問は適切ではあるまい。そんな線引きは、たとえお釈迦様やキリスト様でもできないに違いない。

未来が定まっているのは別のあるステージにおいてであり、おそらくそこでは何もかもが要素として定まっていよう。だが、この地上次元においては未来は何も定まっていない。地上次元で定まっているのは予定であり、かつ未定である。だから未来が定まっているというよりはむしろ、予定（確たる見通しに従った経綸）に沿って進められていると理解すべきだろう。

そしてここに、前記した「何らかの中間システム」があるわけである。総体としての流れは前ページに図示しておいたが、さて具体的にはどうであったのか？

大乗思想のもう一つの目玉に弥勒菩薩《みろくぼさつ》がいる。五十六億年以上もの未来において弥勒如来となり、釈迦説法にもれた衆生に教えを説くべくして、現在は都率天《とそってん》にて待機・修行中と言われる。すなわち、法蔵が阿弥陀となったように弥勒は弥勒如来となる予定の存在であり、弥勒は地球での報身にあたる。

　そして、これまでの本書の流れからすればミロクもまた、その本体はシャカと同一存在のはずであるが、しかし同時にシャカそのものでもないはずである。

　それを解明するには、シャカとイエスの関係が具体的にはどうであったかを、ここで是非とも探り出しておかねばならない。

　では節を改め、いよいよ本書のクライマックスへと進もう。

四　シャカがイエスで、イエスがトマスで

先に結論から

　ここまできて、今さら、もったいぶる意味もないので、先に結論を書いておきたいと思う。大事なことは、その先にあるからである。
　分かりやすく一言で言えば、
シャカとイエスが合体（クロス・十字＝キリスト）した結果、その後に、前後して、一方には大乗思想が、他方にはキリスト教グノーシスが生まれたのである。

すなわち、

トマス福音書における「生けるイエス」とは、シャカの転生した姿であり、そこから類推される「死せるイエス」の存在こそが、アミダの分霊とも言いうるイエスである。
そしてさらに、トマスこそが、その後者のイエスだったのである。

少し表現を変えただけで、すべてこれまで述べてきた事柄の延長線上にあって蓋然性を求めた上での、トータルとして導き出された結論にすぎない。ただ霊的側面も含めたステージで立論しようとするからには、どこかで最小限の小さな飛躍《ジャンプ》は必要となる。シャカの転生した姿を「応身」とし、アミダの分霊たるイエスを「報身」とするならば、応身と報身とがここで合体したと言っているのである。

だが、話はそう簡単ではない。右のわずか数行からでも、いくつかの疑問は出てくるはずだ。ジャンプはジャンプでも、それなりの整合性は求められねばならない。だから、ここから後はもっぱら、その中身の解析と検証とに費やしたい所存である。

なお、気の早い方は先にこちらを読まれたかもしれないし、それはそれで一向に差し支えないが、本書の立場からは、ここまでの論考をしてからでなければタテマエとしても成り立たなかった。

論題が論題なだけに、単なる謎解き本で済ませることはできなかったし、またぞろ、かつてのグノーシス派と正統派の泥仕合を再燃させかねないような進め方だけは、何としてでも避けたかったからである。ご理解をたまわりたい。

合体のメカニズム

単純に合体という言い方をしたが、具体的なメカニズムが提示されなければ、ただの空想的絵空事で終わってしまう。

だが、ただ言葉で合体というだけでは、ニュアンスもさまざまにある。英語の言い方を借りれば、フュージョン（融合）、コラボレーション（合作）、セッション（会合）、ジョイント（接合）などであるが、見方次第ではそのいずれもが当てはまるだろう。これまで述べてきた分だけでも、コラボレーション以下の関係があるだろうことは、おおよそ察しがつくだろうと思うから、ここでは最も深い合体にあたるフュージョン（融合）面についてを述べてメカニズムの解明にあてたい。

そう、この合体は、単なる協力関係のレベルにとどまるものでなく、言葉で説明できる範囲を超えている。トマス福音書が冒頭にあのような暗号とも取れる序を置いているのも、決して奇をてらうためや、重みを持たせるためではなくて、だからこそむしろ最善の選択として、ありのままを率直に言い表したものと解されるのである。

そもそもトマスにしてそうであったのなら、そこからさらにトマスが記したものを手がかりにして、事の真相を究明しようというのであるから、具体的に提示するとはいえども、限界があるのは否めない。

だから、神話などもまじえたパターン的な解読で進めていくことになるが、具体的な証拠物件（文物）ばかりに頼っても肝心のところが見えてこないのなら、むしろ神話などに対する接し方の方を変えるべきだろう。頭から文言どおりに鵜呑みするのでないのならば、ほかでは得られない独自のメッセージが、そこに込められている可能性もまた高いのである。

ちなみに、ダビデの星（六芒星）には中心がなかったが、この二人のイエスの融合こそがその中心に当たると解せば、ダビデからソロモンへと至る過程は、融合の前段だった、ということになるのかもしれない。

ではここでいったんリセットして、表面的に見えているシャカとイエスのイメージを見比べてみよう。

シャカとイエスのイメージ

歴史上のシャカが滅してから数百年の後、突如として大乗思想が湧き上がった。

通常は「突如として起こった」とは考えにくいので、シャカを超人視する見方が徐々にエスカレートして、ついには、「人間でありながら悟りに達して、応身仏になった」という考え方に至ったものと解釈されることが多い。この場合の応身仏とは、入滅前のシャカのことで、大乗の時点から遡って、当時のシャカを応身仏にまで持ち上げて崇拝の対象としたものと見るわけである。

だがよく考えてみると、普通、何らかの条件が新たに加上されない限り、あらゆる現象は減衰していく。物理でいうところの「慣性の法則」に従えば、摩擦などによるロスのない一種の理想状況下では、いつまでも同じ状態（静止もしくは等速度運動）が保存される。だが実際の現象には、摩擦を含む諸力のベクトル的相殺があるので、減衰するのが常である。またそれは何も物理的思考の場に限らず、「三日坊主」とか「人の噂も七十五日」とかの言葉にも現れていることである。

ところがそれならそれで、そのような「新たに加上された何らかの条件」があったのなら、どこかにそれを示す記録なりが残っていないのがおかしいという反論も出てくるだろう。しかしながら、その「何らかの条件」なるものが、言葉や文字にして示しにくい類のものであったならば、そこから派生して生じた事柄（霊的存在としてのシャカが語った内容そのもの＝大乗経典）だけが残される。否、というより、現象の証明なんかよりも、現象から生み出されたもの（経典）の方が大事で、さらにはそこに記された説法の中身の方が重要だと考えたのならば、それが大乗なるものの気運であった。

大乗を推進したであろう当時の精神的リーダーたちは、所縁の者に顕れた霊的存在としてのシャカを、地上的存在とは異なる存在ととらえて応身仏とした。だがこの異次元的存在のシャカは、生前に説いた教えを敷延し、ある意味でマニュアルとも呼ぶべき内容の教説を、ひたすら説いたのである。膨大な量の大乗経典からも分かるように、たとえそれらの一部に、あとで編集・創作されたものもあったにせよ、あたかも生きている時には意を尽くし切れなかった部分を、すべて吐き出そうとしたかのように、である。

たとえわれわれには超常的現象であろうとも、ひとたび霊的な存在を受け入れてみるなら、そうした作業そのものは、きわめて地味だったのが分かるだろう。

ところが、一方でキリスト教はというと、イエスの存在は、むしろ華々しいとさえ見える数々の奇跡で彩られているのである。ちなみに、シャカの地味な姿勢は、生きてこの世にあった頃からの姿勢でもあったのであり、数ある宗教の中でも、唯一、仏教だけが鎮静方向に作用しているとも言われるのである。

奇跡を現じたことといい、十字架に架けられたことといい、ともあれイエスがとりわけ目立つ存在だったのは、了解していただけるだろう。むろんここで両者の優劣を論じようというのではない。

三乗の項ですでに述べたように、説法がすべて方便としてしか説きようのないものであったなら、仏教もキリスト教も、またそれ以外の宗教においても、形に顕れ、また表された時点ですでにして方便である。だが、シャカの姿勢は、より基本のスタンスに近く、イエスの姿勢はより能動的に方便的であったとはいえる。

われわれはここで、方便の意味を改めて考えねばならない。口で、こちらが正法であちらは方便だとか言ってみたところで、いきなり正法を聞いて得心できる者など、誰一人としていないだろう。われわれは皆、方便によってここまで導かれてきたと考えるべきではないだろうか。だとすれば、順序としても、方便の方便たるを知らずして、正法を知りうるはずのないのが道理だろう。

そう考えれば、過激にさえみえるイエスの姿勢の意味も何となく見えてきそうだ。

ヨハネ福音書のイエス

正典とされる四福音書の中でも、ヨハネ福音書はいくつかの点で異色である。

ここでは、その中のある部分に着目したい。ある部分とは、有名な神殿でのエピソードであり、それが直接の契機となって後に逮捕され十字架に架けられることとなるものである。『禁じられた福音書』（エレーヌ・ペイゲルス著、青土社）を見てみよう。

たとえば、物語の非常に重要な点で、ヨハネの福音書は他の三つの福音書の記述と対立している。……略……神殿で商売をする商人を妨害するエピソードでは、『マルコ』『マタイ』『ルカ』が一致してこれをイエスの公的活動の最後に置いているのに対して、ヨハネはそれを最初に置いている。三つの福音書によれば、祭司長たちが最終的にイエスの逮捕を決定した契機は、両替商に対するイエスの襲撃であった。彼がイスラエルに入城したとき――

イエスは神殿の境内に入り、そこで売り買いしていた人々を追い出し始め、両替人の台や鳩を売る者の腰掛けをひっくり返された。また、境内を通って物を運ぶこともお許しにならなかった。

『マルコ』によれば、「祭司長たちや律法学者たちはこれを聞いて、イエスをどのようにして殺そうかと謀った」。そして『マタイ』も『ルカ』も、イエスの逮捕はこの直後であったという点で、『マルコ』と一致している。

だが『ヨハネ』は、このクライマックス的事件を物語の冒頭に置き、イエスの布教活動の全てが神の崇拝を浄化・改革することにあったのだ、ということを示す。さらにヨハネは、イエスが「縄で鞭を作り、羊や牛をすべて境内から追い出した」という場面を付け加えることで、さらに話の暴力性を増している。（p45〜46）

四書に共通して書かれているからには、エピソード自体は事実に即したものなのだろうし、これだけ目立つのであれば、さぞ証言者も多くいただろう。

ペイゲルス氏は「イエスの布教活動のすべてが神の崇拝を浄化・改革することにあったのだ」と言うが、もし実際にもイエスがそのことを目的としてこのような行為に及んだのだとすれば、どこか腑に落ちない感じがする。同じ目的に対するもっと効果的なやり方は、ほかにいくらでもあったのではないか。こうした暴力的なやり方は、数々の奇跡を行ったイエスには、どこかそぐわないものである。暴力性うんぬんでなく、そのキャラクター性において一致しないと思うのだが、そう感じるのは筆者だけだろうか。もっと言えば、とても同一人物のやり方とは思えない。

それはあたかも、相手にケンカをふっかけるかのようなやり方であって、浄化や改革をアピールする以前のシチュエーションではあるまいか。それかあらぬか、他の福音書にはない場面を付け加えることで「さらに話の暴力性を増している」のだ。そしてその結果、祭司長たちはイエス逮捕を決断したが、むしろ駆り立てられたともいえる。

要するにこのイエスは、十字架に架けられてしかるべき状況を、自らの手で作り出しているのである。これがどういう結果をもたらすかをイエスに読めていなかったなどという筈はないのである。

ちなみに、少し前に公にされたばかりの『ユダ福音書』（日経ナショナルジオグラフィック社）によれば、イエスはユダの裏切りによって逮捕され処刑されたのではなく、すべてはイエスの描いたシナリオであって、ユダはただイエスの指示に従っただけ、と解釈される。ユダにしてみれば、指示に従ったところで、相手はどうせ、特別な存在のイエスに害を加えることなどできないだろうし、いざとなれば奇跡を行って脱出するだろうと高《たか》をくっていたところ、本当に処刑されてしまったので仰天したものらしい。

つまりこのイエスは、自ら十字架へつながる道を演出して、実際にもそれを演じてみせた「死せるイエス」であって、トマス福音書がその冒頭に言うところの「生けるイエス」ではなかったのである。そしてその真相を証言できるのも、実はその「死せるイエス」であるところのトマス自身より他にはいないのである。

ここにおいて、トマスに関する一つのキーワードを見出すことができる。「死せるイエス」にとって、その死を可能とする《身体》がそれである。何を当たり前のことをと思われるかもしれないが、かたや霊的存在である「生けるイエス」には、地上のわれわれと同様の死は最初から存在しない。この場合の不死とは、死すべき肉体を持たないの意味なのである。

そうやって考えていくと、ヨハネ福音書で、このクライマックス的事件を物語の冒頭（全二十一章中の第二章）に置いているというのも、ここ（この事件）からのイエスは、これ以前のイエスとは別の、もう一人のイエスだと言っているように取れてくる。（そして「死せるイエス」にとっては、ここから話は始まったのである。）

「初《はじめ》に言《ことば》があった。言は神とともにあった。言は神であった」で始まるヨハネ福音書は独特の雰囲気を有して、正典中でも特に魅力を感じる人は多いようだ。そして私見ながら、この有名なフレーズは、霊的存在からのメッセージ（＝ことば）を示唆するものでもあったようである。

すなわちヨハネ福音書を記したヨハネは、キリスト教グノーシスの機運が生じ、かつ盛り上がった経緯をよく理解していて、さらには、トマス福音書の序が匂わせているところの「死せるイエス」の存在も承知していた。だが「死せるイエス」を知ることは、「生けるイエス」との関係において「死せるイエス」を知っていることを意味しており、それを理解しうる者は、仏教の「仏与仏」を引き合いに出すまでもなく、「死せるイエス」でもあるところのトマス本人よりほかにはいない。

つまりこのヨハネとは、トマスの別名のようなものであろう。いわばペンネームのようなものであったと考えられるのである。

検証しよう。

ヨハネとトマスに関する補足

『禁じられた福音書』の主題は「トマス福音書」であるが、著者はその中のかなりのページを割いて、ヨハネ福音書とトマス福音書の比較対照を行っている。そして対立する二者のうち、最終的にヨハネが正典に組み込まれた経緯についても詳細に論考されている。そのスタンスと結論は右の筆者のものと同じではないが、問題点を絞り込む上で有益な示唆をいくつか与えてくれているので、要点と思われる部分を引用してこれを検証の糧としたい。

①　新約聖書の『ヨハネ福音書』はおそらく一世紀の終わり頃に描かれたもので、イエスと

は何者だったのか――あるいは、何者なのかを問う激烈な論争の中から生まれてきたものである。私自身、ちょうど同じ頃に書かれた可能性のある『ヨハネ』と『トマス』を何カ月にもわたって比較検討した。その結果、ヨハネの福音書はそのような熱い論争の中で、特定のイエス観を決定し、他のものを排するために書かれたものである、と考えるに至った。これは私自身にとってもちょっとした驚きだった。

② この研究によって、『ヨハネ』が守ろうとしたものとともに、またそれが排しようとしたものもまた、明らかになった。ヨハネは明言する、「これらのことが書かれたのは、あなたがたが、イエスが神の子メシアであると信じるためであり、また、信じてイエスの名により命を受けるためである」。ヨハネが排しようとしたものの中には、後に見るように、『トマスによる福音書』の説くところのものが入っている――すなわち、神の光はイエスの内にのみあるのではなく、少なくとも潜在的には、万人の内にある、ということだ。トマスの福音書は、『ヨハネ』のように、イエスを信じることを要求しない。むしろ人間ひとりひとりに与えられた聖性を通じて神を知ることを求めよと要求するのだ。何故なら、万人は神の似姿に創られたからである。

③ 後のキリスト教徒にとって、『ヨハネによる福音書』は公同の教会設立に有効であったが、人間ひとりひとりの神の探究を重視する『トマス』はその限りではなかったのである。(以上、同書p44~45)(傍点も原文のまま)

著者のコンセプトはご覧の通りであり、これに賛同する論者も多いと思う。だがこうした対立関係は、その前提に十字架のあと、百年近く経過して生じた思想的創作物だという想定があるからであり、そこから逆算して激烈な論争があったであろうと推理しているわけである。ではその論争のきっかけは何であったのかを問うてみた場合、かくも激烈なものを呼び起こした、その肝心のところが不明なのである。

はっきりしているのは、このあとで、グノーシス派と正統派とが熾烈な対立を繰り返したという史実である。だとすれば、『ヨハネ福音書』と『トマス福音書』が並んで存在したことこそが、その熾烈な対立のきっかけであり原因であったと考えるべきではないだろうか。対立が『ヨハネ』と『トマス』の並立を生み出したのではなく、『ヨハネ』と『トマス』が並んで出現したことが、対立を生み出したのである。

そして、そう考えられる材料は、実は著者自身が他の場所で提供してくれている。だが右のコンセプトが制約となって、話がうまくつながっていないようだ。長くなるが論の方向を決定づける重要な部分なので、やはりこれらも引用しておかねばならない。

前出の記事に続く部分から始まる。

④　ヨハネの福音書がマタイ、マルコ、ルカと異なっている点はもう一つある。そしてこちらのほうが遥かに重要だ。それはヨハネが、イエスとは単なる神の使いではなく、人間の形を採って現れた神自身である、と述べている点である。ヨハネは言う、「ユダヤ人たち」

は、「あなたは、人間なのに、自分を神としているからだ」と言ってイエスを殺そうとした、と。だがヨハネは信じていた、イエスは実際に人間の形を採った神である、と。

⑤ ゆえにヨハネは、復活のイエスを目撃した弟子のトマスに、「私の主、私の神よ！」と叫ばせるのだ。

⑥『ヨハネ』に対する最も古い注解（二四〇年頃）の中で、オリゲネスは目敏《めざと》く指摘している、他の福音書はイエスを人間として描いており、「ヨハネほど彼の神性について明確に述べたものはない」。

⑦ マルコをはじめとする福音書記も、イエスの神性を示すかのような称号を用いている。例えば「神の子」や「メシア」などである。だが実際、マルコの時代においては、これらの称号は人間を示す称号だったのである。（以上、p47～48）

「マタイ、マルコ、ルカと異なっている点」（④）とあるように、ここでは主として正典（四福音書）の中での、ヨハネの位置づけがなされている。三福音書では人間だったイエス（⑦）を、ヨハネは神として明確に規定（④⑥）する。

だが次の⑧～⑫にもあるように、この点に関して実はヨハネもトマスも同じ出発点に立っているのである。とすれば⑤でヨハネがわざわざトマスに「私の主、私の神よ！」と叫ばせている意味を考えねばならない（後述）。

さて論を進めるにあたって、ここで二つの事柄を確認しておきたい。

一つはペイゲルス氏の進め方について。

同書での主たる流れは、まず正典のなかでの『ヨハネ』の特異性を説き、次に『ヨハネ』と『トマス』の異同を分析している。この点だけを言うなら、扱う資料に偏りがあるとも見えているが、資料の数が問題ではない。同じ思想基盤を有する二者が、一方は正典に含まれ、他方はグノーシス文書として抹殺された。しかも後者の『トマス』はナグ・ハマディ文書（とりわけキリスト教グノーシス思想）を代表する文書である。

そして、それがたまたま、ほぼ完全な形で残っているだけの理由でということではない。本書の主役もまた『トマス』であり、続編はもっぱらトマス本文の考察にあてるので、あとでじっくりご確認していただくことになる。だがそれにつけても、ペイゲルス氏が数ある文書の中から『ヨハネ』と『トマス』とを採り上げて論じることがなければ、到底『トマス』の何たるかに着眼することもまたなかっただろう。

したがって本書においても、ヨハネとトマスを比較照合することは、どうしても避けることのできない通過点となっている。

もう一つは、それを踏まえた筆者の進め方である。

同書からきわめて重大な示唆を得たとはいうものの、彼女の論そのものを吟味するのが、最終目的とすべきゴールなのではない。それに代わるだけのより整合性のある解釈を提示できなければ、単なる読書感想文でしかないわけである。

といって、万全の証拠固めをしながら立論していくというやり方では、文物等に残され得ない部分との間に横たわるであろう溝を越えるにも限界がある。したがって私の論の進め方には、ある時点である何らかの発想の飛躍を伴う。別の本で古代史を論じる際には、それを「大河遠景」式発想と呼んでコメントしたが、ここでもそれと類似の手法を援用することになる。だがそれが、やみくもでやたらなジャンプであるなら、いたずらに論を混乱させるだけだろう。だから、ある時点に達するまではやらない。もっとも、その「ある時点に達した」という判断は筆者個人が必要十分と思う範囲の資料調べによっているから、そこの部分だけは、そのように了承していただくほかはない。

その代わりにと言っては何だが、その新たな見方（ジャンプ）を前提として、改めて論を組み立て直した場合の整合性については、例えばそれ以前は矛盾していた事柄の説明がつくとか、あるいは謎とされていた別の事柄の説明がつくなどを論じて、可能な限りの検証に努めたい。なお、こうした手法の適否に対する判断は、ひたすら読者に委ねるべきものであるのは言うまでもない。

⑧　ヨハネはおそらく、『トマスによる福音書』の教えを知っていた――たとえ実際のテキスト自体は見たことがなかったとしても。『ヨハネによる福音書』の教えの中で、『マタイ』や『ルカ』と異なる多くの部分は、『トマスによる福音書』の言葉に近い。事実、この両福音書を比較した学者達の印象は、両者が極めてよく似ているということであった。たとえば、『ヨハネ』も『トマス』も、対象としているのは既に『マルコ』などを読んで

基本的な物語を知っている読者である。

⑨　そして両者とも、単なる物語を超えて、イエスが弟子たちだけに述べた秘密を明らかにする、と主張している。たとえば『ヨハネ』はユダがイエスを裏切った夜の様子を語っているが、ここで『ヨハネ』にしか出てこない教えを五章分も挿入している――『ヨハネ』十三章から十八章までのいわゆる「告別の説教」である。ここには、弟子たちとイエスの親しい会話と独白が収められている。

⑩　同様に『トマスによる福音書』もまた「生けるイエスが語った隠された言葉」を伝えると宣言し、「これをディディモ・ユダ・トマスが書き記した」と述べるのだ。『ヨハネ』も『トマス』も、イエスが私的に述べたことを伝えているという、同じような主張をしている。

⑪　『マタイ』『マルコ』『ルカ』が、イエスが「時の終わり」の到来を予言したと述べているのに対して、『ヨハネ』と『トマス』はいずれも、彼が弟子たちに「時の始まり」――すなわち、『創世記』第一章にある天地創造――に想いを馳せるように説いたと述べ、イエスを「始まり」の聖なる光と同一視している。『トマス』と『ヨハネ』はいずれも、この原初の光がイエスと全宇宙を繫いでいる、と述べる。なぜなら、『ヨハネ』曰く、「万物は言〔logosもしくは光〕によって成った」からである。

⑫　ケスター教授は、細部にわたるこのような類似を見て、この二書の著者は同じ資料に頼って執筆したと結論した。『マルコ』『マタイ』『ルカ』がイエスを神の使者である人間

と見做しているのに対して、『ヨハネ』と『トマス』は彼を人間の形を採った神自身の光としている。(以上、p50～51)

一瞥《いちべつ》して分かるように、両者が対立すると結論する以前に、両者がかくも一致しているということそれ自体が驚異的である。その点を十分掘り下げずして、結論を急ぐのはよくない。しかもその一致点は、それ以前にあったであろう三福音書にはなかった(⑪⑫)ものだという。

マタイ・マルコ・ルカの三福音書は、共観福音書とも呼ばれるように、共通のコンセプトの下に記されていて、細部はともかくとしても、全体として三者間に大きな相違はないようである。それはあたかも、記憶や記録を下地にして、あらかじめ互いに連絡を取り合った上で編纂されたかのようである。

前にも述べたように、「イエスが弟子たちだけに述べた秘密」(⑨)や「隠された言葉」(⑩)というのが、秘密めいた暗号を意味するのでなく、当事者にしか伝わらない部分を意味しているとすれば、コミュニケーションの出発点がマン・ツー・マンにあることを指しているのである。たとえその場に居合わせた者であれ、事情に通暁《つうぎょう》していなければ、対話の当事者にしか伝わらない部分は残る。ましてイエスの言葉であるなら、その相手は全身全霊を傾けて「聞く」だろうから、その言葉をどう受け止め、どう理解したかまでは、第三者にも悉《つぶさ》に知れるとは限らない。(またイエスが、その相手に対して、そもそも何を思ってその言葉を発したかとなると、当の相手でさえ、正確に伝わらないとも限るまい。)

ここで『ヨハネ』も『トマス』も、対象としているのはすでに『マルコ』などを読んで基本的な物語を知っている読者である」(⑧)と言っている点が、重要な意味を持ってくる。三者が、いわば第三者的な、目撃談状の記憶に由来しているとすれば、目に見えているものがほぼすべてといえる合戦などの戦況報告ならともかく、相手の内面に踏み込んだイエスの言葉は、多分にピントはずれな部分を含んだまま録されただろう。

つまりヨハネもトマスも、イエスの言葉の直接の当事者として、その説法の当の相手として、イエスの真意を証言しようとしていることになる。そして正典中でも『ヨハネ』の記者ヨハネはイエスの直弟子のヨハネその人だろうと目されている。

ところがその一方で、「『ヨハネ福音書』はおそらく一世紀の終わり頃に描かれたもの」「同じ頃に書かれた可能性のある『ヨハネ』と『トマス』」(①)ともされるのであるから、明らかに年代が合わない。だが本章の始めのほうで書いたように、トマス福音書を「トマスが書いた」というのが、死後のトマスが霊として戻ってきて、所縁の霊能者の体を借りて書いた(自動書記)ことを意味し、ヨハネもまた同様であったと解せば矛盾はなくなる。そしてまた、このような異色な二つの福音書が、イエスの真意を伝えるという意味で、同時に出現した理由ともなるのである。

「この二書の著者は同じ資料に頼って執筆した」(⑫)とあるのも、その資料がイエスの説法そのもの(直伝)のことだと解せば通じてくる。(だが、別に何らかの文書的資料があったとするなら、そのような特異な内容の文書が一体どこからきたかを、まずもって詮索せねばならないだろう。）

さて、三者は「イエスが〔時の終わり〕の到来を予言した」（⑪）とするが、ヨハネとトマスは、「彼は〔時の始まり〕に想いをは馳せるよう説いた」（⑪）としている。それはつまり、「時」そのもののことを考えよという意味でもあったのではないか。

既述のごとく、時が「今」の連なりであるなら、今この時点で霊的存在としてこの世に出現して語る、あるいは書くことにより、イエスの真実を伝えるということは、とりもなおさず、この「今」を紡ぎ出していることにほかならない。

ところで、その「今」を紡ぎ出している存在とは、仏教でいうところの如来のことであった。両者が「イエスを〔始まり〕の聖なる光と同一視」（⑪）しているというのも、言い方を変えれば、イエスを如来との関連において理解しているということにほかならない。さてでは、イエスが如来かと問うならばこれが簡単にはいかない。またそれが本節の、ひいては本章のテーマでもある。

⑬　だが、このような類似にもかかわらず、『ヨハネ』と『トマス』の書記は、イエスの秘密の教えを全く異なる方向で捉えている。ヨハネにとっては、イエスを「始まり」の光と同一視することは、イエスの独自性を――すなわち、彼が神の「ひとり子」であることを――示すことである。ヨハネは彼を「すべての人を照らす光」と呼び、ただひとりイエス

だけが神の光を世にもたらすのであって、さもなくば世は闇に沈むと信じた。ヨハネは言う、私たちが神を体験するのは、光の受肉であるイエスを通じてしかない。

⑭　だが『トマス』は、全く別の結論を導いている――イエスに受肉した神の光は全人類が共有している。なぜなら私たちはみな「神の似姿《にすがた》」に創られたからである、と。ここでトマスが表明するのは、それから千年の後に、ユダヤ教神秘主義の――さらに後にはキリスト教神秘主義の――中心テーマとなるものである。すなわち、「神の似姿」は万人の中に隠されているが、ほとんどの人はその存在に気付かないのだ、と。

⑮　神の地上への受肉《じゅにく》に関するこのふたつの見解は、互いに相補的《そうほてき》なものともなり得たにも関わらず、実際には対立するものとなった。

⑯　イエスだけが神の光の受肉であると主張するヨハネは、この光は万人の中にあるとするトマスを退けた。そして言うまでもなく、勝利を収めて後のキリスト教を形成したのはヨハネであった。何となれば、ヨハネの教えは他の三つの福音書と共に新約聖書に取り入れられ、以後、彼のイエス観こそがキリスト教の意味を支配し、規定することとなったのだから。（以上、p51～52）

まず注目すべきは、著者ペイゲルスが、自身の見解として、「互いに相補的なものともなり得た」（⑮）と語っている点である。グノーシスを、いわばトマス寄りの解釈として、「神認識としての自己認識」と定義づける著者が、ヨハネの「ただひとりイエスだけが神の光を世にもたらすのであって、さもなくば世は闇に沈む」⑬という記事を「相補的なもの」と解しており、実は筆者も全く同意見である。

というよりも、さらに歩を進めて考えれば、ヨハネとトマスの両者を、そのままでも互いに矛盾しないようなステージに置いて考え合わせてみるべきであり、言い換えれば、決して中途半端なぬるま湯の意味でではなく、両者を矛盾無く包含することの可能なステージをこそ、尋ね合わせてみるべきである。なぜならば、結果（ゴール）として人々が万人の中にある光に気付くことになるだろうとしても、イエスの存在がなければ、そのきっかけすらなく、永久に闇に沈んだままだっただろうからである。

ペイゲルス氏が言うように、「にも関わらず、実際には対立するものとなった」⑮のであるが、さてヨハネとトマスはというと、果たして対立していたのであろうか。後には確かに、正統派はヨハネをかつぎ、グノーシス派はトマスをかついで対立しているが、本来の両者の関係をわれわれはどう理解すべきだろうか。

それを考える重要なヒントこそ、すでに述べた「方便の三乗」ではないかと思われるのである。思い出してほしい。三乗とはいうも、最初から乗物はただ一つしかなかったのであり、しかもその三乗というのも、実際には方便の「二種類」でしかなかったということをである。

すなわち、ヨハネもトマスも、同じ所から出発していて、もともと何の矛盾も存在していなかった。だが、どの部分に焦点を当てて述べるかというアングル次第で、それを感受する人々にも二種類の層が生じたということでは無かっただろうか。

一つには崇拝の対象としてのイエスであり、それは人々にとって「信じる」対象を選び取ることでもあるわけである。ということは、その説くところの中身のことはイエスという存在に託したのであり、内容についてはイエス次第ということになる。誰かが言ったように、ここでの信仰は、ある種の「賭《かけ》」のようなものともいえるだろう。そしてこの場合のイエスを胴元とすれば、イエスはこの場の責任者であって、この場の進行を保証する者でもある。このことは、何の責任も取らなければ信じた人々を保証する力もない類の、どこかのカルト教祖と比べてみれば一目瞭然であろう。

だが、そうではなくて、それを保証するためのいわば担保として、十字架にわが身を預けたのがすなわち「死せるイエス」だったということにも解されてくるわけである。

この（ヨハネ発の）流れは、正統派が樹立した教会主義とも符合している。

そしてこのことは、『ヨハネ』の目的が、神の光である「生けるイエス」を、十字架に架けられた「死せるイエス」に接合することにあったことを意味している。

二つには、一人ひとりの、個々の内面に直接焦点をあてた教えである。だがこれとても、奇跡を起こす力（霊能力・超能力）を身に付ける意味に受け取るケースもあっただろうことは、すでに触れてきたところである。そうした反応もあるのを承知で、『トマス』が書かれたとすれば、それもまた、シャカが大乗経典中に説くところの、方便の一車に該当してくるのである。だが、方便だからといって、トマスが偽りの教えを書いているわけではないのは、ヨハネの場合と同様である。つまり、一と二は、同じ教えを二種類のアングルから説いたものであり、それすなわち、シャカ説法（ここでは法華経）にいうところの、「三通りの教え」のうちの二つにほかならない。

　ではその「三通り」のうちの残る一つは、こちらでは何に該当するのかを問うならば、それは「仏と菩薩」の関係（つまり仏乗である。前記したように、縁覚乗・声聞乗と同様、菩薩乗というものもないのだから）に相応するもののはずである。

　すなわちその「仏と菩薩の関係」というのが、イエスとトマスの関係（ひいては「生けるイエス」と「死せるイエス」の関係）に当たるのである。

　だからこそ、「イエスと双子の」を意味する「ディディモ」を冠して、「ディディモ・ユダ・トマス」と呼ばれたのであろう。ただ当時の周囲が、このような意味に理解していたかどうかとなると何とも言えない。


　このように照らし合わせてみることで、大乗思想とキリスト教グノーシスとの間に、ひいては仏教とキリスト教の間に緊密なつながりがあると延々主張してきた趣意も、ある程度ご理解いただけただろうかと思う。

　だが以上はまだいわば状況証拠様のものであって、なお具体性に欠ける。

　だが先に進める前に、あと少し付け加えておきたい。

⑰『トマス』を読んだ後に再び『ヨハネ』に戻った私は、思わず目を瞠《みは》った。と言うのも、『トマス』と『ヨハネ』は明らかに類似する言語とイメージに依っていたからである。そして両者とも、類似する「秘密の教え」から始まる。だが、ヨハネにおけるその教えの扱いはトマスとは全く異なっているので、ヨハネはもしかしたらトマスの教えに反論する目的で自らの福音書を書いたのではないか、と考えた。

⑱　学者のグレゴリー・ライリーが指摘しているように、ヨハネは——そして、ヨハネだけが——「ディディモと呼ばれたトマス」を批判的に描き出しており、そしてライリーによれば、お馴染みの「不信のトマス」というキャラクターを創り出したのはまさしくヨハネであり、そしておそらくそれは、不信心かつ虚偽の教師であるトマス——及び彼の説くイエスの教え——を崇める者を嘲る目的であったのだろう。（以上、p70〜71）

せっかく「互いに相補的なものともなり得た」⑮とまで言っておきながら、ここで著者は「ヨハネはもしかしたらトマスの教えに反論する目的で自らの福音書を書いたのではないか」⑰という方向に推論を進めているのが残念である。（だが筆者とて、たまたま仏教の知識も持ち合わせていたので右のような結論を得たのである。そうであるなら、キリスト教圏内の資料だけでは限界があるだろう。筆者としては、ペイゲルス氏からバトンを受けて続きを走っていると勝手に自認しているところであるが……）

「お馴染みの「不信のトマス」」⑱とあるのは、イエス復活のことを聞かされたトマスが、それを信じようとせずに、「わたしは、その手に釘あとを見、わたしの指をその釘あとに差し入れ、また、わたしの手をそのわきにさし入れてみなければ、決して信じない」と言ったことを指している。そして『ヨハネ』への解釈方向を決定づけているのも、存外、『ヨハネ』にこの部分の記述があったからなのかもしれない。

だがこのエピソードから、単純に〔不信うんぬん〕へ結びつけることはできない。

彼が「釘あと」にこだわったのは、通常人と同じ肉体を具えたイエスが、その肉体ともども甦《よみがえ》ったのを疑ったものと解されるからである。そして、それを裏付けるかのような場面が実は同じエピソードの中にある。それはイエスが葬られたあと、最初に（復活の）イエスに遭遇したマグダラのマリアに関してのものだ。

M・ドリール博士の指摘するところによれば、「イエスがマリアの後ろにあらわれたが、マリアは園丁《えんてい》か誰かだと思っていて、イエスだとは気付かなかったことは明らかなのである。話しかけられてはじめて、その男がイエスだったと分ったのである。このことから、イエスは、マリアの知っていた、生前のイエスとは全く別の顔、形、格好であったことは確かだと分るのである」（霞ケ関書房『聖書の真義』p442）とある。

聖書のほかの箇所にもあるように、イエスは時折、子どもの姿で現れたりしていたようだから、普段はともかくとしても、顔かたちは一定していなかったのであり、全くもって通常の人間ではなかったのである。さすがに、にわかに受け入れがたい状況ではあるが、逆に言えば、だからこそ人々も、ヨハネやトマスの言う「神の光そのもの」という形容の仕方をすんなり受け入れ得たものとも解されるのである。

そうだとすると、右のトマスの発言も通常とは違った意味に解釈される。ヨハネ自身がトマスに、このあとの場面で「わが主よ、わが神よ」と言わせているように、トマスはもともと、イエスの神性を疑っていない。ただ、肉体での復活を疑ったのである。トマスにとってのイエスは「神」なのだ。

では、この復活したイエスは一体どのイエスなのか？

筆者の見解では、そもそも十字架に架かった「死せるイエス」が、トマスその人である。今仮に、それを前提として右のエピソードを読み直してみたとしよう。

トマスにとってのイエスは、もともと神そのものだから滅びはしないし、したがって復活もしない。だから、ただイエスが現れたというだけなら何の疑いも持たなかったのだろうが、肉体として甦ったというのであるから、当の「死せるイエス」本人であるトマスとしては、断固これを否定して然るべきなのであった。

（だがこの時、トマスは死んでいるから、こうした復活の場面に居合わせるのは、実はおかしい。話の中でも、イエスが弟子たちの前に現れたとき、なぜかトマスだけはいなかった。そしてあとで話を聞いて、「決して信じない」の発言になる。つまりこの話は、壮絶な死を遂げたトマスが、霊としてまだ中有《ちゅうう》にある状態での話なのである。おそらく彼は、自分の状況を十分には把握できていなかっただろう。だから、さもトマスが弟子の一人として生きて存在するかにも読めるような書きぶりなのが、唯一『ヨハネ』における創作部分ということになるかもしれない。）

（またさらには、『ヨハネ』を書いたヨハネ自身が、実はトマスでもあるのだが、こうした霊としてのトマスの心情は、トマス以外の者には知り得ない事柄であるから、この状況設定も『ヨハネ』成立の時点で、ヨハネをペンネームとして、トマスがトマス自身の内面を第三者的に描写したものということになる。）

それでも結局は、「わが主よ、わが神よ」と言ってこのイエスを受け入れているのであるが、このことと、その直前の断固とした態度とを考え合わせてみれば、トマスは、「生けるイエス」の真意をさとった結果、改めて「わが主よ、わが神よ」と叫んだものと推察される。どういうことかをご説明しよう。

ディディモ（双子）の死によって、死亡時の衝撃に自らも感応した「生けるイエス」は、最初誰だかわからない姿でマリアの前に現れ、そのあとではディディモと同じ姿形で現れ、それにはディディモと同じく釘あとまであった。

詳しくは分からないにしても仮の想定として、例えばもし、幽体（エーテル体）レベルの共有があるが故のディディモであったのなら、釘あとがあるのも決して偽りではなかったかと推測される。また、自分から直接的に「死んでのちに復活した」とは言っていないのなら、虚偽

でもない。（これについては後述。p378～386）

ただ、ディディモの身代わりとして、弟子たちの前に出現することによって、弟子たちを元気づけるとともに、あたかもトマスのイエスが甦ったかに演出したものとはいえるだろう。このことによって、死者が甦ったように受け取る者もいることは、予測できたことである。また「生けるイエス」は、この以前に、実際に死者を甦らせる（ラザロの蘇生など）という奇跡も行っているのであるなら、なおさらのことである。

（だがそもそも、それまで弟子たちに教えを説いてきたのは、こちらの「生けるイエス」だったのであるなら、この出現の本質は、「わたしはここにいる」ことを見せて元気づけたもの、だったと解すべきではないだろうか。）

（また、死者を甦らせるのは、時（コトブキ）の理法に外れたものであるから、仏教的観点からすれば、この奇跡行為自体は「方便」＝三通りの説き方の一つに当たる。）

「二人のイエス」と「像法の起こり」

では結局のところ何が残ったのかと問えば、十字架に死んだイエス（実はトマス）を転じて、これを崇拝の対象としてのイエスのイメージとしたことになる。イメージすなわち像であり、いわばこれ以上ない程のリアリティを伴った《偶像》を、ここに創り出したということになる。

つまり、十字架上で果てた自分にそのようにして意味を与えてくれた「生けるイエス」に対して、トマスは感激して「わが主よ、わが神よ」と叫んだのだ。そしてこのことにより、イエスの弟子であったトマスは、「死せるイエス」となったのである。

仏教でも、当初はシャカを車輪や仏足石《ぶっそくせき》で表現していたが、時代が下った同じ時期には仏像を造って拝むようになっていく。いわゆる「像法《ぞうほう》」の始まりである。これが、大乗とグノーシスとが同じ頃に興隆したことに起因しているのであるなら、このシャカとイエスの融合こそが「像法」を興したということにもなるのである。

従来からある解釈では、正法〜像法、像法〜末法というように仏法がすたれていくとなっているが、それはいわば外面から見た展望であろう。正法はいつも個々人の内部に求められるべきもの（「タテ」＝ペイゲルス氏の言う「神認識としての自己認識」）であり、この地上世界（世＝「ヨコ」＝人々のつながり）においては、むしろ「像法」がすべてと言うべきである。

ところで、『ヨハネ』も『トマス』も共に、イエス（＝生けるイエス）は「神の光そのもの」だと言って持ち上げているのであるが、厳密に言うと、「神の光そのもの」ではあっても条件付きであった。「神認識としての自己認識」という意味では、すべての存在は「神の光」なのであろうが、ヨハネもトマスもこの段階では、特別な存在としての「神の光」だと言っている。そういう意味での「神の光」であるなら、それは仏教で言うところの如来とも、一致する存在であらねばならないはずである。

如来とは、地上的な身体（肉体、細胞体）を伴った存在であることは、すでに述べてきたところである。そしてイエスの別称である「神の一人子」もまたその意味であった。ところが右に見てきたように、「生けるイエス」は現実離れしていて、固定された通常の肉体は持たない存在であった。なるほど復活の場でのイエスは、弟子たちの前で魚を食べて見せるなどして、肉体を伴っていることを示しているが、それは十字架のイエスの身代わりとして、一度は埋葬された肉体を浄めさせて、改めてそこに宿った上で顕現したものと見るべきであろうし、またこれが最も真相に近いと思える。

そうだとすれば、まさにこのレベルにおいて、あるいはこの時点において、「生けるイエス」は如来だったのであり、同時に「死せるイエス」となった存在もまた、ここから遡って対の如来となった。ということは、この如来は二人いてこその如来だったわけであり、後者がディディモ・ユダ・トマスと呼ばれたのも、これをふまえてのことだったのである。

また、これが筆者の勝手な思いつきでない証拠に、漢訳法華経の見宝塔品（前出『大乗経典（二）』では「塔の出現」の章、p254）に出てくる、有名な「半座の法」もしくは「並座の法」のシチュエーションとも、ピッタリ符合しているのである。

シャカの説法の場に突如として塔が出現し、中にいる如来が席を譲るのでなく半分ずらせて、シャカに同席を促す場面である。モチーフの異色さも手伝って仏教関係ではよく知られているが、同時に意味不明とされてきた部分でもある。

だがこれが、二人のイエスの関係を説明するものであったのなら、仏教内部だけでは答えの出ない道理である。また逆にキリスト教内部だけであっても、永久に解明されることはなかったであろう。そして、この本が示準として「もとは一つ」をうたっているのも、ここから来ている。先に仏教側からキリスト教へアプローチ（三通りの説き方）し、今また、キリスト教側からも仏教へ話がつながったのである（二者並座＝身体共有）なら、ここに双方向的な相互関係が成り立っているわけである。――これは席を半分譲ったのであって、正統派と一部グノーシス派との間にあったような席の取り合いでは、もちろんのことなかったのである。

なお半座については、古代史の観点（伊勢神宮の式年遷宮や大嘗祭との関係）からも考察しているので、合わせてご覧いただけば（『千年の箱国Ⅱ』第八章）、より多角的な見方が可能かと思う。ちなみにそこでは、男性面と女性面との「ムスビ」関係としてとらえているが、この場合は神仏レベルのムスビに由来するによって、アマテラスは女神なのである。アマテラス女神はキリスト者の女性面にほかならない。つまり、イエスにまつわるドラマの続きは、時と所とを変え、日本で再開されたということになってくる。

それはそれとしても、双方向性を確認しただけでは、その仕組みの具体性についてなお十分といえない。さらに検証を進めるが、ここからはもうキリスト教用語と仏教用語とを区別する必要はないだろう。

二　仏と一身

現在のキリスト教が成立した当初から、『ヨハネ』（ヨハネ福音書）は正典に組み入れられ、それはイエスを崇拝の対象とすることとの土台を与えた。

二千年の時を経て、『トマス』（トマス福音書）が世に出、それは「神認識としての自己認識」という視座のあったことを再現してみせた。しかしながら、かつてそれは、えてして『ヨハネ』が置こうとした土台を否定する方向に作用しがちだった。

だが『ヨハネ』の礎石は、「世」（ヨコの関係）に対して置かれたのであり、『トマス』の本質は、「個」（個々のタテ）の内面に指標を与えるものであった。すなわち、タテあってのヨコ、ヨコあってのタテであるから、それは融合されて「タテ＋ヨコ」となるはずのものであった。だが時到らず、機熟すまでの仮の形として、ともあれタテはタテ、ヨコはヨコとして、ひとまず説かれることとなったのである。

『ヨハネ』が勝利して『トマス』は退けられた、とは言うも、世を説く『ヨハネ』が、世において受け入れられたのであり、個を説く『トマス』が、個々の内面の水面下に、課題あるいは宿題として潜在化したことを意味している。世の通念として『トマス』が受け入れられるには、未だ到っていなかったということになる。

「生けるイエス」はトマスに崇拝の対象というポジションを与え、トマスはその崇拝の対象である「死せるイエス」となった。だが、それは土台であって出発点であるから、いずれ到着すべき目標点も死せるイエスの、ひいては二人のイエスの責任において、どこかに示されておかねばならない。それが「死せるイエス」によって記された解説書でもあるところの『トマス』の役割であった。

崇拝の対象とは、つまりは肉体を伴ったイエスを指している。この一つの身体を介して、二人のイエスは連結（融合）した。

通常の双子（ディディモ）は、同じ母親から、続けて誕生した者を指しているから、時と場を共有する者たちである。だが二人のイエスにおけるディディモは、象徴的な意味合いを含んでいる。それが神仏レベルであり、仏国土レベルのものであるなら、この場合の母親は、一人の、人間の母親を意味するにとどまらないものであろう。

「天なる父」から見て、イエスは神の一人子なのであるなら、当然のこと、その母親は「地なる母」よりほかにはいないから、それはこの星・地球の地母神のことだ。つまり二人は地母神に対してディディモ（双子）なのである。

すなわち、二人を連結した一つの身体は地球の大地から出たものだと言っている。だが、一人にとっては当然のことでも、もう一人にとっては当然ではなかった。

なぜなら、一人はもともとの、この星の一人子だったが、もう一人はこれまでにない全く新たな神仏レベルのプロジェクトを編成するにあたって、前者が応援を要請し、それに応えてこの星にやってきた者だったからである。（それが、阿弥陀世界からやってきたところのアミダの分霊だ、というイメージをもって筆者は想定している。）

彼は地球にとっては客神であり、来迎神である。だからこの星の身体を持たない。

かの世界では神または仏であっても、この世界では身体を持たなくて、このままではいわば幽霊も同然の状況にある。となれば、応援を要請した当の地球側のもてなしとしても、何としてでも、それに見合う身体を提供せねばならなかったわけであるが、本来は仏である存在に見合う身体などは、唯一の例外を除いてなかったのである。

この状況は、よく知られたある仏教説話を思い出させる。

ある時、老人（実は帝釈天）に食物を布施しようとして、猿は木の実を、狐は魚を見つけてきたが、兎だけは何も見つけることができなかった。そこで兎は自分の身体を火中に投じ、わが身を献じたという話である。哀れんだ帝釈天は、兎を月に置いてやったということになっている。本生経の中にある話だ。（ちなみに、ここでの導師は帝釈天となっている。釈迦の脇侍仏といえば文殊・普賢菩薩であるが、初期には梵天・帝釈天が脇侍をかためていた。文殊と梵天が未来を、普賢と帝釈が過去を司っているとも考えられるから、帝釈もある意味、釈迦の分身・名代といって差し支えない。）

供養の意義を伝える話ではあるにしても、兎だって木の実くらいは持ってこれただろうから、とりわけこのシチュエーションで強調する理由がいまいちピンとこないにも関わらず、繰り返し語られてきた説話でもある。

こうしたパターン化された寓話は、何通りにも解釈され得るし、何通りものシチュエーションに当てはめてみることも可能だけれども、これが仏教説話として語られるからには、元の意味は、右の「唯一の例外」に当てはめて解するのが自然であり、また妥当であろう。

シャカは、本来なら次に自分が転生することになるであろう身体を、陀土よりきたったキリスト者に献じたのである。またそれは、これまでの転生の流れとは異なる流れを生み出すための、全く新しいプロジェクトの始まりでもあったのである。

　見方を変えればディディモ・ユダ・トマスの身体は、通常通りには応身仏シャカのあと、生けるイエスの身体となるはずのものであった。だから、十字架のあとの死んだ身体に、改めて本来の持ち主が入ったということに結論されてくるわけである。

　先には、仮の想定として幽体経由の解釈も試みてはおいたが（p376）、より詳しくはこういうことだったのであり、これが復活のドラマの真相であった。（何やら魔法めいて見えて多少の違和感もあるか知れない。だが、ここで重要なのはその目的と動機である。それは、ひたすら衆生救済と導きとを前提とした犠牲であった。）


　シャカ（生けるイエス）が身を献じた代わりに、今度は「生けるイエス」が、あたかも幽霊であるかのような状況になった。（むろん幽霊と同じレベルではないが……）

　そういえば、十字架のイエスに代わって、生けるイエスが最初マリアの前に復活したとき、イエスは「わたしにさわってはいけない。わたしはまだ父のみもとに上《のぼ》っていないのだから」と言っている。

　従来解釈では、まだ死んで間がないので昇天していないの意味であり、「中有」状態の意味となるが、このイエスは十字架のイエスではないのだ。弟子たちに区別が付きにくいことは予想されたにしても、だからといって偽りは言わないのが聖者である。

だとすれば、「まだ父のみもとに上っていない」の意味も微妙にずれてくる。

ヨハネもトマスも、共に「神の光そのもの」と讃えたイエスが、「父のみもとに上っていない」＝「中有にある」というのは解せない話である。

使命とはいえ、あのような死に方をしたトマスはまだ浮かばれていない。そして一心同体もしくは一蓮托生の関係にあるイエスもまた、父のみもとへは上れないでいる、というのも、なるほど、大まかな解釈としては成り立つだろう。

だがここでもし、その神の栄光が、陀土からのキリスト者によってもたらされたものであったとすれば、そのまま直接的に（この星経由では）父のみもとへは上れないというのも納得される。

つまりこういうことになる。

陀土から来た者は、このままではその栄光のゆえに地上に降りられず（つまり地上に生を受けることができず）、よってシャカから身体の提供を受けた。代わりにシャカは、その（キリスト者が脱いだ）栄光をまとって「生けるイエス」となったのである。

だがこの想定には、いくつか疑問も出てくるだろう。

一つは、そうまでして地上に降り立つ必要はあったのか。神霊として、あるいは地球外霊格としてのままではいけなかったのか？

二つは、天上天下唯我独尊であるはずのシャカが、なぜ陀土の栄光に依るのか？

三つは、一方が「神の栄光」でもう一方が「身体」というのでは、単純に考えれば釣り合いが取れそうには見えないという点である。

見逃してならないのは、これらが皆、地上世界と深く関わっていることである。

神仏レベルのムスビが、地上レベルのムスビに敷延されるところに、新たなプロジェクトの眼目があったのだとすれば、ムスビの要は地上にある。地上の、われわれ衆生すべてが、その対象にある。

だから、われわれからは、たとえ不釣り合いな交換に見えていようとも、その目的の同一性においてはむしろ、等価な交換だったことになるのである。（そして当然ながらこの交換は、この時限りのものではなかった。）

では、「ヨハネ福音書」の最も意味不明とおぼしき部分を採り上げて考察することで、これら疑問の解明にあて、かつ締めくくりとしたい。


『禁じられた福音書』からの引用のラストである。

⑲ ヨハネの福音書の冒頭は、トマスと同様、『創世記』第一章を思い起こさせる——曰く、時の初めより、神の光、「万人の光」は輝いていた——
……略……

だがそれに続く数行で、私たちは自らの内にある神の似姿を通じて直接神と繋がることができる、というトマスの主張を補うのではなく、否定しようとしている。何故なら、ヨハネは直ちに、この神の光はこの世を包んでいる深い闇に浸透することはできない、と付け加えるからである――それも三度も！　確かに彼は、時の初めよりこの神の光が「暗闇の中で輝いている」と認めはするが、その直後にこう付け加えるのだ、「暗闇は光を把握しなかった」（ここで用いられているギリシア語の動詞katalambaneinは、「捉まえる」と「理解する」の両方の意味がある）。さらに彼は言う、「神の光はこの世にやって来て、世はそれによって成ったが、世はそれを認識しなかった」。（同書、p79～p80）

著者の言うのは、《ヨハネは直ちに、この神の光はこの世を包んでいる深い闇に浸透することは出来ない、と付け加えるからである――それも三度も！》というのが、トマスの《私たちは……直接神と繋がることができる》という主張と対立し、相反していると解することに起因している。ここで問題となるのは、

「この世を包んでいる深い闇《やみ》」
「暗闇《くらやみ》は光を把握しなかった」
「世はそれ（＝光）によって成った」
「世はそれ（＝光）を認識しなかった」

などの字句であり、これらを理解しないことには、ヨハネが三度も繰り返しているというところの《神の光は……深い闇に浸透することはできない》の意味を掌握することはおぼつかな

いだろう。(そして同時に、こうした不理解が、「暗闇は……把握しない」「世は……認識しない」をどう解釈するかということとも、そのまま相応していることに気付かれたい。)

「ヨハネはトマスを否定している」と結論する著者は、その前に「闇」および「世」を何ととらえたのだろう? もしかして「世」と「個々の人間」とを、混同してはいないだろうか? そこら辺もふまえて、それでは順に考察していくとしたい。

キーワードは人間

まず第一に、ヨハネはトマスの主張を《否定しようとしている》とあるが、果たしてそうだろうか?

ヨハネの発言は、「神の光」と「この世の闇」との関係であり、「世」は人々のつながりを指していうのであるから、これは「ヨコの関係」にほかならない。すなわち、神の光が「世=ヨコ」に及ぼしうる限界のあるのを指摘しているのである。

だがトマスの発言はというと、改めて言うまでもなく「神認識としての自己認識」であるなら、それは神と個々人との関係であり、「個=タテ」の関係である。神の光は個人の内部には浸透できると言っているのである。

だから二者は、異なるアングルからの、二つの要素を説明しているのであって、そこには何らの対立もない。そしてこの二つを同時に有しているのが人間である。(自然界においては、タテの要素は、人間ほどには明確ではない。)

それでは、この二つの要素はどのように関係しているのか、あるいはどう作用し合っているのかとなると、これがなかなか微妙である。そしてここでカギとなるのもまた「人間」であって、さらにはそれが有する「身体」である。自然界から進化し続けて到達したのは、人間の持つ「身体」要素なのである。

「神の光は個人の内部には浸透できる」というのは、人間の内部に宿る、タマシイの側面を指してのことだ。だがそれも「浸透できる」のであって、それが「浸透するかしないか」は、あくまでもその人の認識次第だということをトマスは言っている。

ところで世は、人と人とは何によってつながりを有するのかと問うてみるなら、それは身体＝外観を通して始まる。気心が知れ、心を通わせるというのはその後にくる。ここで外観とはいうも、見掛けで判断すること等の良し悪しを言うのではない。世（社会）が透明人間で構成されているのでないなら、良くも悪くも、まずもって人は見掛けを手がかりにして、その中身を推し量ろうとするだろう。外観の立派さが中身と一致しないこともままあるから、次には割り引いて考えるようになるかもしれず、そして徐々に理解へ向かう。だがそれとても、初期の印象がその起点にあればこその流れだろう。

あるいは外観に限らず、人と人との交流は言葉やそれに伴う表情、あるいは仕草や行為によって互いのメッセージを伝え合う。

これらはみな、身体が持つ機能に拠っているのである。それは「奇跡の人」と呼ばれたヘレン・ケラーの三重苦を思い起こせば容易に理解されるだろう。彼女の伝記は人々に希望を与えるものであるが、それはわれわれに身体機能をほどよく役立たせることの意義をも教えてくれている。

タマシイは、身体という乗物に宿って身体という理想的な、これ以上ない道具を使うことで、その内なる理想の実現へと向かっている。だがここで、それが乗物だからといって、それが宿る身体を軽んじることは許されない。ヘレン女史がわれわれに言い置いたのもそのことだろう。彼女とて、（三重苦とはいえども）地上の身体を有さなければ、あれだけの人生もまたなかったのである。

身体を（理想的な）道具だというのにはそれだけの理由がある。

身体機能が主となって、タマシイがそれに従属している間は人が神の光に気付くこともないだろう。しかしながら、だからといってタマシイが身体を支配すればそれでよいというものでもない。問題はそこにある。

そもそも、肝心のタマシイが身体こそ自分だと認知している状態から、タマシイはタマシイをどうやって認識し得るだろうか。

ここで「磁力のゼロ点」の話を思い出していただきたい。

磁力ゼロ点は、そこに磁力がないことを意味してはいない。プラス・マイナスが平衡していて、見かけの測定値がゼロとなっている場合に、そこから癒やしの気功エネルギーが放散される。だがこの「癒やしエネルギー」が、イコール磁力ではないのであるなら、磁力的な平衡状の中に、より上位からそれとは異なるエネルギーが差し込んだのである。もし、よく言われるように、そうしたエネルギーがそもそも宇宙に充満しているのであるならば、ここに通路（チャンネル）が開いたのである。

神は自らを指して「ありてあるもの」イコール「平衡の平衡」だと説明したというから、同様のことは神の光とタマシイとの間、またタマシイと身体との間においても言い得るだろう。

そうだとすれば、上から降ろされて充満している神の光をキャッチするには、タマシイ・レベルでの平衡状が条件であり、またそれに先行して、タマシイがタマシイとしての本来の有り様を取り戻す（知覚・認識する）には、身体レベルでの平衡状を保持することが、前提条件となる理屈である。

では、その身体レベルの平衡状はどのように求められるのかである。

ヨハネの言に従い「世はそれ（＝光）を認識しなかった」のだとすれば、人間の集合状であるところの世の中＝人間社会も、直接には光を認識しないのだろう。

なるほど「世は光を認識しない」かもしれない。つまり、人間の物質的側面であるところの外観的集合状である「ヨコ」つまり「人間たち」は光を知らない。

ということは人間社会に未来はないのか？　神の恩恵は届かないのか？

などと、ここで早まっては何にもならない。

確かに「複数のヨコ」は「大きなタテ」を認識しないかもしれないが、「ヒト」という単位は、その中に「タテ」と「ヨコ」とを有して一体化している。

世を構成しているのは外ならぬ、その「ヒト」である。

そして個人の身体面は、その一体性によって、その個人のタマシイ面を認識できる。

そして個人のタマシイはといえば、「自己は神を認識し得る」とトマスは言う。

かくして教説は、ヨハネに発してトマスへと到ったのである。

《世》は光を認識しない……、

だが、《個》は光を認識し得る……。

さて、われわれはこの二つの命題をどう融合させることができるだろうか？

思い出してほしい。

タマ・シイは二手に分かれ、シイは（脳も含めて）身体システムの全体を掌握している。そしてそれを言う前に、地母は天父と分離して、母なる大地を司っていることを。

本来は一体であった者が二手に分かれ、一が天に、一が地に付くことで、闇ひいては世が光を認識し得ないのを補っている。

となると、直接には光を認識しない「世」というものの存在意義は何なのか？

身体を平衡状に導くには、ひとえに、タマシイが本来有しているところの、平衡への志向性に拠ることになる。細胞たちには、身体レベル以上の平衡は掌握しきれない。トータルとしてのそれを掌握するのは、形而上的な意味でのタマシイ・レベルにおける、トータルとしての「意識」である。

それでは、人間にとって、身体はただのお荷物でしかないのであろうか？

とんでもない。

その一方で、「時」と関係するのは身体であって、タマシイ自体は「時」に関与していない。（タマシイの）シイは、身体を介して「時」を把握し、（タマシイの）タマは、さらにシイを介して、間接的に「時」を理解するのみなのである。

ここで「時」とは、原因から結果への絶えざる連なりのことであった。地上のこの世界に「時」というものがもしなかったら、タマシイとても、物事の成り立ち（道理）を認識する上での拠りどころを、たちまちにして失うだろう。

そしてここに双方向な「相補性《そうほせい》」が成立しているわけである。

なお、ここでもし「時」が無ければ、現在ある「世」そのものも成り立たないことになるわけであるが、ヨハネの言にならえば、「世」はただ元の「闇＝混沌」方向へと戻るだけのことだろうから、何の問題もないのだろう。

ただし、光と闇との間の連絡橋は断たれてしまうことになる。連絡橋つまり人間であって、人間の、人間としての存在意義もまた消えて無くなる勘定である。そうなると、地には自然界さえあれば、そこから先は要らなかった……となってしまう。

「タマシイ」と「コトブキ」

ヨハネがもっぱら「ヨコ」のアングルから論じているとするなら、トマスは「タテ」のアングルから始めて、「タテとヨコの関係」にまで言及していることになる。あえてヨハネの表現を借りれば、ヨコはタテを把握しないから、ヨコから始めても「タテ・ヨコ」は論じられないからである。

だが、だからといって、身体を、ただ単に「愚かなもの」としか見ないなら、それはかつてのグノーシス派の一部が歩んだのと、同じ轍《てつ》を踏むことになる。

前項で述べた「時」については、三明・三身との関連でも、すでに論じてきた。ここで言っておきたいのは、その重要要素である「時」との関わりにおいては主体であるところの「身体」をどう位置づけて把握すべきか、あるいは、われわれはどのように理解するのが適切であろうか、ということである。

だがよくしたもので、古の先人がすでに答を出していたのには驚かされる。

度々の手前みそで恐縮だが、二番煎じになるよりはとも考え、筆者が前著で述べているものをここにそのまま掲げることにする。

われわれは時間というものを、ともすれば時計あるいは時計のイメージに換算して考えるように習慣づいているが、今仮に、この世のすべての時計と時計の類が無い状況を想定してみるとする。すると、時間とはとりもなおさず、物事の生成消滅の順序であり、文章ならば「起承転結」風な、切れ目のない原因と結果の連なりであるらしいことが見え始める。

その一方で、われわれは思考の内部で、そうした流れには反して、一時的に例えば結果を見てその原因を想像してみたりもするが、それはいわば模擬的な、ヒトが皆生まれながらに持ち、成長とともに自分流に使いこなしていくようになる、シミュレート（模擬思考）機能だ。

だがそうした、思考を駆使する活動とは別に、自分の身体および自分の周囲の具体的な事物はといえば、例外なく一方向の、誕生から滅びへの流れの中で息づいている。

それを「寿命」という。（ただし辞書では、漢字の寿は「長い、久しい」を表す。）

日本語では、単に生まれ、やがて滅びていくものを「いのち」＝「コトブキ」と呼び、めでたいものとしたようだ。そしてそれに「寿」の字を当てたが、長生きを表す場合は「長寿」と書く。ここに何か、考えるヒントがあるのかもしれない。

ヒトがシミュレート機能を有するということは、生成から消滅への流れの中には含まれない部分もまたヒトが有しているということであり、それ自体が一つの証でもある。

命＝寿に対して、こちらは情緒や精神の「心」的複合体として、それらをまとめて「タマシイ」とも呼びならわしてきたようである。つまり生命とは、「タマシイ」と「コトブ

キ」の共同体ということになる。少なくとも古代の人々は、そのように理解していたらしい。(『千年の箱国I』p6~7)

これは「まえがきを兼ねて」の中の一文であり、これより、わが国の古代史を筆者なりに論じようとするにあたって、あらかじめ筆者のスタンスを述べたものである。

むろん古代史を論じるためのものであって、仏教や神道など、幾分の宗教論も交えているものの、当時、このようなイエスやキリスト教に関した本を書くことになろうとは、夢にも思わなかったことである。まして、あたかも「合わせ鏡」そのままに、ここまで深く呼応することになろうなどとは全くもって想像の範疇にはなかった。

このように呼応しているということそれ自体が筆者にとっても、驚き以外の何者でもないというのが正直なところである。

さてお分かりのように、わが国では古来、人間の身体的側面を「コトブキ」(事吹き)と呼んで愛《め》でたのである。そういうもともとの意味は、古代の時点でも、もうすでに失われつつあったようだ。

現代でも、めでたいとされているこの語が、単純に長生きへの願望と結びついている限りにおいては、事吹き(=限りある生)の意味とも矛盾はしないが、それが不死や不老長寿のイメージにまで膨《ふく》らんでしまえば、全く正反対のニュアンスに変容する。そして曰く、人に寿命があって死ぬことのどこがめでたいのかと。

　ならば、こちらから逆に問いたい。不死や不老長寿は根拠もなく、えてして権力者が抱きがちな、浅はかな希望的観測でしかなかった。彼らは永遠に、この権力の座に居座りたかった。不死や不老長寿なるものに疑念をはさむどころか、権力者の自分にこそふさわしいと考え、それを求めただけである。一体それのどこがめでたいのかと。


　時……時間経過による消長と盛衰、この身体の確固たる営みを基盤として、人生というドラマは展開される。老いるにつれて身体機能が衰えるという現実があらばこそ、人は精神や情緒といったタマシイの側面に思い及ぶということもあり、また人生を振り返っては、おのが歴史に想いを馳せるのである。力の有り余っている状態が理想で、それがすべてであるなら、それは自然界の生き物たちもやっていることだ。

　タマシイは永遠でも、身体（コトブキ）には寿命がある。だが、そこに円滑な転生の流れがあるなら、タマシイは何度でも地上に生まれて、ドラマの残りを継続することさえ可能だろう。シャカやイエスは、一生の内に仏性や神性に達したが、それは誰にもまねのできることではない。だがもし、その地上世界に、コトブキの円滑な継続性（転生の仕組み）が保持されているならば、人は皆、やがてはシャカやイエスの境涯に到達することもできるだろう。ちなみに阿弥陀の浄土は無量寿世界ともいうが、その無量寿とは、タマシイの永続性に重畳して、コトブキの継続性（円滑《えんかつ》な転生）もまた、永遠に保持されることを指しているのだろうと思われるし、また、そう解することでつながってくる。——そしてこの円滑な転生とは、タマシイが、新たな地上の肉体の中に甦ることでもあるわけである。

ともあれ遠い古代には、そういう文化もあったのだ、ということを知ってほしい。それは「愛でる」のであって、コトブキ（ヨコの単位）がタマシイ（タテの単位）を押しのけるなどということもないのである。

権力や地上の栄光を求める者は、人が皆そこに到達することは好まないだろうから、自分だけがそこに到達したい、もしくは選ばれた者だけがその近傍《きんぼう》にいたいという矛盾が生じる。いきおいタマシイは無視して、コトブキだけの永続性（不死）を求めるしかなくなるのではないだろうか。

そして、そうした地位にあこがれる一般の人々もまた、それにつられて、さもそのような不死や不老長寿があるのを思い描いて、社会通念にも思いちがい（錯覚）が生じる。

わが国、というより、それ以前は東洋全体さらにその前の昔には世界の全体で、タマシイを尊重しコトブキを愛でるという価値観があったのである。

そういう尊重と共存を基盤とした文化を、「ムスビ文化」と呼ぶことにしている。

「光と暗闇」「光と世」

⑲の記事で、留意したい第二点は、——

「神の光はこの世にやって来て、世はそれによって成ったが、世はそれを認識しなかった」とある中の、とりわけ《世はそれによって成った》の部分である。

すなわち「世は、神の光によって成った」のだという。

闇・暗闇については、とりあえず「世界は混沌《こんとん》から始まった」という場合の「混沌」のことと解しておいて差し支えないだろうし、またそれ以上のとらえようもあるまい（何せ混沌というくらいだから）。——勘案すれば「混沌に神の光が作用して、それを世と成した」ということらしい。

つまり、混沌状の中に、何らかの秩序のもととなるものが生じた……。

それでは、地球の生命誕生の歴史をひもといてみるとしよう。

カバラや神智学などの神秘思想では、われわれが通常認識する太陽は物質太陽であって、神性の本体は霊的太陽にあるという表現をする。この本でも、人間にはタマシイ側面とコトブキ側面とがあるとするくらいだから、この表現には同意できる。

さて、神の光であるが、右の伝でいくと神の光もまた、われわれが通常知覚している日光とは異なっているという理屈になる。厳密にはそうかもしれない。だが、同じく光というからには全く異なるものでもないだろう。

定かには分からぬにしても、さしあたっては、神の光が最初に直接、闇に作用して生じた反応が、物質太陽の光つまり日光だとしておこう。また便宜的にも、『ヨハネ』のいう神の光を日光と同義に扱ったとして、ここでの議論には支障あるまい。


生命の歴史とはいっても、大事なのは「始まり」と「終わり」だ。

最初の細胞らしい細胞が出現したのは、二十億年ぐらい前のことだった。まずはその「始まり」のドラマから見ていこう。

四十億年前から当分の間は、バクテリアにも満たない原核生物しかいない。生命活動というには遠く、記号（RNA・DNAの断片状）がそのまま動き回っているようなものだ。地母神の最初の所産である。ところで、われわれのDNA遺伝子は生命進化の設計図とも言われ、赤ん坊は、母胎の海の中で生命四十億年のドラマを経てのち誕生するという。してみれば、われらの地母神も、ありとあらゆる設計図を細切れにした上で、パンドラの箱よろしく原初の海にばらまいたのかもしれない。つまり女神自身をネガ・フィルムとしてそれを原初の海に印画したものとすれば、の話である。

三十五億年ほど前からは、海中の硫化水素をエネルギー源とするバクテリアの時代だ。後の大気の主成分となる酸素は彼らにとっては猛毒なので「嫌気性バクテリア」と呼ばれるが、この時はまだ、大気中にも海の表層にも酸素は無かったのである。

二十億年前に、表層近くで光合成をする藍藻《らんそう》細菌（シアノバクテリア）が現れる。その結果、地球は酸素だらけになった。酸素を消費するものがいないので、循環が成立しない。シアノバクテリアから進化して、先祖が出したあり余る酸素をエネルギー源とする「好気性《こうきせい》バクテリア」が出現する。それはあたかも、毒性が強くて誰も手を出さずにいた大量のユーカリの葉をあえて食料とするよう進化したコアラのようでもある。

好気性バクテリアは、嫌気層にいるバクテリアを捕食した。肉食の出現である。嫌気性バクテリアも自衛上、くっつき合って一体化し、身体を大きくして対抗した。そして遺伝子を中央に集めて核としたのが、のちの細胞構造のひな型となる。

この「核を持つバクテリア」は、やがて好気性バクテリアを体内に取り込んだが、捕食ではない。共生することで、酸素中の活動にも支障がなくなったのである。ずっと後には、生命は陸上に進出することになるが、その準備がこの時なされたことになる。

この共生することになったバクテリアというのが、お馴染みの「ミトコンドリア」である。そうして出来たこの形こそが、細胞らしい細胞の出発点となる。

この細胞は、最初の、一つのまとまった「秩序」といってよいだろう。それは、もともとは闇でしかなかったであろうものが、それよりは進んだ混沌の海に泳ぎ、やがてはまとまりを持ったのである。そのせっかくのまとまりは、しっかり記録しておかねば、いつも闇からやり直さねばならない。だからその都度ＤＮＡにセーブされた。それは言ってみれば逆進防止のラチェット機構のようなものだから、これを「利己的な遺伝子」（リチャード・ドーキンスの説）

と呼ぶのも、データ保存の意味と解せば理に適《かな》っていることになる。それに、それがもともと混沌から発したものであるなら、自らそれ以上の秩序を望むこともまたないだろうから、それは物質が持つ本来の自性《じしょう》でもある。秩序は父母の促《うなが》しにより、もたらされたのである。すなわち「光によって成った」。

人間が身体《からだ》のみの存在でないとするなら、その身体を乗物にたとえることは許されるだろうし、身体は多数の細胞が集合して人体宇宙を形成していると見なすことにも同意していただけるだろう。この細胞体は、「天なる父」（神の光）と「地なる母」（生命の母胎）との間のキャッチボールに始発し、回り回ってもたらされたのである。

その単位である細胞は「共生」によって実現した。天父と地母のキャッチボールがムスビであるなら共生もまたムスビである。

生命繁栄の源には、いつの場合もムスビがあった。今日の（人口上の）人類繁栄も、ともあれ生物レベルのムスビによってもたらされた。古代には、それに姻族間のムスビがあって、ムスビ文化圏を形成していたのである。それを今日的課題に置き換えれば、一に、異文化間ひいては異なる宗教観のムスビ（尊重と共存）がいかにして成立し得るかということになるのではあるまいか。

人間の創造

では次に生命進化の「終わり」すなわち、生物進化の最終形体である人類の出現について、見てみよう。

人間の身体が、他の動物と圧倒的に異なっているのは「脳」である。確かにチンパンジーなどの高等霊長類では、DNAを比較しても九五パーセント以上が同じだったりする。だが、どんなに賢いチンパンジーも人間に進化することはないだろうともいわれる。その差は一体どこにあるのだろうか？

ところで、人間の脳は構造上、「ワニの脳」の上に「ウマの脳」が乗り、さらに「ウマの脳」の上に「ヒトの脳」が乗ったような形になっているのだそうである。

は虫類中で最も進化したものがワニであるから、ワニの脳＝は虫類脳と考えてよい。ご承知のようには虫類はエネルギー摂取の点から見て、最も効率の良い動物であるから、身体の保持(個体の生存本能)だけでいえば、進化の一つの頂点にあった。だが恒温機能を持たないから行動は制約され、とりわけ子育てに関しての活動には限界があった。もっともそれが必ずしも子どもへの関心が薄いということを意味しない。ある種の古参のクモや魚類も、機能が許す限りの子育てはするし、ワニが意外と子煩悩なこともよく知られている。ただできることには限りがあるということなのだろう。

だから自身の生命維持観点からの脳と子孫繁栄の為の脳とが合体したようなものと考えてよ

い。だがさらにその上に、ヒトの脳が乗っているという。しかしこの説明は分かったようでいてどこか腑に落ちない。ヒトの脳の説明をするのに、ヒトの脳をもってするというのが、結局、説明そのものを曖昧にしているような気がするのである。

は虫類全盛時代は、言わずと知れた恐竜の時代である。そして恐竜の直接の生き残りが鳥類だという。は虫類は変温だが、鳥類も哺乳類と同様に恒温である。だが、卵生なのが哺乳類とは違う。恐竜の子孫が鳥類で、恐竜時代の終わりに、時同じくして哺乳類も恒温体を獲得していたことになる。ここで飛翔能力など外形上の違いは別として、鳥類と哺乳類の間に顕著な違いがもう一つあることを見逃してはならない。それは人類とも共通のものであって、しかも霊長類にはないものなのである。

それとは、オウムや九官鳥でお馴染みの「しゃべる」能力である。鳥類のすべてがしゃべるわけではないが、人間を除いてしゃべるのは鳥類だけなのに対し、どんなに賢くてもチンパンジーはしゃべれない。彼が、彼から人間に進化することがないのも、おそらくはそのせいだろう。端的に言って人間とは「しゃべるサル」にほかならない。

そこで件の三猿である。猿が最も人間に近いことと、「……ざる」をサルにかけることでこのモチーフは成立しているが、すでに述べたように、「見る」「聞く」「言う」がそれぞれ「観察すること」「理解すること」「表現すること」に対応していると見て取ったからには、これら三つが互いに相俟《あいま》ってはじめて人間性もまた備わるということを言わんとしたモチーフであったと、そう了解している。

確かに、トータル的にはサルが最も人間に近いが、そのサルには何かが足りないがためにサルはヒトになれないのだとすれば、その足りないものは実は、トリが持っていたようである。

ここで、「観察する」も「理解する」も、対象についての事柄であるが、「表現する」だけは、自分自身の内面を表に出すことであって、その表現に対する反応を見ることで、ヒトはまた自分自身を知ることにもなるのである。こうしたフィードバックがあってから、より客観性を身につけることもまたあるのであれば、この「表現する」が付加されるかどうかが、ヒトとサルとの分かれ目だろう。

「旧約聖書」によれば、神は、神々に似せて人間を創ったらしい。

神と人間とが同じではない以上、この「神々に似せて」とあるのが、どこをどう似せたのかよく分からない。

仮にヒトとサルを比べた場合、似ているところもあれば似てないところもある。だがはっきりしているのは、サルは神に似ていないし、そのサルは言葉を持っていない。仲間同士のコミュニケーションでは何種類かの鳴き方や仕草を使い分けるが、それだけでは、群れの維持や危険察知に伴う、直接的な知覚・感覚・感情表現の域から、そう大きく出ることは難しいだろう。

むろんその分、ヒトよりも自然に従順な結果となり、ということは地母神にも近く位置するわけである。逆にヒトは、言葉を獲得して、地母からも天父からもいったん離れて、独立する方向に向かったともいえる。

もしかすると『ヨハネ福音書』は、この「神に似せて」の部分を、補完的に補足・注釈するのが目的で、あのような冒頭の文言を記したのかもしれない。曰く、

①初めにコトバがあった。
②コトバは神とともにあった。コトバは神であった。
③このコトバは、初めに神とともにあった。

①については以前、一度コメントしている。霊的存在がゆかりの人間の身体を借りて、メッセージを伝える、いわゆる「霊示・霊言」あるいは「自動書記」などを直接の契機として、にわかにグノーシスの機運が生じたという解釈であった。今でもそのように理解しているが、「コトバ」を右のような意味に解した上からは、前の解釈はむしろ、二義的で間接的な示唆だったのかもしれない。ここでいう「コトバ」が、ヒトをヒトたらしめる決定的要素であるなら、①の直接的な意味も、やはり、こちらにあったと考えるべきだろう。
問題は②である。何らの修辞表現も介在することなく、ストレートに「コトバ＝神」だと言っているのである。といって、われわれが日常的に使っているコトバを、神とつなげるのではありがたみもなく拍子抜けするので、これをロゴスなどの語に置き換えて解釈するのが一般

的だ。もちろん、それを間違いだとは思わない。

　だがそれだけだと、どこまでも、「神認識としての自己認識」という解釈のスタンスとは合流できない。単なる知識の域を出られないから、「世・ヨコ」には有効でも、依然として「個・タテ」とは離れたままなのである。②は、間違いなく「神に似せて人間が創られた」ことと関係している。
　③は一見したところ、強調のための単なる繰り返し文のようではある。だがそれだと、何のための強調なのか、あまりはっきりしないのである。
　もしそうでないとすれば、つまり何かを言うために二重に言っているのだとすれば、の話である。③での「初めに」が「人間が創られる初めに」の意味であったとしよう。つまり、人間が創られてから後には「コトバ」は、ヒトとも共にあるようになったということを、言外に示唆したものではあるまいか。また文章的にもその方が文体としては整ってくる。③は、①②を踏まえて、「このコトバは」と言っているようだ。

　結論として、『ヨハネ』のここの部分は「人間創造」の注釈文だと思われる。


　さて、エジプトの知恵の神トートは朱鷺《トキ》の頭をした神である。われわれ人間という存在を前提としてこの神の像を見るなら、人間の身体にトリの頭が乗っているというこの像容は、確かに不可解どころか奇っ怪なものである。だがここで、人間というものがまだこの世に存在せず、サルまでしかいなかった頃を想像してみたとしよう。

そして、ある時点からヒトが歴史の舞台に躍り出てきた。こうした場合、学問的にはこれまで、何らかの突然変異があったという想定で、解決することが多い。とりわけＤＮＡについての研究成果が出るようになってからは、その傾向も強まっている。

だがそうした、人間からは「突然」としか見えない出来事も、それを見る次元によっては突然ではなくなるのである。例えばアリは巣と食料との間を結んで直線的に往復するが、飛んだりジャンプしたりするなど、異なるステージにいる捕食者に遭遇すれば、それが「突然」出現したものとしか感じないだろう。その敵は、より空間的な動きをともなってやってくるからである。

「神によって人間が創られた」という想定で、人間登場という「突然」を考えてみるならば、その「突然」は、神意識が身体に宿ることで惹起《じゃっき》された「突然」だったという解釈もできてくるのである。

あるいはこれを、実験室的な先進宇宙人によるＤＮＡ操作の結果だとするほうが一般的には受け入れやすいかもしれない。だがそれだと、人類だってある程度は操作しようかというレベルに達しつつあるのだから、人類に毛の生えた程度の技術でしかないわけだろうし、またそんな実験室的なやり方ではランダム要素が多すぎて、その成果もアテにはならない。そんな技術もあっただろうとして、こと人間の持つ人体宇宙そのものの創造に関しては、そんなフランケンシュタインのような失敗作では断じてあるまい。この神が真にわれわれの天なる父神であるなら、自分の手は汚さずに、しかもサイコロを振るようなやり方で人間を創ったなどと考えるのでは、浅慮に過ぎはしないだろうか。

つまり、こういうことになる。

恐竜たちの時代を、は虫類から始まって鳥類へと至ったプロセスと考えてみる。弱肉強食などをベースとした当事者たる生物のみの観点で眺めれば、恐竜の絶滅というのも、理由のはっきりしない不可解な謎でしかない。だが、そのありのままが神にとってはその経綸の通りに着々と進行した姿だとしてみれば、前述のように鳥類こそは恐竜時代を経て得られた予定通りの成果だったはずである。

そして、「観察」「理解」「表現」の三要素のうち、三番目の「表現」の基本となる「言う」を、形質上の「しゃべる」能力として結実させ、それを一つの成果として進化の棚にしまっておいた。それのみでは鳥以上にはならないからである。

ちなみに、天使や天女・天狗など天を冠する存在は皆、背中に羽（や羽衣）を持っているのが、いかにも神性と鳥との関連性をうかがわせるし、また赤ん坊とコウノトリの関係や死者をトリで描くなど、誕生につけ葬送につけ、鳥がタマシイを天より運ぶ、あるいは天へと送るモチーフは、古来、数多くあるのである。

ここで、時代はいったんリセット（恐竜絶滅）する。私見ながら、おそらくこの絶滅は何らかの原因で地球重力の増加したのが直接の理由だろう。

そうして、次に舞台は、哺乳類の時代へと遷《うつ》る。

高等類人猿までは、連続した進化の跡付けが確認されているのであるなら、それは哺乳類としてはいけるところまでいったということである。ちなみにこれも私見であるが、牛の仲間が哺乳類の主流であり頂点にある（『千年の箱国Ⅱ』）というのは、自然界の生命そのものの全体の位置づけを言ったのであって、先には鳥類そして今類人猿に着目して追っているのは人類つまり人間の身体が創造された道のりとしてのライン的なアプローチである。

だが、自然界での進化はサルまでであって、子育てをするクモもいるようにサルはサルとして円熟するのである。それに人間だって介護猿や盲導犬もいてほしいのだ。

だが天なる父神は、さらに次のステップを求めた。なぜヒトという存在を、ぜひとも必要なものとしたかという問いへの答えは、「トマス福音書」にあるようなので、それは次の機会で考察したい。

これは筆者の想定であり、ひとつの思考モデルと考えていただいて差し支えないが、本当の創造は神自身の内部において行われるのだろう。だからいわゆる突然変異も、その重要なものは神の内部で生み出されるのだとすれば、それが本来の錬金術の意味だったのではないだろうか。

神自身の内部でということは、身体の創造においては、神自身の分霊が地上の生命に宿って、その上で錬金・変成を生ぜしめたということを意味している。

すなわち、あらかじめ「トリの生」と「サルの生」との二つの転生を終えているとする。

(本生経には、動物としての前世も多く含まれているから、無い話ではない。)

その次に、あとの「サルの生」をベースとして、その上に「トリの生」での成果を、データ的に(もしくはエーテル的に)呼び込んで融和させた、ということだったのではあるまいか。そうしたプロセスが、何段階かに分けて成されたとすれば、それが猿人や原人そして現生人類へと至る行程だったのだろう。

さすがに、想定しうるのもここまでで、それ以上の細部は想像がつかない。だが人間が有する霊的側面(タマシイ)も含めた上での、今のところ考えられる最も妥当なシチュエーションでもあり、少なくとも大筋ではこれで合っていると思われる。

つまり、トキの頭を持つ神トートの像は、サルからヒトへの最初の画期的なジャンプであるところの「しゃべるサル」をシンボライズしたものだったかと解される。また、人間を創造した神というのも、実は、このトート神のことなのだろう。

(なお、日本語で「とと」は父のことだが、存外ここからきているのである。)

(ちなみにトートの他にも、トリの頭を持つ神はいる。タカの頭のホルスである。詳細は分からないが、最初のジャンプがトート神によるものであるなら、あるいは現生人類へのジャンプはホルス神によるものだったということになるかもしれない。)

結論として、「サルの脳」に「トリの脳」が加わって「ヒトの脳」と成った。

言い換えれば、「ヒトの脳」から「トリの脳」を取り去ったものが「サルの脳」だという理屈でもある。俗にサルはヒトより毛が三本足りないなどというが、実際にはトリの要素が足りないのである。そしてトリの飛翔能力は、人間のみが有する自由な発想や柔軟な思考として、もっぱら内面的に発揮されているものである。

「ヒトの脳＝ヒトの脳＋ウマの脳＋ワニの脳」ということであったが、だからより正確には、「ヒトの脳＝トリの脳＋ウマの脳＋ワニの脳」とすべきであり、ここからトリの脳を取り去った「ウマの脳＋ワニの脳」の部分が霊長類に対応する。

……とはいうものの、しょせん、証拠を示すことなどはできないテーマだ。もとより目的は、霊肉共に含めた上での全体としての流れの掌握にあった。

……ここからなお推理を連ねてみても、屋上屋を重ねることにしかなるまい。よって詮索するのもここまでとする。

五　《まとめ》と《補足》

ヨハネのまとめ

結局のところヨハネは、「世について」を述べたのである。

共生によって最初のまとまりを持った細胞を出発点として、時間をかけて進展してきたところの、地上生命としてのまとまり（つまり自然界）であり、その自然界を基盤として成ったところの人間世界＝「人の世」である。人間の身体的側面（コトブキ）は、まぎれもなく自然界由来であり、まとまりとしての「世」においては、この自然界由来である外観が前面に出て、それをタテマエとして展開される宿命《さだめ》にある。

「世」は〔光によって成った〕けれども、〔世は光を認識しない〕というのであるからには、ヨハネは身体的側面＝「コトブキ」のサイドからアプローチした場合に見える「世の成り立ち」と「世界観」とを述べたのである。


光にとって、最初の闇との遭遇ののち、光はこの延々と果てることのない混沌に作用することで可能な限り手の届くところまで闇を自分のほうへ近づけたのだ。

もうこれ以上は近づけられない究極の、その姿形こそが「人間」であった。

これが人間（の身体）が創造された理由であり、またそれに宿ることで誕生した全人的な意味での「ヒト」という存在にとっての、存在理由《アイデンティティー》でもある。

人間が創造されてからあとは、個々の「ヒト」に委ねられたわけである。

神も仏も、それを全面的にバックアップしてくれるのであるが、というよりそうでなくては心許ない限りではあるが、個々の主体はあくまでも個々にあるということらしい。——そしてこれが人間の世界が自然界と一線を画しているところの本当の違いでもあるようである。

ヨハネの顔、トマスの顔

十字架の後のトマスは、「死せるイエス」となってから、かつて弟子として聞いた「生けるイエス」の説教の真意を、改めて「トマス福音書」に書き記した。

陀土からやってきたトマスのタマシイは、元来が「生けるイエス」と同じ霊格の仏であったし、だからこそトマスにしかイエスの真意も完全には伝わらなかった（仏与仏《ぶつよぶつ》）のである。だが、霊格は仏でも、陀土のタマシイには、此の土のことは未経験であったからトマスは弟子の形をとったし、また此の土の身体に宿ることも必須だった。

だがこの師弟は形式上の関係だ。もともと、此の土の要請（勧請）に応えて招来されたタマシイだから、地球の意識は、自ら宿るはずの身体を差し出して、これを遇した。

だが世としては、形式（タテマエ＝役割）が優先する。

だから死後もトマスは、イエスと同格の「死せるイエス」となって、「生けるイエス」の説教の中身を、事細かく解説したのだ。当然それは、それまでの、多分にあいまいだった伝聞記録（おそらく共観福音書のベースとなったもの）を補正するというスタンスで始められたのである。

陀土からきたところのタマシイは、その一方で外来者だったがゆえに、彼ならではのスタンスとアングルをも有していた。すでに成就されてある浄土からやってきた者であるが故に、此の土が今現在、どのプロセスを進行中かを把握していた。弟子としてのトマスとは異なるスタンスをも併せ持っていたわけである。

だからその部分は、オリジナルな立場から述べる必要があった。つまりここの部分だけは、一時的にマスク（顔）を付け替え、役名・ヨハネとして書いたのである。

はっきりしているのは、

「生けるイエス」は、タマシイの観点から教えを説き、

「死せるイエス」のトマスは、その教えを自分が聞いた言葉にそしゃくして説いたことである。

そして、同じく「死せるイエス」のヨハネは、コトブキの観点からトマスを補足したものである。（結果としてヨハネは両者の橋渡しともなったのである。）

イエスとトマスのあざなえる関係

それでは、基本的な意味でのイエスとトマスの関係はどうであったのか。

つまり、十字架の前後もしくは復活のドラマも含めた関係の変化である。

重要なのは、「生けるイエス」も「死せるイエス」も、（仏教で言う）方便を説いたことである……否、この表現は適切でない、言い直そう。……「生けるイエス」も「死せるイエス」

も、その説教が、方便としてしか伝わりようのないのは重々承知で、あえて教えを説いたということである。

ではなぜ、方便としてしか伝わりようがなかったのかである。

「生けるイエス」は数々の奇跡を行って、多くの人々に強烈な印象を与えた。

むろんイエスの教えは、奇跡と奇跡を行う力とを、強調するような内容だったわけではない。(そのことは、ナグ・ハマディ文書によっても明らかとなったことだ。)

だがそれを過不足なく受容できたのはトマスをはじめとする一握りであり、イエスの直弟子ですら、すべてを理解し得たわけではなかったのである。

(ちなみに、釈迦の十大弟子にせよ、イエスの十二使徒にせよ、直弟子を霊格の高さに置き換えて考えるのは厳密に言えば誤解である。彼らは、あらゆるタイプの衆生を代表する者として選ばれた者たちである。またそうでなければ、釈迦もイエスも、すべての衆生に通じる教えを具体的には説けなかっただろうし、だからこそ弟子たちの間でも、大きく見解が分かれたのである。彼らは、縁によって聖者の周りに寄り来たったところの、いわば「世界のひな型」だったのであろう。すなわち、まずは彼らの間での相互理解が達成されなければ、舞台が世界に拡大されたとき、世界が世界として成就することもまたないということだったのである。)

(またこのことによって、あれほど強硬派だったペテロについても、ナグ・ハマディ文書中には「ペテロ黙示録」として含まれている理由が了解されるのである。)

当時の人々の多くは、イエスへの判断を決定づけるに当たって、彼の行う奇跡を唯一最大の尺度（物差し）とした。その結果、必然的にも「奇跡を行う者＝聖者＝キリスト」という図式が出来上がって、同時に奇跡を行使する力の獲得が「覚知《グノーシス》」の証であるかのように見なす傾向も生じたのである。だが能力（つまりは力）は、どの場合にあってもボディ（身体も霊体も含めて）に由来するものであるから、認識そのもののことではないのである。能力は、いわば霊格に見合った付録のようなものだ。

とはいうものの、それでもそれは当面の物差しとして有効なものではあった。すなわち、《方便》として有効だったのである。

スタンスは違えど、同様のことは「死せるイエス」についてもいえる。十字架ののち、トマスが「死せるイエス」となってから、霊体（＝仏）として「トマス福書」を書き記したとき、それが霊界からのメッセージであることに驚異し、感激するあまり、いきおいその部分ばかりに、過剰に反応するケースが多くあった。中身はそっちのけで、このいわば前代未聞のイベントに居合わせたことそのものへの情緒的な高揚が先行してあったことが類推される。

実は「生けるイエス」が語った事柄の解説であるにもかかわらず、その場の人々にとってそれは、それまで聞いたこともない判じ物のような字句の連なりだったから、到底すぐには理解できそうになかったというのも大きな理由だっただろう。

だから、復活に対する解釈にしても、正統派のいう肉体での復活解釈を、頑として受け入れなかったのであるが、ともあれ、「霊」に関する受容はできていたのだ。

結果的には肉体での復活だったことになるが、正統派の解釈は霊性を否定した上での肉体復活であったから、それとても核心にせまるものではなかったのである。

霊性を否定するということは、タマシイの存在を否定することだから、畢竟《ひっきょう》、すべてをコトブキ面だけで説明せざるを得なくなる。タマシイとコトブキとは密接に関連し合っているから、コトブキ面だけでも説明そのものは可能だけれども、奥行きのない浅い解釈にしかならないのである。まずもって、タマシイとコトブキとの相互作用であるところの「心」への理解が成り立ちにくく、結果として一方的に、さもDNAなどに操られているかの如きヴィジョンしか出てこないだろう。

その意味で、霊性への認識は避けては通れない通過点と言い得るのである。それが不可欠な必要条件であるとするなら、それらもまた不可欠な《方便》ではあったのである。

つまるところ、これでは互いに歩み寄れもせず、融合などしきれないがゆえに、どちらもが方便なのであった。そして同時に、こうした状況に立ち至ったについては、それより以前からの、それぞれの背景もあったからだとすれば、ここを迂回《うかい》する方策などもなかった……そういう意味での方便でもあった。

だから、二人のイエスの合体から起動したプロジェクトは、このとき、すべてを完結してはいない。というより、今現在もアクティヴに進行中のはずである。

だが、それはそれとして。

では改めて「方便」とは何なのか？

方便でないもの、つまり本来あるはずの説き方はこれを「正法《しょうほう》」というが、その正法とは実際には言葉や文字にして表しがたいものということになっている。だからこそ、初期には仏教でも、仏像崇拝の形式はなかったし、禅宗では今も「不立文字《ふりゅうもんじ》」を優先すべきタテマエとしているのである。

だがそれは、必ずしも難解だから表せないの意味ではない。どこまでもとどまることなく、連綿として移ろい行く「時」もしくは「今の連なり」、それをどこかで切り取って表すなど、できようもない話である。車窓から見える景色をカメラにおさめ、あるいは絵画に描いたところで、それはそれであって、景色そのものではない。せいぜい脳裏に焼き付けることで、その当時の心情とともに甦らせることもある程度だろう。

だとすれば、おそらく正法というものもそのようなものだ。

——ここで、方便を説いたことがウソを言ったことになるのか？　とあったシャカの問いかけを思い出してほしい。

強いて言えば、「如如として来たり、如如として去る」ところの「如来」の在りようそのもの、というぐらいにしか表しようのないものとも言えるだろう。

つまり、聖者・教師の方からアピールして教えを説く、あるいは注意を引くというのは、ことごとく方便の教えであるというべきだろう。もっといえば、自ら求めるのが本来だとすれば、問われもしないのに、あるいは問われる前から教えることそれ自体がすでにして方便だということにもなるのである。

しかし、そういう目でわれわれが生まれてこの方、なじんできたこの社会の有りようを振り返ってみたとき、あるいはわれわれの周囲を取り巻く世界を見回してみるとき、この世の中すなわち地上世界が、ことごとく方便で成り立っていることに気付かされる。

もしかすると、社会や文明ひいては「世」それそのものが、そもそも方便として存在しているのではあるまいか。一言で言えば、「世」それ自体が、いわば教材のようなものとして存在しているのではないだろうか？

ここからひるがえって考えれば、「言葉や文字を通じて説かれる教え」はすべてこの方便の中に含まれてしまうということでもある。（実際「書く」という体験を通じて筆者がしみじみ痛感するのは、いかなる表現も読者方の読み方次第だし、また読者方がいかように解釈するかは書き手の書き方以上のものにはならないことである。）

となると、ここでわれわれ日本人にはお馴染みの言葉が思い出される。

そう「世間虚仮《せけんこけ》　唯仏是真《ゆいぶつぜしん》」……聖徳太子の言葉である。

通常は、悲観的かつ厭世《えんせい》的と受け取られることの多いこの言葉も、見方が変わればそれに伴って、それが意味したであろう真意も、微妙に変化して読めてくる。

　前半の「世間虚仮」は、『ヨハネ』が言う「光によって世は成った。だが世は光を認識しなかった」の字句にいかにも対応していそうである。

　……世……仮の姿……鏡に写った像……闇というスクリーンに投影された「光の影」……といった具合につなげていくと、「身体という器」「世界という場」「文明という舞台」が、それぞれ「光によって成ったもの」らしく了解されてくるのである。

　だが『ヨハネ』も『トマス』も、光から見た闇、闇から見た光を示唆していても、世を肯定するあまり光を否定したり、光を肯定するあまり世を否定したりはしていない。ただアングルとスタンスの違いからくる見え方の違いを、分別して述べているだけだ。だがそのために、われわれのほうが互いに否定しているかに早とちりしてしまった。

　では聖徳太子の場合もそうであったか？

　後半の「唯仏是真」は、単純には、この世（世間）を否定しているかに読めてしまう字句ではある。だがそれも、世と仏とが対立するものであればの話だ。

「世は光を認識しない」のなら、世は世と仏を対立するものと見るかもしれない。だが、「光は世を知っている」から、仏は世を対立するものとは見ていない。

　まして十方世界の仏たちは、さまざまな状況に対応して教えを説き、現世の釈迦もそれを見習って、三通りに説くことを思いついたのであった。

　そして聖徳太子は、そのことが記された法華経を講義している。

なお、この聖徳太子については、非実在説に人気が集まっている近況のようであるが、彼を誰か一人の人物に当てはめて解明しようとする限り、その巨象としての全貌は見えてこないのである。（拙著『千年の箱国Ⅱ』～聖徳太子という巨象の全貌～）

では、世を述べた「世間虚仮」から、仏を述べる「唯仏是真」へとつなげられるこの言葉は一体、何かを示唆しているのだろうか？

仏と菩薩の関係（方便という真実）

仏の三身のうちの、法身仏《ほっしんぶつ》は、自性身《じしょうしん》ともいわれ、衆生の救済に関わる他の二身とは異なる存在であった。根源の仏ともされる。本書では、本書の解釈による「如来」とも同体の存在とするので、平たく言えば、根源と如来の関係とは、親神と子神、天父と神子《みこ》の関係に該当することになる。（あるいはこの一体性をこそ、如来と解すべきかもしれない。）

その如来とは、根源との関係において「時」そのものを紡ぎ出している存在であり、同時に教説の土台となる因果律を生ぜしめている存在でもある。そしてそれ自体が言外の教えであって、教えそのものだと推察される。

すなわち、如如としてきたり、如如として去る者はひたすら道を進む。

三身の内の二身が、右の自性身と異なるのはひとえに、この世の外から境を接して、土台である「時」＝因果律に逆らい、そのためにたとえ方便としてでしかなくとも、ひたすら、衆生に何らかの働きかけを為さんとする点にある。すなわち、後半の字句の真意は、「衆生は、世にあっては、仏をこそその頼りとすべし」の意味であった。

そして、その「仏」である。

如来が「時」＝「今」を紡ぎ出す存在であるなら、二仏は、過去仏として現世に働きかけ、また未来仏としてあるべき姿を提示してくれているのである。

さて、「死せるイエス」は弟子であったときに聞いた「生けるイエス」の教えを、死後に作仏して《応身仏》となり、仏の立場から文字にして著した。

一方の「生けるイエス」は、この星の地上世界でのモノザネ（物実）である身体を提供した替わりとして、「死せるイエス」にとっては、余分なものでしかない陀土の霊体を提供された。それは陀土由来のライト・ボディであるから、そのままでは、この星の生命にとっては異物でしかないものである。だから復活の際に、イエスはマリアに私の身体にさわってはいけないと指示したのである。だが改めて、死んだあとのトマスの身体に入ってからは、それはもともと彼の身体であったし、当然この星由来の身体でもあったから、さわることも魚を食べてみせることもできた。

その「生けるイエス」の意識がまとったところのライト・ボディである。

それが陀土由来のものではあっても、何の役にも立たない無用の長物だったかというと、無論そうではなかっただろう。

それは一つの到達目標として、これを具体的な形に顕してみせるという用も為したらしい。衆生には、陀土由来か地球由来かの区別はつかないし、そうした区別があることすら、思い及ばないことではあっても、未だ来ぬ未来の地球にとっては、それはなくては叶わぬ指標となったようである。すなわち、《報身仏》である。

ここで、未だ来ぬ未来の地球とは、時の営みの外にあって、その時が来るまでの間、衆生を支援しつづける「精霊」たちのことにほかならない。精霊たちは、その身に未来の地球のあるべき姿を分け持って保持し、それに照らしてサポートするのである。

そう、キリスト教でいう「父と子と聖霊」の聖霊のことである。キリスト教ではもっぱら天使のこととするが、それだけでなく妖精たちのことも指している。聖霊とは、かつて「生けるイエス」がまとったライト・ボディの分霊身にほかならない。彼らは、衆生の数がどれだけあろうと、すべての人数にぴったり見合う分身であるだろうから、仏もまた彼らを介することで、すべての衆生に働きかけることができるのである。

——右の未来仏における聖霊を狭義の精霊とすれば、過去仏においても精霊（天人・天女・天狗・龍など）は存在するから、両者を合わせて、広義の精霊とみることができる。

話を戻そう。

一方からは身体が、他方からはライト・ボディが、交換して提供された。

一見して不釣り合いとも思える交換が、実はやはり《等価な交換》であったことは、これまでの説明でお分かりいただけたかと思う。

だが、この等価交換には、若干のタイム・ラグが存在している。

すなわち、「生けるイエス」がライト・ボディ（光体もしくは神霊体）をまとって報身仏であったときには、トマスは一人の弟子であった。仏教では、前世で菩薩として修行を積んだ釈迦が、今世で悟りを開いた（仏と同格になった）とするから、あとでは応身仏となるトマスをそこから遡って考えたとしよう。弟子のトマスは、仏教で言えば菩薩に当たる。

次に復活の時点では、神霊のイエスが弟子たちに現れた。だがそのあとすぐ、トマスのかつての身体にも宿っている。このときイエスは、本来の如来に戻ったとも見え、また菩薩に次元を下げたとも見えている。

それからやや間を置いて、今度は「死せるイエス」が所縁の者に顕れて、その身体を借りた上で、応身仏として「トマス福音書」を書いた、のである。

つまり、二仏が同時には、地上に出現していないのである。


これに時間の推移を重ねてみよう。

トマスは、身体を受け継いだによって、いわば「代理の如来」となった。

そして一方のイエスは、ライト・ボディを受け継いだことによって、いわば「仮の報身仏」となった。（……つまり「方便」である。）

また、トマスは死して「応身の仏」になったが、では「生けるイエス」は、そのあとどうなったのだろうか？

　イエスはライト・ボディを脱いで、父のもとへ昇天したはずである。おそらくそれは、次の新たな転生に備えてのことだ。――そして、山根キク説の「キリストは日本で死んでいる」も、あるいはこの後、日本へ渡ったということだったかもしれない。

　そしてこのとき、新来の精霊たちも、外縁として加わったのであろう。

　だが「生けるイエス」は、ボディを脱いだだけであって、むしろここから、この新たなプロジェクトの本当の中身が始まろうとしていたのである。それはあくまでも「仮の報身仏」だったから、そのボディはマニュアルとしての意味を有していた。（いわば膨大なファイルを、一括して圧縮ファイルでダウンロードしたようなものだろうか。）

　思い出してほしい。

　報身仏とは、菩薩が「すべての衆生が二世の願を成ずるまでは、正覚をとらない」という誓願を発して、のちに誓願満ちて仏となった存在をいう。ここでいうところの菩薩にとっての「正覚をとらない」とは、ここでのボディを脱いだ状態を指している。

　本来の霊格を脱ぎ捨て新たな転生を始めたのである。つまり未来仏としてのプロジェクトが開始されたということになる。

　すなわち法輪は回されたのである。

　そしてこれこそが、約二千年前にインドとパレスチナの地の間で生起されたドラマの真実だったのである。

（補足）応身仏の衣と報身仏の衣

等価交換によって、シャカは仮の報身仏（＝生けるイエス）になったが、そうなる前には、仏として所縁の者に顕れて、大乗思想のもととなる説法をしている。かつて人間として生まれたシャカが開悟し、法を説いてのち入滅して、次には応身仏となって出現して、生前の説法をさらに詳細かつ具体的に説いたのである。

シャカとして、説いておくべきことはすべて説き、そのあとシャカとしての衣は脱いで、今度は陀土の衣をまとった。すなわち応身仏シャカは生けるイエスに化身した。

と、ここまではすでに述べた。

さてその、応身仏の衣である。せっかくのこの衣はこのあとどうなったか？

仏教の修行僧にとって法衣《ほうえ》（袈裟《けさ》）と鉢（食器）は重要な二品であり、とりわけ不立文字を旨とする禅宗の伝統では、衣鉢（いはつ・えはつ）は伝法の奥義を表す代名詞ともなっている。剣術でいう免許皆伝のようなものらしい。ここから「衣鉢を伝う」「衣鉢を継ぐ」といった言い方もなされる。

シャカ入滅後の、最初の仏典結集を指揮したのは長老・摩訶加葉《まかかしょう》であったが、伝説ではシャカの衣鉢を継ぎ、その時が到るまで、とある洞窟に眠っているのだという。

ちなみに、宋の道原による「景徳伝燈録《けいとくでんとうろく》」は、釈迦以来の仏法の伝授を記したものだそうである。その中で道原は、過去七仏から始まる禅宗の法系を明らかにしようとしたものらしい。いま、ひとり禅宗うんぬんはさておくとして、「過去七仏に始まる……仏法の法系」の部分に着目してみたいと思う。

その一方で、仏典中でも最もポピュラーなものの一つである観音経には、仏が、さまざまな、ありとあらゆる姿に変化して、法を説くことが記されている。いわゆる七観音や三十三観音であり、また十一面観音や千手千眼《せんじゅせんげん》観音の由来でもある。（ちなみに観音経は、もともとが法華経の中の一品〈章〉であり、空海が、法華経中から特にこの品を取り出して、観音経として密教経典に加えたものだ。）

数ある変化身の中には、菩薩や天はもちろん竜や夜叉までも含まれるから、それぞれは個々に適合したとしても、細分化されるほどに、不特定多数への崇拝の対象というイメージからは遠のいていく理屈である。つまり、ある意味で崇拝は普遍化でもあり適合は個別化だともいえる。そして個別化が進むほど一過性の要素も増す。

このことは、崇拝の対象としての「イエス」や、万人の結縁《けちえん》を祈願した「大仏」における偉大さや広大無辺さのイメージとは、裏表の関係にあることを示唆する。（つまり、大と小とは一対のものであり、一つのものの二通りの見え方なのだ。ちなみに、日本古代史に頻繁に出てくる大氏族・多氏の「多」＝オオ・オホ・オヲとは、実は「大小」を意味するオオであって、ここでの小《オ》は、尾《オ》・穂《ホ》・緒《ヲ》の意味である。）

「三猿の寓話」や「三人寄れば文殊の知恵」にもあるがごとく、人のそれぞれに仏の分身が立っていると観じて（いわゆる守護神・守護霊）、互いに互いを鏡とし、互いに互いを補完し合う関係、それこそが観音経の主旨だったのであろう。

その一方で、西洋哲学での「神は死んだ」ではないが、この細分化によって、シャカ自身の仏としての総体（応身仏の衣）は解体されたようなものでもあり、この下生《げしょう》方向はまた、衆生（人の世）への浸透をも意味している。過去七仏というから、応身仏の「釈迦としての衣」（その象徴としての仏舎利《ぶっしゃり》）は預託されて、釈迦は八番目の「過去仏」となったことになる。

この時、この預託を引き受けた仏というのが、西方浄土とは対《つい》にある、東方浄瑠璃《じょうるり》世界の薬師仏のことなのである。

そして地上（人）では、摩訶加葉がその受け皿の一人となったことになる。

またちなみに、シャカとしての応身の衣は過去仏に預けて、シャカの本体はそのポジションを退き、遠大な未来仏への一歩を刻んだのが「生けるイエス」なのであった。

……この「そこを退いた」つまり身（衣）を横たえて、衆生の糧となした（＝寝仏《ねぼとけ》）のを、経典では「涅槃《ねはん》」と呼んだようである。（ちなみに、これが入滅時のこととなっているのは、シャカが入滅の時点でそこまで先を見通していたと理解されたからだろう。）

そして本体の方はというと、生けるイエスを経てのち、自らは誓願を発して、未来仏・弥勒来仏）とはその本質としては同体なのである。

として、トソツ天に待機する。だから、下生《げしょう》の「観音」（過去仏）と待機・上生《じょうしょう》の「弥勒《みろく》」（未

＊　　＊　　＊

まだふれねばならないことはいくつかあるが、とにもかくにも、本書の主題は「トマスによる福音書」そのものにある。

当たり前だが、筆者はトマスではないから、一〇〇パーセントの正確な解釈などは、望むべくもないのはもちろんのことだ。だが文章を本分と心得る筆者としては、この二人のイエスの遺書ともいうべき「トマスによる福音書」の解釈には、全生命をかけるつもりでこれに臨みたいと思う。

したがって次の機会では、この福音書を中心に話を進めるつもりである。

二〇〇七年　師走

〈著者紹介〉
小丘　零二（こおか　れいじ）
1947年大阪府生まれ。
理工系大学卒業。
印刷関連、僧侶*、シナリオ関連などを経て、現在アパート経営などに従事。
（*きちんとした得度なるも、職業上の資格を意味しない）
著書：「千年の箱国［Ⅰ］」「千年の箱国［Ⅱ］」（プレアデス出版）

キリストの遺言〈1〉
「トマスによる福音書」への道

2008年２月４日　初版第１刷発行

著　者　小丘 零二
発行者　韮澤 潤一郎
発行所　株式会社 たま出版
〒160-0004　東京都新宿区四谷4－28－20
☎ 03-5369-3051（代表）
FAX 03-5369-3052
http://tamabook.com
振替　00130-5-94804

印刷所　図書印刷株式会社

ISBN978-4-8127-0245-1 C0011